WILTON ORMUNDO

Bacharel e licenciado em Letras (habilitação Português/Linguística) pela Faculdade de Filosofia, Letras e Ciências Humanas e pela Faculdade de Educação da Universidade de São Paulo. Mestre em Letras (Literatura Brasileira) pela Faculdade de Filosofia, Letras e Ciências Humanas da Universidade de São Paulo. Diretor pedagógico e educacional (responsável pela orientação de famílias e de estudantes do Ensino Médio). Gestor cultural e professor de Português e de disciplinas especiais de formação de adolescentes em escolas em São Paulo por 23 anos.

CRISTIANE SINISCALCHI

Bacharela e licenciada em Letras (habilitação Português) pela Faculdade de Filosofia, Letras e Ciências Humanas e pela Faculdade de Educação da Universidade de São Paulo. Mestra em Letras (Teoria Literária e Literatura Comparada) pela Faculdade de Filosofia, Letras e Ciências Humanas da Universidade de São Paulo. Professora de Português e coordenadora de Língua Portuguesa em escolas de Ensino Médio em São Paulo por 27 anos. Autora de livros didáticos e paradidáticos.

ANA CAROLINA C D'AGOSTINI

Bacharela e psicóloga pela Pontifícia Universidade Católica de São Paulo. Pedagoga pela Universidade Paulista. Especialista em Psicologia Obstétrica pela Universidade Federal de São Paulo. Estudos internacionais em Psicologia da Educação na Columbia University. Professora, coordenadora de projetos de ação comunitária e coordenadora educacional do Ensino Médio em escola particular de São Paulo. Autora de materiais sobre saúde mental da escola. Formadora de professores, consultora de projetos e desenvolvedora de conteúdo focado em competências socioemocionais.

1ª edição

Coordenação editorial: Roberta Vaiano
Edição de texto: Angela Adriana de Souza, Sueli Campopiano
Assistência editorial: Daniel Maduar Carvalho Mota, Magda Reis
Gerência de *design* e produção gráfica: Everson de Paula
Coordenação de produção: Patricia Costa
Gerência de planejamento editorial: Maria de Lourdes Rodrigues
Coordenação de *design* e projetos visuais: Marta Cerqueira Leite
Projeto gráfico: Douglas Rodrigues José
Capa: Douglas Rodrigues José
    Fotos: Menina: WAYHOME studio/Shutterstock;
        grafismo: Pand P Studio/Shutterstock
Coordenação de arte: Carolina de Oliveira Fagundes
Edição de arte: Rodolpho de Souza
Editoração eletrônica: Teclas Editorial
Coordenação de revisão: Elaine C. del Nero
Revisão: Dirce Y. Yamamoto, Leandra Trindade, Nair H. Kayo, Vânia Bruno, Vera Rodrigues, Viviane T. Mendes
Coordenação de pesquisa iconográfica: Luciano Baneza Gabarron
Pesquisa iconográfica: Cristina Mota, Márcia Sato, Maria Marques, Joanna Heliszkowski
Coordenação de *bureau*: Rubens M. Rodrigues
Tratamento de imagens: Joel Aparecido, Luiz Carlos Costa, Marina M. Buzzinaro
Pré-impressão: Alexandre Petreca, Everton L. de Oliveira, Marcio H. Kamoto, Vitória Sousa
Coordenação de produção industrial: Wendell Monteiro
Impressão e acabamento: Ricargraf

Lote: 291821

Dados Internacionais de Catalogação na Publicação (CIP)
(Câmara Brasileira do Livro, SP, Brasil)

Ormundo, Wilton
    Se liga na vida / Wilton Ormundo, Cristiane Siniscalchi, Ana Carolina C D'Agostini. – 1. ed. – São Paulo : Moderna, 2020.

    Projeto de vida.
    Bibliografia.

    1. Autoconhecimento 2. Autorrealização 3. Ensino médio – Programas de atividades 4. Projeto de vida – Protagonismo juvenil e perspectivas I. Siniscalchi, Cristiane. II. D'Agostini, Ana Carolina C. III. Título.

20-32416   CDD-373

Índices para catálogo sistemático:

1. Projeto de vida : Protagonismo juvenil : Ensino
    médio 373

Iolanda Rodrigues Biode – Bibliotecária – CRB-8/10014

Reprodução proibida. Art. 184 do Código Penal e Lei 9.610 de 19 de fevereiro de 1998.
Todos os direitos reservados
EDITORA MODERNA LTDA.
Rua Padre Adelino, 758 - Belenzinho
São Paulo - SP - Brasil - CEP 03303-904
Vendas e Atendimento: Tel. (0_ _11) 2602-5510
Fax (0_ _11) 2790-1501
www.moderna.com.br
2020
Impresso no Brasil

1 3 5 7 9 10 8 6 4 2

Apresentação

Querido aluno, querida aluna,

A vida é um processo intenso, incontrolável, acelerado, que chega a dar medo. Talvez por isso seja tão interessante estar vivo. A existência é tão complexa que a professora e poeta Cecília Meireles escreveu certa vez em um de seus poemas que "A vida só é possível reinventada", querendo talvez dizer que o simples fato de estar vivo não é suficiente. Seríamos, segundo ela propõe, obrigados constantemente a recriar e a dar novo sentido à vida para que ela possa prosseguir se renovando.

Este livro, inédito nas escolas brasileiras, é um convite à reflexão sobre seus projetos e sobre as muitas formas saudáveis e solidárias de estar no mundo.

Sabemos que pode parecer estranha – ou mesmo sem sentido – a proposta de pensar em projetar passos em um terreno tão imprevisível como é a vida, e talvez por isso você esteja se perguntando neste exato momento: "Mas será que isso é mesmo possível? Planejar, antecipar, prever, rever, refazer?".

Pensadores de várias partes do mundo têm se dedicado a estudar projetos de vida e comprovado, por meio de estudos e pesquisas, que é perfeitamente possível – e necessário – planejar quem queremos ser no mundo, como desejamos ser vistos pelos nossos iguais, que mundo almejamos construir para nós e para as próximas gerações, como pretendemos nos relacionar com as pessoas que nos cercam, com aquelas que são parecidas conosco ou, o que é mais complexo, com as que são bem diferentes de nós.

Neste livro, você será convidado a falar sobre você, sobre seus sonhos e sobre possíveis percursos para que eles saiam do plano das ideias. Também será provocado a pensar sobre como se coloca na vida e sobre seus pontos fortes e aqueles que precisam ser aperfeiçoados. Além disso, falará sem medo sobre o futuro (seu e do mundo) e acerca de trajetórias profissionais que conversem com seus planos e desejos.

Você vai perceber que este livro está dividido em três partes interligadas. No primeiro Módulo, "Só eu sou eu", você falará daquilo que chamamos *eu*. No segundo, "Me vejo no que vejo", tratará da relação desse *eu* com o *outro*. Finalmente, no terceiro, "Nós *no* mundo/Nós *do* mundo", você falará desse *eu* e desse *nós* inseridos no mundo do trabalho deste século XXI e dos anos que estão por vir. Todos os Módulos são finalizados com Capítulos que trazem profissões e profissionais que podem apresentar ocupações com as quais você possa se identificar.

Em todos os Capítulos, personagens reais (profissionais) e da ficção, além de obras de arte, inspirarão você, guiando essa viagem.

Esperamos, finalmente, que esta obra contribua de alguma forma para que você se sinta capaz de transformar seus sonhos em metas, seus desejos em realidade, suas vontades em profissões e trajetórias concretas e suas ideias em projetos pessoais e coletivos para melhorar o mundo. Ah, sim! Esperamos também que ele possa mostrar que é possível reinventar a vida quando ela nos surpreende.

Conheça seu livro

Seu livro está dividido em três Módulos: "Só eu sou eu", "Me vejo no que vejo" e "Nós *no* mundo/Nós *do* mundo".

Cada um desses Módulos é composto de 4 Capítulos.

Nos Capítulos de 1 a 3, você sempre vai encontrar três seções principais e boxes fixos.

Inspira!
Nessa seção, você inspira seus colegas com suas ideias e se inspira em um texto, ilustração, foto, para questionar e discutir, reafirmar e rever vivências pessoais.

Sonho que se sonha só
Aqui, a proposta é refletir sobre seus interesses, suas necessidades, seus projetos pessoais e conhecer experiências de jovens empreendedores e transformadores e de profissionais das mais diversas áreas, que podem ajudar você a traçar caminhos para quando finalizar o Ensino Médio.

O boxe **Boca no mundo** desafia você a se posicionar ante uma provocação relacionada àquilo que leu e discutiu com seus colegas.

O boxe **Recalculando rota** mostra que não é incomum precisarmos tomar novos caminhos na vida profissional, e apresenta a vivência de pessoas inspiradoras.

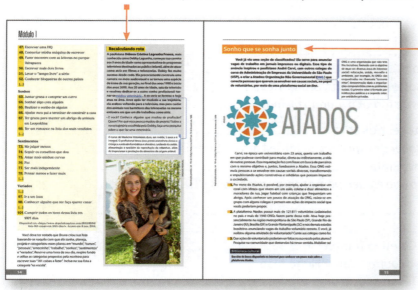

Sonho que se sonha junto
Textos com a trajetória de profissionais que optaram por direcionar sua carreira para atividades de cunho social são uma proposta para você se perceber como parte de uma coletividade com a qual deve interagir como cidadão.

O Capítulo 4, **Pés no chão, pés nas nuvens**, também tem a seção *Inspira!*, e tem ainda as seções *Preparando o terreno* e *Expandindo fronteiras*, que vão apresentar o cotidiano de algumas profissões, fornecer dados para ingresso nelas e mostrar possibilidades de atuação para pessoas de formação diversa e com diferentes histórias de vida.

A proposta é que você possa entrar com mais segurança, e de forma ativa e crítica, no mundo do trabalho.

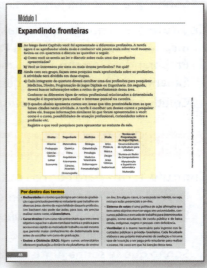

No final de cada Módulo, o projeto proposto no **Coletivo em cena** vai requerer criatividade, negociação, tomada de decisão, defesa de ideias, para sua realização e apresentação.

As atividades propostas no livro têm por base estudos de especialistas renomados e vão ajudar você a se organizar para desenvolver seu projeto de vida e se manter orientado nele, ou – por que não? – mudar a rota!

Sumário

MÓDULO 1: SÓ EU SOU EU 8

Capítulo 1: Se eu fosse eu 10
Inspira! – *Se eu fosse eu*, Clarice Lispector 10
Sonho que se sonha só – *Lista: 101 coisas em 1001 dias*, Bruna Vieira 12
Sonho que se sonha junto – *4 maneiras de tornar o mundo melhor* 15

Capítulo 2: O que nos passa, nos acontece, nos toca 18
Inspira! – *Notas sobre a experiência e o saber de experiência*, Jorge Larrosa Bondía 18
Sonho que se sonha só – *Daniel*, Antonio Prata 22
Sonho que se sonha junto – *O arquiteto que ergueu pontes entre as pessoas* 25

Capítulo 3: Eu quero o outro 28
Inspira! – *O outro*, Chacal 28
Só vim te ver pra lembrar quem sou, Coletivo Transverso 29
Sonho que se sonha só – *O paraíso são os outros*, Valter Hugo Mãe 31
O outro (I) / O outro (II), Gonçalo M. Tavares 35
Sonho que se sonha junto – Entrevista com Wellington Nogueira, do Doutores da Alegria 37

Capítulo 4: Pés no chão, pés nas nuvens 38
Inspira! – Depoimento de Ana Paula Xongani sobre empreendedorismo 38
Preparando o terreno – *Sou... médico/ programadora de jogos digitais/ advogado/ engenheira* 41
Expandindo fronteiras – Pesquisa sobre profissões 48
Coletivo em cena – *Mulheres inspiradoras* 50

MÓDULO 2: ME VEJO NO QUE VEJO 54

Capítulo 1: Uns para com os outros 56
Inspira! – Ilustrações em comemoração aos 70 anos da *Declaração Universal dos Direitos Humanos* 56
Sonho que se sonha só – *A cultura do terror*, Eduardo Galeano 59
Mafalda, Quino 60
Sonho que se sonha junto – *Estatuto da Criança e do Adolescente* 62
Estatuto da Criança e do Adolescente (recriação poética), Eliakin Rufino 64

Capítulo 2: Somos o que somos: inclassificáveis 66
Inspira! – *Inclassificáveis*, Arnaldo Antunes 66
Sonho que se sonha só – *Brasileiro que nem eu* – conhecidos e anônimos que constroem o país 70
Você sabe o que são Forças de Caráter? 74
O mundo, Eduardo Galeano 75
Sonho que se sonha junto – *Falcões que voam alto, bem alto*, entrevista com Eduardo Lyra 78

Capítulo 3: Um laço é o nó que eu almejo 80
Inspira! – *Um laço é o nó que eu almejo*, Alberto Pereira 80
O poder da empatia – diferença entre empatia e simpatia 84
Sonho que se sonha só – *A escutatória*, Rubem Alves 86
A importância da Comunicação Não Violenta, Marshall Rosenberg 87
Princípio geral da reciprocidade, Christian Dunker 89
Sonho que se sonha junto – Entrevista com Dominic Barter 96

Capítulo 4: Pés no chão, pés nas nuvens 100

  Inspira! – Reportagem com o empreendedor social Vítor Belota 100

  Preparando o terreno – *Veja as profissões do futuro e aquelas que vão deixar de existir* 104

    Sou... professora/ fisioterapeuta/ cabeleireiro/ psicóloga 107

  Expandindo fronteiras – *Pálido ponto azul*, Carl Sagan 116

    Mapa da empatia 118

  Coletivo em cena – *Museu da Empatia* – "Caminhando em seus sapatos..." 120

MÓDULO 3: NÓS *NO* MUNDO/NÓS *DO* MUNDO 124

Capítulo 1: Adolescente, olha! 126

  Inspira! – *Profissões*, Francisco Alvim 126

    O adolescente, Mário Quintana 127

  Sonho que se sonha só – *Ponciá Vicêncio*, Conceição Evaristo – O momento da escolha 129

    #2 Humanas ou Exatas?, Leandro Karnal 132

  Sonho que se sonha junto – *Meninas superpoderosas* – Autoestima e rede de apoio 134

Capítulo 2: Procuro-me 138

  Inspira! – *Procuro-me*, Lenora de Barros 138

  Sonho que se sonha só – Trecho de *Alice no País das Maravilhas*, Lewis Carroll 141

    Lista de profissões 144

    Encruzilhada, Krogerus e Tschappeler 146

  Sonho que se sonha junto – *Tempero motivador*, reportagem com David Hertz 149

    O que são as Competências Socioemocionais? 150

Capítulo 3: Remova-se! Mova-se! 152

  Inspira! – Série de fotos de Eric Pickersgill 152

    Art X Smart, Kim Dong-Kyu 155

  Sonho que se sonha só – *O mundo é a forma como fomos capazes de imaginá-lo*, Gabriel García Márquez 157

    Tira de Liniers 158

    Futuro profissional e imaginação 159

  Sonho que se sonha junto – XXI: que século complicado (e fascinante)! 163

    21 lições para o século 21, Yuval Noah Harari 166

Capítulo 4: Pés no chão, pés nas nuvens 168

  Inspira! – O multiprofissional Marcello Dantas 168

  Preparando o terreno – *Sou...* pesquisador em tecnologia/ físico/ político/ atriz 172

    Personalidade e ambiente de trabalho, John Holland 181

  Expandindo fronteiras – A história de Ana e o gráfico de etapas cumpridas 184

  Pés no chão – O que vem por aí 186

  Pés nas nuvens – Sonhos que parecem impossíveis 188

  Coletivo em cena – *Feira de sonhos (reais)* – A árvore da vida 189

Objetivos e justificativas das atividades deste livro e identificação das competências gerais e específicas e habilidades da BNCC 193

Referências bibliográficas comentadas e complementares 205

Só eu sou eu

Quando uma pessoa fala muito dela mesma, se elogia o tempo todo, só se ocupa dos próprios interesses, ignorando os dos outros, e não tem comprometimento com a coletividade é possível que seja chamada, de forma negativa, de *narcisista*. Você sabe qual é a origem dessa palavra? *Narcisismo* vem de Narciso, personagem central de um popular mito da Grécia Antiga.

Narciso, filho da ninfa Líríope e do deus Cefiso, era a criatura mais bela de todo o mundo. Muitos se apaixonaram por ele, mas todos foram, um a um, rejeitados. Em uma das versões dessa narrativa, a deusa Ártemis, cansada de ver o sofrimento de tantas criaturas ignoradas pelo mais bonito dos homens, resolveu puni-lo fazendo com que se apaixonasse por ele mesmo.

Um dia, aos 16 anos, Narciso passeava pelos arredores da cidade de Téspia quando parou diante de um lago cristalino, olhou para a água e apaixonou-se imediatamente pela imagem que nela viu. Triste com a impossibilidade do encontro com um ser tão belo, e sem perceber que se tratava de seu próprio reflexo, pereceu em sofrimento ao lado do lago até morrer. Naquele lugar, nasceu uma bela flor, o narciso branco.

Por serem histórias carregadas de significativas simbologias humanas, os mitos gregos serviram de inspiração para vários estudiosos e artistas.

Já parou para pensar sobre o que diferencia você das outras pessoas? O que, afinal, significa ser "eu"? Já pensou nisso? O que nos transforma em sujeitos ímpares, singulares? Por que "só eu sou eu"? O mito grego parte de uma imagem muito bonita e ela pode nos dar pistas importantes para essas discussões: é por meio do lago (um *outro*) que Narciso percebe-se um *eu*.

Neste primeiro Módulo, há uma série de oportunidades para refletir sobre o "eu" que você é e sobre a forma como pode afetar e transformar sua vida, a vida de quem o cerca e o mundo. Boa viagem!

9

Módulo 1

Capítulo 1

SE EU FOSSE EU

Retrato da escritora Clarice Lispector, que, nascida na Ucrânia, viveu no Brasil. São Paulo, 1974.

Inspira!

Você lerá a seguir uma crônica, publicada originalmente em 1968, que compõe uma coletânea de textos escritos por uma das autoras mais importantes da nossa literatura, Clarice Lispector. Leia-a com atenção.

Se eu fosse eu

Quando não sei onde guardei um papel importante e a procura se revela inútil, pergunto-me: se eu fosse eu e tivesse um papel importante para guardar, que lugar escolheria? Às vezes dá certo. Mas muitas vezes fico tão pressionada pela frase "se eu fosse eu", que a procura do papel se torna secundária, e começo a pensar. Diria melhor, sentir.

E não me sinto bem. Experimente: se você fosse você, como seria e o que faria? Logo de início se sente um constrangimento: a mentira em que nos acomodamos acabou de ser levemente locomovida do lugar onde se acomodara. No entanto já li biografias de pessoas que de repente passavam a ser elas mesmas, e mudavam inteiramente de vida. Acho que se eu fosse realmente eu, os amigos não me cumprimentariam na rua porque até minha fisionomia teria mudado. Como? Não sei.

Metade das coisas que eu faria se eu fosse eu, não posso contar. Acho, por exemplo, que por um certo motivo eu terminaria presa na cadeia. E se eu fosse eu daria tudo que é meu, e confiaria o futuro ao futuro.

"Se eu fosse eu" parece representar o nosso maior perigo de viver, parece a entrada nova do desconhecido. No entanto tenho a intuição de que, passadas as primeiras chamadas loucuras da festa que seria, teríamos enfim a experiência do mundo. [...]

LISPECTOR, Clarice. In: *A descoberta do mundo*. Rio de Janeiro: Rocco, 1999. p. 156.

Biblioteca cultural

Assista ao vídeo de Débora Wainstock interpretando a crônica "Se eu fosse eu", de Clarice Lispector. O vídeo pode ser localizado por meio de *sites* de busca disponíveis na internet.

O que essa crônica conta?

1. Que estratégia a narradora do texto utiliza para quando não encontra um papel importante?
2. Releia o seguinte fragmento, depois responda: a que mentira a narradora se refere?
   "a **mentira** em que nos acomodamos acabou de ser levemente locomovida do lugar onde se acomodara"
3. Por que a narradora afirma que "se eu fosse eu" representaria o "maior perigo de viver"?

O que essa crônica conta sobre mim?

Use seu diário de bordo para registrar as respostas das questões a seguir.

1. Na crônica que você leu, a narradora defende um ponto de vista curioso: segundo ela, nem sempre nós somos nós mesmos de verdade. Por que você acha que isso ocorreria?
2. Aceite o desafio que a narradora faz e responda à questão:
   "Experimente: se você fosse você, como seria e o que faria?"
3. Convide um familiar mais velho para responder à questão: "se você fosse você, como seria e o que faria?". Explique a ele de onde você tirou essa pergunta.

Na página 193, ao final do seu livro, você encontrará os objetivos e as justificativas das atividades deste capítulo, bem como a identificação das competências gerais e específicas e das habilidades da BNCC.

QUEM?

Clarice Lispector (1920-1977) nasceu na Ucrânia, mas muito cedo veio para o Brasil, onde morou em Maceió, Recife e Rio de Janeiro. Filha de pais judeus, que emigraram para a América, fugindo de guerras e perseguições, a autora ficou conhecida por criar uma literatura nova no Brasil. Concluiu o curso de Direito, mas desistiu da carreira de advogada e ganhou a vida como jornalista, mesmo sem ter estudado formalmente para exercer esse ofício. Ao mesmo tempo que cuidava de dois filhos pequenos e do cachorro Ulisses, Clarice escrevia crônicas para jornais, fazia entrevistas e inventava histórias em que mais importante do que os fatos narrados é a maneira como as personagens reagem ao que acontece com elas.

BAPTISTÃO

Este livro é uma espécie de guia de viagem e isso vai exigir que você tenha um **diário de bordo** para fazer registros pessoais – pode ser um caderno personalizado com colagens, desenhos, grafismos... do seu jeito.
Ao longo do percurso, você poderá consultar seu diário e reconhecer como está se desenvolvendo e se tornando autônomo; esse processo é complexo, às vezes, doído, outras vezes, prazeroso e fascinante – tudo ao mesmo tempo.

Boca no mundo

Agora que você discutiu a crônica de Clarice Lispector e a relação que esse texto pode estabelecer com sua vida, compartilhe com seus colegas suas reflexões. Discuta com eles o quanto é possível ser "a gente mesmo", apesar dos limites que o mundo impõe e que, por vezes, nos fazem desviar de nossos desejos. Pensem em estratégias para garantir essa coerência entre o que desejamos e o que podemos ter/ser.

Biblioteca cultural

Acesse o *site* <https://claricelispectorims.com.br> (data de acesso: 20 jan. 2020) para conhecer mais sobre Clarice Lispector. A trajetória dessa autora é fascinante e tem despertado o interesse de leitores do mundo todo.

O curso universitário de Jornalismo tem duração média de 4 anos e não é integral. O jornalista atua na busca de informações e na sua divulgação por meio de veículos como jornais ou revistas (impressos ou digitais), rádio e TV. Desde 2009, o diploma para exercer a função de jornalista não é obrigatório, assim como era durante o período em que Clarice Lispector atuou.

Módulo 1

Sonho que se sonha só

Você conhece Bruna Vieira? Há alguns anos, Bruna criou um *blog*, acessado por mais de 130 milhões de adolescentes. Você já acessou o *site* "Depois dos quinze", em que está o *blog* da Bruna?

Biblioteca cultural

Use *sites* de busca disponíveis na internet para localizar o *blog* "Depois dos quinze", de Bruna Vieira, e veja se ele conversa com você como tem conversado com adolescentes de todo o país.

Bruna Vieira, que criou o *blog* "Depois dos quinze". Maio de 2019.

QUEM?

A colunista e escritora mineira **Bruna Vieira** mudou-se sozinha para São Paulo, aos 17 anos, para atender a inúmeros compromissos que começaram a surgir com a criação de um *blog* que tratava, inicialmente, apenas de suas dificuldades como adolescente. Como blogueira, ela produz vídeos, participa de eventos, dá palestras, escreve conselhos. Bruna faz parte de uma geração de jovens que fugiram das profissões convencionais, ela é uma *digital influencer*.

Traduzindo, esse termo significa influenciador digital e corresponde à profissão de quem atua nas redes sociais e se conecta a milhares de pessoas tratando de temas específicos e, por isso, se torna uma referência no assunto.

Leia parte de uma lista que Bruna publicou em seu *blog*, intitulada "101 coisas em 1001 dias".

LISTA: 101 COISAS EM 1001 DIAS

Mundo

1. Conhecer Amsterdã ~~e Dublin~~
2. Conhecer Tokyo com a Paula
3. Encontrar com a Martina na Itália (amiga que fiz durante o intercâmbio)
4. Viajar a dois <3
5. Lançar o próximo livro nos estados brasileiros que nunca fui
6. Viajar com meus amigos do colégio
7. Conhecer um novo país com meus pais
8. Fazer um mochilão sozinha

Cursos

9. Fazer aula de *street dance*
10. Entrar na faculdade de publicidade
11. Voltar pro curso de inglês
12. Entrar na aula de piano
13. Entrar no curso de francês

Pessoais

14. Compor e ter uma música gravada
15. Ler todos os livros da minha estante
16. Pular de asa-delta
17. Fazer amigos que meus amigos ainda não conhecem
18. Dar uma festa no meu apartamento
19. Colher morango do pé
20. Pegar o buquê de flores em algum casamento

[...]

23. Organizar minhas roupas e doar as que não servem

[...]

26. Trazer meus amigos de Minas para um fds em SP
27. Fazer mais duas tatuagens

[...]

Amorzinho

40. Viver uma paixão de filme (e sobreviver)
41. Dar um beijo em uma roda-gigante
42. Visitar pacientes de um hospital

[...]

Trabalho

45. Mudar o *layout* do *blog* anualmente
46. Responder todos os meus *e-mails*

Módulo 1

47. Escrever uma HQ
48. Consertar minha máquina de escrever
49. Fazer encontro com as leitoras no parque Ibirapuera
50. Escrever mais dois livros
51. Levar o "tempo livre" a sério
52. Conhecer blogueiras de outros países
[...]

Sonhos

63. Juntar grana e comprar um carro
64. Sonhar algo com alguém
65. Realizar o sonho de alguém
66. Ajudar meu pai a terminar de construir a casa
67. Ter grana para manter um abrigo de animais em Leopoldina
68. Ter um romance na lista dos mais vendidos
[...]

Sentimentos

73. Me julgar menos
74. Seguir os conselhos que dou
75. Amar mais minhas curvas
76. Paz
77. Ser mais independente
78. Pensar menos e fazer mais
[...]

Variados

[...]
97. Ir a um luau
98. Conhecer alguém que me faça querer casar
[...]
101. Cumprir todos os itens dessa lista em 1001 dias

Disponível em: <https://www.depoisdosquinze.com/2013/08/04/lista-101-coisas-em-1001-dias/>. Acesso em: 6 nov. 2019.

Você deve ter notado que Bruna criou sua lista baseando-se naquilo com que ela sonha, planeja, projeta e categorizou esses planos em "mundo", "cursos", "pessoais", "amorzinho", "trabalho", "sonhos", "sentimentos" e "variados". Reserve uma hora de seu dia, respire fundo e utilize as categorias propostas pela escritora para escrever suas "101 coisas a fazer". Inclua na sua lista a categoria "na escola".

Recalculando rota

A paulistana **Débora Cristina Lagranha Franco**, mais conhecida como Debby Lagranha, começou sua carreira aos 5 anos de idade como apresentadora de programas televisivos destinados ao público infantil, além de atuar como atriz em filmes e telenovelas. Debby fez muito sucesso desde cedo. Ela precocemente construiu uma carreira no meio audiovisual e se tornou uma espécie de ícone da sua geração, no final dos anos 1990 e início dos anos 2000. Aos 20 anos de idade, saiu da televisão e resolveu dedicar-se a outro sonho profissional: tornar-se médica veterinária. A ex-atriz se formou e hoje atua na área. Anos após ter mudado a sua trajetória, ela acabou voltando para a televisão, mas para cuidar dos animais nos bastidores das telenovelas na mesma emissora em que um dia trabalhou como atriz.

- E você? Conhece alguém que mudou de profissão? Quem? Por que essa pessoa mudou de projeto? Sobre a nova trajetória escolhida pela Debby, faça uma pesquisa sobre o que faz uma veterinária.

O curso de Medicina Veterinária dura, em média, 5 anos e é integral. O profissional dessa área presta assistência clínica e cirúrgica a animais domésticos e silvestres, cuidando da saúde, alimentação e também da reprodução de rebanhos, além de inspecionar a produção de alimentos de origem animal.

Sonho que se sonha junto

Você já viu uma seção de classificados? Ela serve para anunciar vagas de trabalho em jornais impressos ou digitais. Esse tipo de anúncio inspirou o paulistano André Cervi, com outros colegas do curso de Administração de Empresas da Universidade de São Paulo (USP), a criar a Atados: Organização Não Governamental (ONG) que conecta pessoas que querem se envolver em causas sociais, no papel de voluntários, por meio de uma plataforma social *on-line*.

> ONG é uma organização que não tem fins lucrativos, formada com o objetivo de atuar em diversas áreas de interesse social: educação, saúde, moradia e ambiente, por exemplo. As ONGs são enquadradas no chamado "terceiro setor", denominação dada a organizações comprometidas com os problemas sociais. O primeiro setor é formado por instituições públicas e o segundo setor, por entidades privadas.

Cervi, na época um universitário com 23 anos, queria um trabalho em que pudesse contribuir para mudar, direta ou indiretamente, a vida de outras pessoas. Essa inquietação fez com que fosse em busca de parceiros com o mesmo objetivo e, juntos, fundassem a Atados. Essa ONG estimula pessoas a se envolver em causas sociais diversas, transformando e impulsionando ações construtivas e solidárias que possam impactar a sociedade.

1. Por meio da Atados, é possível, por exemplo, ajudar a organizar um coral com idosos que vivem em um asilo, coletar e doar alimentos a moradores de rua, jogar futebol com crianças que frequentam um abrigo. Após conhecer um pouco da atuação da ONG, reúna-se em grupo com alguns colegas e pensem em ações de impacto social que vocês poderiam propor.

2. A plataforma Atados possui mais de 121 811 voluntários cadastrados no país e mais de 1940 ONGs fazem parte dessa rede. Atua hoje presencialmente na região metropolitana de São Paulo (SP), Grande Rio de Janeiro (RJ), Brasília (DF) e Grande Florianópolis (SC) e nos demais estados brasileiros anunciando vagas de trabalho voluntário remoto. E você, já realizou alguma atividade de voluntariado? Conte aos colegas como foi.

3. Que ações de voluntariado poderiam ser feitas na sua escola pelos alunos? Pesquise na comunidade que demandas há nesse sentido. Mobilize-se!

Biblioteca cultural

Use *sites* de busca disponíveis na internet para conhecer um pouco mais sobre a plataforma Atados.

Módulo 1

A *Revista Galileu* publicou, em 2016, um texto que nos convida a pensar em formas de tornar o mundo melhor. Leia esse texto e, em seguida, responda às questões apresentadas.

4 maneiras de tornar o mundo melhor

Seja um produtor reflexivo

Nosso emprego acaba sendo nossa maior contribuição para a sociedade em termos de capacidade produtiva. [...]

Empregos nas finanças, na agricultura, na indústria, em ONGs, na educação ou no setor de energia cumprem diferentes funções na sociedade. E mesmo dentro desses setores há diferenças na importância ética que cada trabalhador pode atribuir a si mesmo.

[...]

Que tal parar para pensar se o seu trabalho é dedicado a coisas éticas, tanto do ponto de vista político quanto do econômico? [...] O processo produtivo com que você contribui é dedicado à justiça? Ao conhecimento? Ou ao lucro puro e simples? Quem se beneficia do seu trabalho?

[...]

Seja um consumidor consciente

Ao longo de nossa vida nós damos muito dinheiro para muitas pessoas por meio das nossas compras. Alguns produtos que nos alcançam foram feitos por trabalhadores em boas condições de vida, ou por empresas de baixo impacto ambiental.

[...]

Partes da indústria da moda usam trabalho infantil [...]. Tudo que nós compramos tem uma história e um custo social, ambiental e político. Isso vai muito além do preço.

[...] o consumo ético não resolve todas as questões estruturais mais profundas. Mas uma abordagem mais crítica na hora de ir às compras pode ter um impacto no mundo. Portanto, sempre se pergunte: quem se beneficiará com a compra deste produto?

Seja um cidadão ativo

É óbvio que podemos usar os canais políticos abertos oficialmente para sermos cidadãos ativos. De petições a eleições, estão ao nosso alcance campanhas políticas, sindicatos e até cartas para nossos representantes. [...] Tanto Gandhi quanto as sufragistas foram reconhecidos como heróis por políticos estabelecidos anos depois.

Mas nós podemos nos tornar receptores mais conscientes de mensagens políticas. Entender os princípios da comunicação política para não cair em truques. [...] As táticas do *marketing* político são eficientes para ganhar votos [...] E não é difícil identificá-las depois que nós descobrimos como elas funcionam.

Biblioteca cultural

O filme *As sufragistas* (2015), dirigido por Sarah Gavron, mostra o início da luta do movimento feminista inglês por meio de histórias de mulheres brancas que buscaram igualdade e direito ao voto.

Para conhecer uma crítica ao contexto do filme, o texto "Mulheres brancas ainda não sabem tratar do feminismo intersecional" está disponível na página de *Geledés: Instituto da Mulher Negra* e pode ser localizado por meio de *sites* de busca.

Reprodução proibida. Art. 184 do Código Penal e Lei 9.610 de 19 de fevereiro de 1998.

Seja uma pessoa de princípios

Pense na conversa que ouviu na rua, ou no que o seu tio disse em um almoço de família, ou no insulto racista ou misógino que você flagrou no ônibus. Você pode deixar por isso mesmo ou pode intervir. É claro, uma intervenção frutífera precisa ser sensível e cuidadosa. Mas, se alguém diz algo que te incomoda, quem sai ganhando se você não reage? Se alguém é movido por medos, por que não ouvir e discutir, se mantendo fiel a seus princípios?

Nós vivemos em comunidades. [...] Algumas [pessoas] terão visões políticas opostas às suas. Por que não conversar com elas sobre o assunto educada e respeitosamente, criando empatia e considerando soluções conjuntas? Isso te ajudará a desenvolver seu próprio pensamento.
[...]

CHRISTOYANNOPOULOS, Alexandre. Disponível em: <https://revistagalileu.globo.com/Sociedade/noticia/2016/11/4-maneiras-de-tornar-o-mundo-melhor-sem-ser-madre-teresa.html>. Acesso em: 7 nov. 2019.

Biblioteca cultural

O livro *Autobiografia: Minha vida e minhas experiências com a verdade* (São Paulo: Palas Athena, 2014), escrito por Gandhi, narra a vida e os movimentos pacifistas desse conhecido pensador e político indiano que atuou para que a Índia se tornasse um país independente da Inglaterra, baseando-se no princípio da não violência.

Respondam às próximas questões em trios.

1. No texto que vocês leram, o autor propõe quatro formas de se engajar de maneira cotidiana para resolver situações que impactam o mundo. Pensem nos pontos que o autor levanta e nas relações que podem existir na sua vida. Que aspectos mais os incomodam no mundo em que vivemos?
2. Quem são as pessoas que vocês mais admiram porque já foram, na sua visão, capazes de mudar o mundo?
3. O autor afirma que "nosso emprego acaba sendo nossa maior contribuição à sociedade em termos de capacidade produtiva". Imaginem-se no futuro exercendo uma ocupação que vocês acham interessante. Que ocupação seria essa? Quais são os impactos que essa atuação poderia ter no mundo? Eles geram benefícios ou prejuízos? De que tipo?

Biblioteca cultural

O *Guia do Estudante* produz conteúdo *on-line* gratuito sobre vestibular, bolsas de estudo, notícias do Brasil e do mundo e contém ainda uma seção dedicada à Orientação Profissional. Pode ser localizado por meio de *sites* de busca disponíveis na internet. Consulte e saiba mais sobre diferentes profissões nas mais variadas áreas.

Módulo 1

Capítulo 2

O QUE NOS PASSA, NOS ACONTECE, NOS TOCA

Inspira!

O que é uma *experiência*? Difícil definir um conceito tão subjetivo e particular, não é mesmo? Para ajudar você a refletir sobre isso, leia um fragmento da conferência "Notas sobre a experiência e o saber de experiência", proferida originalmente pelo professor espanhol Jorge Larrosa Bondía, da Universidade de Barcelona, na Espanha.

[...]

1. Começarei com a palavra *experiência*. Poderíamos dizer, de início, que a experiência é, em espanhol, "o que nos passa". Em português se diria que a experiência é "o que nos acontece"; em francês a experiência seria "ce que nous arrive"; em italiano, "quello che nos succede" ou "quello che nos accade"; em inglês, "that what is happening to us"; em alemão, "was mir passiert".

A experiência é o que nos passa, o que nos acontece, o que nos toca. Não o que se passa, não o que acontece, ou o que toca. A cada dia se passam muitas coisas, porém, ao mesmo tempo, quase nada nos acontece. Dir-se-ia que tudo o que se passa está organizado para que nada nos aconteça. Walter Benjamin, em um texto célebre, já observava a pobreza de experiências que caracteriza o nosso mundo. Nunca se passaram tantas coisas, mas a experiência é cada vez mais rara.

Em primeiro lugar pelo excesso de informação. A informação não é experiência. E mais, a informação não deixa lugar para a experiência, ela é quase o contrário da experiência, quase uma antiexperiência. Por isso a ênfase contemporânea na informação, em estar informados, e toda a retórica destinada a constituirmos como sujeitos informantes e informados; a informação não faz outra coisa que cancelar nossas possibilidades de experiência. O sujeito da informação sabe muitas coisas, passa seu tempo buscando informação, o que mais o preocupa é não ter bastante informação; cada vez sabe mais, cada vez está melhor informado, porém, com essa obsessão pela informação e pelo saber

Retórica: discurso construído.

WAYHOME STUDIO/SHUTTERSTOCK

(mas saber não no sentido de "sabedoria", mas no sentido de "estar informado"), o que consegue é que nada lhe aconteça. A primeira coisa que gostaria de dizer sobre a *experiência* é que é necessário separá-la da informação. E o que gostaria de dizer sobre o *saber de experiência* é que é necessário separá-lo de saber coisas, tal como se sabe quando se tem informação sobre as coisas, quando se está informado. É a língua mesma que nos dá essa possibilidade. Depois de assistir a uma aula ou a uma conferência, depois de ter lido um livro ou uma informação, depois de ter feito uma viagem ou de ter visitado uma escola, podemos dizer que sabemos coisas que antes não sabíamos, que temos mais informação sobre alguma coisa; mas, ao mesmo tempo, podemos dizer também que nada nos aconteceu, que nada nos tocou, que com tudo o que aprendemos nada nos sucedeu ou nos aconteceu.

[...]

Em segundo lugar, a experiência é cada vez mais rara por excesso de opinião. O sujeito moderno é um sujeito informado que, além disso, opina. É alguém que tem uma opinião supostamente pessoal e supostamente própria e, às vezes, supostamente crítica sobre tudo o que se passa, sobre tudo aquilo de que tem informação. Para nós, a opinião, como a informação, converteu-se em um imperativo. Em nossa arrogância, passamos a vida opinando sobre qualquer coisa sobre que nos sentimos informados. E se alguém não tem opinião, se não tem uma posição própria sobre o que se passa, se não tem um julgamento preparado sobre qualquer coisa que se lhe apresente, sente-se em falso, como se lhe faltasse algo essencial. E pensa que tem de ter uma opinião. Depois da informação, vem a opinião. No entanto, a obsessão pela opinião também anula nossas possibilidades de experiência, também faz com que nada nos aconteça.

Disponível em: <http://www.scielo.br/pdf/rbedu/n19/n19a02.pdf>.
Acesso em: 8 nov. 2019.

Na página 193, ao final do seu livro, você encontrará os objetivos e as justificativas das atividades deste capítulo, bem como a identificação das competências gerais e específicas e das habilidades da BNCC.

Imperativo: uma ordem, algo que tem que ser feito ou seguido.

Biblioteca cultural

A conferência "Notas sobre a experiência e o saber de experiência", de Jorge Larrosa Bondía, está disponível na internet e pode ser localizada por meio de *sites* de busca. Vale a pena a leitura completa desse texto.

QUEM?

Jorge Larrosa Bondía é pedagogo. Professor pós-doutor em Filosofia da Educação pela Universidade de Barcelona, acredita que só as pessoas que amam o mundo podem ser educadoras porque se tornam responsáveis por sua construção ao cumprirem a preciosa tarefa de apresentá-lo aos mais novos. Bondía já publicou diversos livros e realizou seu pós-doutorado no Instituto da Educação na Universidade de Londres e no Centro Michel Foucault, da Sorbonne, em Paris. O professor luta por uma educação que não seja padronizada e que leve em conta também o imprevisível da vida.

BAPTISTÃO

O curso universitário de Pedagogia dura, em média, 4 anos e não é em período integral. Um pedagogo pode trabalhar com administração escolar, dar aulas nos Anos Iniciais do Ensino Fundamental, fazer coordenação pedagógica, escrever livros didáticos, entre outras áreas ligadas à educação.

Módulo 1

O que essa conferência conta?

1. O autor do texto diferencia a experiência que "nos passa", "nos acontece", "nos toca" daquela que "passa", "que acontece", "que toca". O que você acha que diferencia essas duas possibilidades?
2. Por que, segundo o autor, embora se passem muitas coisas no mundo contemporâneo, "a experiência é cada vez mais rara"?
3. Leia a passagem a seguir e responda: há uma contradição na posição do professor?

   "Depois de assistir a uma aula ou a uma conferência, depois de ter lido um livro ou uma informação, depois de ter feito uma viagem ou de ter visitado uma escola, podemos dizer que sabemos coisas que antes não sabíamos, que temos mais informação sobre alguma coisa; mas, ao mesmo tempo, podemos dizer também que nada nos aconteceu, que nada nos tocou, que com tudo o que aprendemos nada nos sucedeu ou nos aconteceu."

O que essa conferência conta sobre mim?

Use seu diário de bordo para registrar as respostas das questões a seguir.

1. Depois de entender o conceito que o autor defende, responda: qual foi a última *experiência* pela qual você "passou" que, de fato, "aconteceu" a você e que o "tocou" verdadeiramente?
2. Observe o desenho ao lado. Para nomear seu trabalho, a artista gráfica Majane usa o termo "umaspotocas", que são "balelas, lorotas, abobrinhas, lero-leros e conversas fiadas", "narrativas gráficas", "livres e leves", que têm como objetivo refletir sobre "a vida em sociedade, a empatia, as relações no trabalho, a complexidade e a simplicidade do cotidiano". Majane diz que "umas potocas convidam todos para esse diálogo!". Vamos dialogar com a artista, "desembrulhando nós mesmos", como Majane diz?

   Que relação a imagem reproduzida ao lado pode ter com a ideia central do texto do professor Jorge Larrosa Bondía? E com você? "Desembrulhe-se" e responda.

O trabalho da artista gráfica Majane está disponível na internet e pode ser encontrado por meio da busca "umaspotocas".

3. Você se sente, como aponta o autor do texto, obrigado a opinar sobre tudo? Por que você acha que Bondía considera a obrigatoriedade de opinar mais um fator que nos afasta da *experiência* tal qual ele a concebe?
4. Leve em conta o conceito de *experiência* que Bondía defende. Que *experiência* significativa você viveu na escola durante o Ensino Médio? Que importância ela teve para o seu desenvolvimento pessoal? De que forma você acha que a sua escola contribui para proporcionar *experiências* reais a você e a seus colegas? Como, na sua opinião, ela poderia contribuir mais para isso?
5. Você acha que, para ampliar as possibilidades de *experiência*, é importante que se esteja aberto a entrar em contato com novas culturas e com pessoas que pensam diferente? Dê um exemplo de uma *experiência* vivida por você que tenha relação com o fato de estar disponível para o novo.

Boca no mundo

Em sua coluna digital, o médico paulistano Drauzio Varella afirma:

"Se as novas tecnologias trouxeram algum alento para pais e cuidadores e ampliaram o acesso à informação, é fato que também mudaram a rotina de muitas famílias. Muitas vezes, para pior. Crianças que antes corriam pela casa, bagunçavam o quarto, pintavam as paredes, provocavam os irmãos e enchiam os pais de perguntas agora passam horas sentadas, quietas, voltadas para telas luminosas".

Disponível em: <https://drauziovarella.uol.com.br/coluna-2/uso-excessivo-de-celulares-pode-ser-prejudicial-as-criancas-coluna/>. Acesso em: 9 nov. 2019.

O artigo publicado pelo professor Bondía é de 2001. Os celulares surgiram nos anos 1990 e ganharam grande popularidade no início dos anos 2000. Segundo pesquisa realizada pela Deloitte e tornada pública no segundo semestre de 2018, esses aparelhos estão presentes na vida de 92% dos brasileiros. Outro estudo, publicado pela Fundação Getulio Vargas (FGV), estimava que até maio de 2018 existiriam 174 milhões de computadores (entre *notebooks*, de mesa, *tablets* etc.) no Brasil.

- Com seus colegas, discuta as seguintes questões: o que o professor da Universidade de Barcelona teria mudado em seu texto se o tivesse escrito hoje? O que você faz para não viver apenas restrito ao mundo virtual?
- Você acha que o uso de celulares na escola o afasta de experiências significativas que poderia viver com seus colegas e professores? Se sim, o que você sugere para melhorar isso?

O curso universitário de Medicina dura, em média, 6 anos e é em período integral. Um médico cuida da saúde humana e pode atuar em especialidades como Acupuntura, Anestesiologia, Cardiologia, Dermatologia, Endocrinologia, Ginecologia, Medicina de Família e Comunidade, entre outras áreas.

Alento: fôlego ou estímulo.

Biblioteca cultural

O artigo "Uso excessivo de celulares pode ser prejudicial às crianças", de Drauzio Varella, está disponível na internet e pode ser localizado por meio de *sites* de busca.

O documentário *Tarja Branca: a revolução que faltava,* dirigido pelo cineasta curitibano Cacau Rhoden e produzido pela Maria Farinha Filmes, é um manifesto sobre a importância do brincar não somente na infância, mas também enquanto estamos crescendo até chegar à vida adulta. O diretor mostra como, conforme crescemos, vamos perdendo essa experiência lúdica, mais livre e espontânea, que é fundamental para toda a vida.

O documentário pode ser localizado por meio de *sites* de busca disponíveis na internet.

- Quando foi a última vez que você brincou de algo? Ou que se sentiu fazendo algo realmente divertido de maneira espontânea? Qual é a diferença entre essa experiência na infância e na adolescência? E na fase adulta, você acha que é possível brincar?

Módulo 1

Sonho que se sonha só

Se fosse possível, o que gostaria que tivessem contado a você antes de sua chegada ao mundo? Quais aspectos sobre você mesmo e sobre a sua história você acha que, se deles tivesse tido conhecimento, o ajudariam a viver experiências ainda mais significativas? O escritor Antônio Prata escreveu a crônica a seguir para seu filho, Daniel, dias antes do nascimento dele. No texto, Prata relata ao filho um pouco sobre o que o aguarda, como é a sua família e dá algumas pistas sobre como funciona a vida.

> **Daniel**
>
> Se esta crônica está sendo publicada hoje, é porque nasceu o meu filho, Daniel.
>
> [...]
>
> Você era ninguém, agora você é alguém – e, acredite, filho, essa é a coisa mais fantástica que pode acontecer com ninguém em todo o universo. Eu digo "acredite" porque não é exatamente um consenso por estas bandas ultrauterinas.
>
> Há quem fique na dúvida entre ser ou não ser, há quem diga que chove muito ou pouco e que há dor de dente e nas costas e tantas outras dores do mundo que o melhor seria não ser ou ser granito ou fumaça, o que dá na mesma. Um homem muito sabido chegou a dizer que o que todo mundo quer é voltar praquele lugar morninho do qual você acabou de sair. Talvez ele tenha razão, mas, como a via é de mão única, eu digo para o seu alento: tem muito programa bom por aqui.
>
> Não sei nem por onde começar, porque não sei ainda do que você gosta. Eu e a sua mãe vamos tentar mostrar um pouco de tudo, aí você decide. Carne, peixe, frango; Palavra Cantada, Ramones, Cartola; mar, campo, cidade; arara, camelo, avestruz; tinta, massinha, carvão; Corinthians, Corinthians, Corinthians – lamento, filho, mas, por mais pluralistas que sejamos, há algumas regras que precisam ser seguidas. Brincadeira, eu vou te amar mesmo que o seu avô te converta num são-paulino. Mas saiba que isso vai dificultar um pouco a nossa relação. E muito a minha relação com o seu avô. É uma escolha sua. E do seu avô. (Tá dado o recado, Mario Luiz).
>
> Daniel, prometo que vamos fazer o que estiver ao nosso alcance pra te ajudar, mas desde já peço desculpas por nossos inúmeros tropeços. Embora estejamos mais experientes depois da Olivia – duvido, por exemplo, que em vez de pomada pra assaduras passemos pasta de dentes no seu bumbum (as bisnagas eram idênticas! Caramba, Weleda!) –, alguns deslizes são inevitáveis.
>
> Esta crônica tá meio confusa, verdade. É que é difícil esse negócio de dar as boas-vindas a alguém que chega ao mundo. Não sei se falo do Drummond ou do dedo na tomada, se calo ou te compro uma bicicleta. Tudo bem, faz parte. A vida também é confusa, Daniel. É confusa, chove, dói dente, costas e outros costados, mas vale muito a pena. Você não existia, agora existe: esse é o grande milagre diante do qual nos curvamos, crentes ou ateus, corintianos ou são-paulinos. Seja bem-vindo, meu filho, seja o que você quiser, seja o que você puder, desculpa qualquer coisa – e cuidado com as tomadas.

PRATA, Antônio. *Trinta e poucos*. São Paulo: Companhia das Letras, 2016. p. 203.

Ultrauterinas: além do útero, fora do útero.

QUEM?

O paulistano **Antônio Prata** é escritor e roteirista de cinema e televisão. Ele é colunista de um jornal e publica periodicamente suas crônicas sobre temas e experiências cotidianas. Cursou Filosofia em uma universidade pública e Cinema em uma instituição privada. Prata venceu o Prêmio Brasília de Literatura na categoria "Contos e Crônicas" e foi finalista do Prêmio Jabuti na categoria "Infantil". Já esteve entre os vinte autores selecionados para a edição "Os melhores jovens escritores brasileiros", da prestigiada revista *Granta*. Antônio Prata já publicou mais de 12 livros ao longo de sua carreira.

O curso de Filosofia dura, em média, 4 anos e não é em período integral. O filósofo analisa, critica e reflete sobre a natureza do homem, do universo e dos fatos. Ele discute questões éticas, morais, políticas e metafísicas. Em geral, o profissional que se forma nesse curso trabalha na área de educação, embora não tenha sido o caso de Prata.

Você gostou da crônica que Antônio Prata dedicou ao filho Daniel, mesmo que o menino ainda não pudesse entender – ou sequer ler – o texto escrito em sua homenagem? Vamos agora avançar um pouco em relação ao que Prata fez e inventar algo ainda mais audacioso.

Inspire-se na leitura do texto de Antônio Prata para escrever uma crônica dirigida a você mesmo, imaginando que seria possível enviá-la ao momento do seu nascimento. Na sua produção, leve em conta a sua experiência de vida adquirida até aqui e o seu autoconhecimento. Considere que você, com todas as vivências que teve ao longo da sua jornada até hoje, tem condições de dar a você mesmo, que acaba de nascer, alguns conselhos importantes e alguns testemunhos.

Prata, em seu texto, "deixa escapar" algumas referências musicais com as quais ele e sua esposa provavelmente têm afinidade, como a dupla de música infantil Palavra Cantada, a banda de *rock* Ramones, o cantor de samba Cartola; assume algumas preferências, como o time de futebol paulista Corinthians; fala dos erros que cometeu nos primeiros anos de vida da irmã de Daniel, Olivia; fala de sua predileção pela poesia do poeta mineiro Carlos Drummond de Andrade. Faça o mesmo: ao produzir a sua crônica, inclua informações como as descritas ao lado.

Exercite a sua criatividade e inclua também outros aspectos que considerar relevantes para estruturar esse diálogo com você mesmo.

Faça um primeiro rascunho. Depois, passe a limpo em seu diário de bordo. Revisite esse texto quantas vezes forem necessárias. Ele é seu. Ao longo desta jornada chamada Projeto de Vida, você poderá descobrir ainda mais sobre si mesmo e alterar o texto, se for o caso.

- ★ De onde você vem.
- ★ Quem é sua família.
- ★ Quais são suas principais características pessoais (fale sobre qualidades e defeitos).
- ★ O que você mais gosta e menos gosta de fazer.
- ★ Que momentos foram os mais marcantes de sua trajetória.
- ★ Os principais desafios que já enfrentou na escola e fora dela.
- ★ Suas experiências escolares mais significativas.
- ★ Suas paixões.
- ★ Suas maiores amizades.
- ★ Seus sonhos.
- ★ O que faria de diferente.
- ★ Experiências (no sentido que Bondía dá a esse termo) que mais definiram quem você é hoje.
- ★ Uma ideia em que realmente acredite.

Módulo 1

Recalculando rota

Euzilene Prexede do Nascimento Guajajara, mais conhecida por **Zahy Guajajara**, nasceu na Reserva Indígena Cana Brava, no Maranhão. Ela é fluente nos idiomas guajajara e no português. Zahy iniciou sua história profissional como agente de saúde no município maranhense, auxiliando mulheres grávidas indígenas que não falavam português nos exames pré-natais a que eram submetidas e no momento de seus partos. Aos 19 anos, Zahy resolveu se mudar para o Rio de Janeiro e foi muito criticada por sua família e pelo povo da sua aldeia por essa decisão, pois eles pensavam que ela poderia não querer mais ser identificada como uma indígena e que se envergonhava de sua origem. Ela, após ter outras ocupações na nova cidade, tornou-se atriz e atuou em filmes e em minisséries televisivas. Além de atriz, Zahy é fotógrafa, ativista social – tendo como causas a questão indígena e a valorização do seu povo – e poeta (suas produções são escritas em português e em línguas indígenas que domina). No futuro, Zahy Guajajara sonha em publicar um livro e em cursar faculdade de Cinema para trabalhar nas aldeias e dar aulas para a comunidade indígena, ampliando a presença dessa população na arte.

- E você? Conhece outros artistas indígenas brasileiros? Assim como Zahy Guajajara, você acha que receberia críticas de sua família em relação à escolha de sua carreira? Em sua opinião, qual foi o aspecto mais difícil da mudança de carreira da jovem Zahy? Você conhece outras pessoas que, assim como ela, possuem mais de uma atividade profissional?

Euzilene Prexede do Nascimento Guajajara (Zahy Guajajara), em foto de dezembro de 2019.

Biblioteca cultural

O Museu da Pessoa é um espaço virtual colaborativo que reúne histórias de vida de diferentes pessoas da sociedade. É possível pesquisar histórias por temas e conhecer as experiências de diferentes personalidades e suas trajetórias.

- Se você fosse enviar um depoimento para esse museu contando a sua história, qual tema escolheria? Quais aspectos da sua história considera que melhor definem quem você é hoje?

Museu da Pessoa — Uma história pode mudar seu jeito de ver o mundo

O livro *A terra dos mil povos: história indígena do Brasil contada por um índio*, escrito por Kaka Werá Jecupé (São Paulo: Peirópolis, 1998), é uma obra que retrata a tradição ancestral indígena e como os povos nativos formam suas identidades e enxergam o mundo.

Sonho que se sonha junto

Você se sente responsável pelo mundo em que está inserido? E que poder você acha que tem sobre ele? Edgard Gouveia Júnior é um arquiteto e urbanista que costuma dizer que construir o mundo com que sonhamos pode ser rápido, divertido e não é preciso colocar a mão no bolso. Como isso é possível? Para ele, a brincadeira é a única forma de mudar o mundo. Conheça a história desse sonhador que tem pés bem fincados no chão.

Edgard Gouveia Júnior em foto de fevereiro de 2012.

O arquiteto que ergueu pontes entre as pessoas

Aos 48 anos de idade, o santista **Edgard Gouveia Júnior** não se cansa de colocar as pessoas para brincar. Arquiteto e urbanista pós-graduado em jogos cooperativos, ele dedica sua trajetória a mobilizar crianças, jovens e adultos com jogos virtuais, gincanas e ações coletivas que desembocam em pequenas revoluções comunitárias.

Depois de viabilizar a renovação do Museu da Pesca de Santos, em São Paulo, após concluir sua graduação, ele fundou o **Instituto Elos** e nunca mais parou de fazer acontecer. Em 2008, sua metodologia de brincadeiras sociais batizada **Oásis** ajudou a revitalizar, com a participação de mais de três mil jovens de diferentes regiões do Brasil, 12 comunidades afetadas pela enchente do rio Itajaí, em Santa Catarina.

Em cinco dias, os quase mil universitários selecionados para a fase presencial do projeto construíram 43 equipamentos comunitários. Pontes, *playgrounds*, quiosques, campos de futebol e até pista de *motocross* foram erguidos. Rápido, divertido e sem botar a mão no bolso. "Brincando, todo mundo é empreendedor", diz.

Fundador do programa **Guerreiros Sem Armas**, que fomenta a energia de jovens articuladores, Edgard ampliou sua escala de ação, que agora pretende ser global. Embora o projeto Oásis já conte com mais de 90 pontos de replicação espalhados pelo mundo, ele lançou, em dezembro de 2012, o **Play The Call**, uma gincana mundial *on-line* que tem tarefas concretas no mundo real e pretende envolver 2 bilhões de pessoas em quatro anos.

Ele acredita que pode alcançar essa meta brincando.

Arquiteto de sonhos

Espera aí. Dois bilhões de pessoas? Isso é impossível. Parece mesmo. Mas você começa a acreditar quando escuta Edgard contando os planos do seu projeto, em detalhes que ele ainda não quer divulgar por enquanto.

Empolgado e reflexivo, enquanto fala, sempre calmamente, Edgard constrói raciocínios e chega a conclusões inesperadas. Questionado sobre o que faz na vida, ele responde e conclui: "Olha, você me ajudou a descobrir o que eu faço".

Módulo 1

É difícil mesmo explicar a exata função de Edgard. "Uns me chamam de *designer* de experiências, outros de facilitador de processos. Com as gincanas eu ajudo as pessoas a se unirem e também recuperarem o valor da cooperação", diz.

[...]

Edgard é viciado em ouvir histórias. É tão acostumado com isso que conta que às vezes as pessoas começam a contar coisas para ele antes mesmo que ele peça. E é nessas horas que entra em ação um dos talentos dele: conectar pessoas talentosas.

"Eu invisto muito tempo em estar com pessoas. Ajudo muito as pessoas para que elas tenham a coragem de fazer o que queiram fazer", diz. Edgard não tenta mudar a cabeça das pessoas. Ele já confia nelas. Só quer construir um ambiente onde elas saibam trabalhar em conjunto para benefício próprio. "Vamos reformar a praça? Vamos! Não precisa esperar o governo".

Essa confiança nas pessoas ele afirma vir desde a infância, algo que ele percebeu na sala de aula. "Todos na minha escola eram maravilhosos. Eu não via a chatice dos outros, do que jogava xadrez até o mais terrível". Edgard viu isso e percebeu a força que existia em transformar a cooperação em jogo assistindo gincanas.

"Na gincana as pessoas se transformavam. Via pessoas carrancudas, pão-duras, cooperando para fazer coisas que pareciam impossíveis. Pensava: Por que a gente não usa esse poder pra fazer uma creche? Não é que tem poucos empreendedores. A gente já é assim. A terra já era redonda, mas a gente não sabia. Tem que descobrir".

Como isso começou? Entre uma carreira profissional no vôlei abandonada e a formação em arquitetura, ele se encontrou nos projetos sociais. Ele e sua turma ouviam palestra, escutavam dicas e sonhavam em transformar a profissão deles em ferramenta para construir um Brasil melhor.

Logo eles chegaram a duas conclusões: não é o caminho mais fácil, ou seja, não vamos ganhar rios de dinheiro, e precisamos agir logo. "Tinha essa clareza. Vamos ter trabalho, não vai dar dinheiro, mas fizemos esse pacto de sermos felizes. Hoje desenhamos gincanas que ajudam as pessoas a construir o sonho delas sem botar a mão no bolso".

Disponível em: <https://revistatrip.uol.com.br/homenageados/2013/edgard-gouveia-jr>.
Acesso em: 9 nov. 2019.

As questões a seguir deverão ser respondidas em trios.

1. De acordo com o texto, um dos talentos de Edgard Gouveia Júnior é o de "conectar pessoas talentosas". Na opinião de vocês, o que é talento? Vocês acreditam nesse conceito?

2. Quais são os seus talentos? Listem ao menos três no seu diário de bordo.

3. A psicóloga e pesquisadora estadunidense **Angela Duckworth**, ao longo dos seus estudos, gosta de trabalhar com o conceito de *Garra* (*Grit*, em inglês). Para ela, mesmo que tenhamos alguns talentos "natos", a combinação de paixão e perseverança pela busca de objetivos a longo prazo é mais determinante do sucesso em algum projeto do que uma simples habilidade que tenhamos naturalmente. Ela ainda defende que ter algum talento não é garantia de que alcançaremos aquilo que queremos. Angela gosta de destacar a importância do foco, do esforço e da prática para construirmos talentos ou para transformá-los em habilidades. Essa teoria proposta pela pesquisadora Angela Duckworth faz sentido para vocês? Por quê?

4. Reflitam sobre a questão anterior: qual é o talento que vocês gostariam de desenvolver para contribuir com a sua cidade, bairro ou comunidade? Que ação proporiam para provocar impacto social? Citem pessoas que vocês consideram que possuem esse talento para construir uma coletividade mais interessante. O que vocês podem aprender com elas?

5. Agora, escolham dois colegas de outros trios e digam a eles quais talentos vocês acham que eles possuem. Anotem no diário de bordo o que seus colegas disseram a seu respeito para refletir sobre os talentos que os outros enxergam em vocês. São diferentes dos que vocês listaram no início da atividade?

6. O pesquisador húngaro-estadunidense **Mihaly Csikszentmihalyi** defende que há um estado mental denominado *Fluxo* (ou *Flow*, em inglês) no qual as pessoas se sentem completamente envolvidas naquilo que estão fazendo a ponto de nem perceberem o tempo passar. Csikszentmihalyi acha que, para alcançar tal estado de concentração, satisfação e imersão, é preciso descobrir algo que realmente se goste de fazer e continuar praticando de forma recorrente, tornando a atividade mais desafiadora e significativa. O estado de *Fluxo*, de acordo com essa teoria, promove a sensação de bem-estar e estimula a criatividade e maior envolvimento com os projetos pessoais.

Quando foi a última vez que vocês se envolveram em uma experiência em que se sentiram tão imersos e envolvidos que nem perceberam o tempo passar? Vocês consideram que estavam usando os "talentos" citados por vocês e por seus colegas?

7. O arquiteto e urbanista Edgard defende que, quando nos juntamos e nos transformamos em "nós", podemos fazer até mesmo o que parecia impossível acontecer. O que, ao seu ver, parece impossível de ser transformado na sua cidade, bairro ou comunidade? Quais colegas ou familiares vocês chamariam para ajudá-los nessa tarefa? Por quê? Registrem suas respostas no seu diário de bordo.

Módulo 1

Capítulo 3

EU QUERO O OUTRO

Inspira!

Você gosta de poemas? Acha que poesia e *rock and roll* combinam? Na década de 1970, surgiu no país um grupo de poetas que acreditava que a poesia deveria provocar o olhar dos leitores, ter uma postura provocativa, em diálogo com o que propunha o *rock* e outras artes consideradas transgressoras. Conheça agora um poema de Chacal, representante da chamada "geração mimeógrafo".

Mimeógrafo: equipamento que produz cópias a partir de matriz perfurada (estêncil).

O outro

> só quero
> o que não
> o que nunca
> o inviável
> o impossível
>
> não quero
> o que já
> o que foi
> o vencido
> o plausível
>
> só quero
> o que ainda
> o que atiça
> o impraticável
> o incrível
>
> não quero
> o que sim
> o que sempre
> o sabido
> o cabível
>
> eu quero
> o outro

CHACAL. *Belvedere* (1971-2007). São Paulo: Cosac Naify, 2007. p. 107.

Na página 194, ao final do seu livro, você encontrará os objetivos e as justificativas das atividades deste capítulo, bem como a identificação das competências gerais e específicas e das habilidades da BNCC.

Biblioteca cultural

A entrevista "Chacal: o poeta dos silêncios", feita por Paulo Henrique Pompermaler, está disponível na internet e pode ser localizada por meio de *sites* de busca. Não deixe de assistir!

28

QUEM?

O poeta carioca **Chacal** (pseudônimo de Ricardo de Carvalho Duarte) estudou Comunicação Social em uma universidade pública. No início de sua carreira, para pagar uma viagem à Inglaterra, publicou um livro em formato de envelope, o *Preço da passagem*, e vendeu exemplares a amigos e conhecidos. Além de poemas, Chacal escreve peças de teatro e letras de canções. Dirige, desde 1990, o Centro de Experimentação Poética, CEP 20.000.

Não existe um curso universitário específico para formar um poeta. Poetas brasileiros importantes não estudaram Letras, por exemplo, embora fossem ávidos leitores. Drummond era formado em Farmácia e foi funcionário público, João Cabral de Melo Neto era diplomata, Hilda Hilst era formada em Direito, Marcelino Freire trabalhou como bancário até lançar-se como poeta e contista.

O que esse poema conta?

1. Você deve ter notado que o poema de Chacal é bastante simétrico. De que forma o poeta organiza os versos que compõem "O outro" para garantir essas simetrias (semelhanças)? O que quebra essa simetria?
2. O que o eu lírico do poema afirma querer nos quintetos 1 e 3? O que esses "quereres" têm em comum?
3. O que o eu lírico do poema afirma não querer nos quintetos pares? O que esses "não quereres" têm em comum?
4. O dístico que encerra o poema pode ser visto como uma síntese dele. Você concorda? O que, afinal, significa essa estrofe? O que o eu lírico deseja?

Eu lírico: voz que fala no poema.
Dístico: estrofe formada por dois versos.

Biblioteca cultural

A revista literária eletrônica *Bula* publicou o artigo "Os 10 melhores poemas da Geração Mimeógrafo ou Poesia Marginal". Ele está disponível na internet e pode ser localizado por meio de *sites* de busca.

O que esse poema conta sobre mim?

1. No poema que você leu, o eu lírico mostra que é no contato com o outro ("eu quero / o outro") que nos descobrimos verdadeiramente. É a diferença que nos mostra do que gostamos, do que não gostamos. Você concorda com esse posicionamento diante da vida?
2. Você conhece o Coletivo Transverso, criado em 2011 por um grupo de artistas urbanos de Brasília? Mergulhe em uma de suas "intervenções poéticas", como eles chamam suas obras de arte.

COLETIVO TRANSVERSO. Intervención pré-carnaval. Lapa, Rio de Janeiro. 2013.

Desafio

- Você sabe o que é um coletivo de arte? Pesquise.

Módulo 1

Segundo o coletivo,

as intervenções são instantes de desvio. São formas de tirar o passante da sua rotina cega. Normalmente, temos olhos viciados. Quando somos surpreendidos por algo novo no caminho, percebemos a cidade como um elemento vivo. Com uma dramaturgia própria que pode ser modificada diariamente. Um poema aberto. Isso faz com que o passante se insira/aproprie da própria cidade.

Disponível em: <https://www.correiobraziliense.com.br/app/noticia/diversao-e-arte/2013/03/10/interna_diversao_arte,353926/confira-a-entrevista-com-caue-novaes-do-coletivo-transverso.shtml>. Acesso em: 10 nov. 2019.

a) *Inspire-se* na intervenção poética, *desvie-se* de seu caminho, *saia da rotina cega* e reflita: que importância tem o outro na construção de quem você é?

b) Os trabalhos do Coletivo Transverso costumam ser produzidos por meio de um estêncil. Você sabe o que é isso? Trata-se de uma técnica popular na arte urbana, usada para aplicar uma imagem sobre uma superfície. Um estêncil pode ser feito de papel, plástico, metal etc. Como isso funciona? O artista desenha ou escreve no estêncil, por meio de pequenas perfurações feitas com estilete ou tesoura, e, sobre ele, aplica tinta ou *spray*.

Reúnam-se em trios e produzam um estêncil, transformando em arte o que cada um de vocês refletiu na questão sobre a importância do outro na construção de quem você é. Depois, apliquem sobre alguma superfície autorizada pelo seu professor. Vejam ao lado o passo a passo para produzir um estêncil.

Biblioteca cultural

No vídeo *Estêncil, grafite e pichação*, os artistas Bete Nobrega e Thiago Bender falam sobre arte urbana. Ele está disponível na internet e pode ser localizado por meio de *sites* de busca. Veja-o criticamente.

3. Você já parou para pensar que também é o *outro* dos *outros*? Que características suas você acha que inspiram os *outros* e quais você considera que os desafiam, que os obrigam a pensar sobre eles?

COMO PRODUZIR UM ESTÊNCIL

EM GRUPO, ESCOLHAM UMA FRASE E FAÇAM O ESBOÇO EM UM PAPEL.

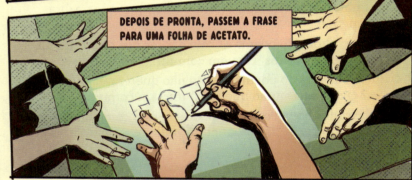

DEPOIS DE PRONTA, PASSEM A FRASE PARA UMA FOLHA DE ACETATO.

COM BASTANTE CUIDADO, RECORTEM A FOLHA DE ACETATO.

O ESTÊNCIL ESTÁ PRONTO!

FIM.

Boca no mundo

Clarice Lispector gostava de refletir sobre a forma como o *outro* impacta naquilo que somos – como você deve ter notado na leitura da crônica "Se eu fosse eu", no Capítulo 1. Em outra crônica que escreveu para o *Jornal do Brasil*, a autora diz:

> [...] o atalho com sombras refrescantes e reflexo de luz entre as árvores, o atalho onde eu seja finalmente eu, isso não encontrei. Mas sei de uma coisa: meu caminho não sou eu, é outro, é os outros. Quando eu puder sentir plenamente o outro estarei salva e pensarei: eis meu porto de chegada.
>
> LISPECTOR, Clarice. Em busca do outro. In: *A descoberta do mundo*. Rio de Janeiro: Rocco, 1999. p. 119.

A autora defende que o *outro* é tão importante para a formação de nossa individualidade, de nossa identidade, que ela o chama de "caminho" e "porto de chegada". Pensem agora, coletivamente, em quem são suas referências, seus *outros* que os inspiram, que os provocam, que tiram vocês das certezas, que os fazem pensar.

Sonho que se sonha só

Nesta seção, você conhecerá duas obras que nos convidam a refletir sobre o papel do *outro* na formação daquilo que somos, na construção de nós mesmos. Ambas foram escritas por escritores de Angola, país localizado no sul da África.

Módulo 1

O primeiro texto, transcrito a seguir, é um trecho do romance *O paraíso são os outros*, de Valter Hugo Mãe. A história é narrada por uma menininha que, de forma fascinada e detalhista, inocente e intrigada, fala sobre o amor e sobre a preciosidade que são os relacionamentos. Essa criança, ao observar os humanos e os animais, começa a pensar se sempre precisamos do *outro*, sobre o que significa se relacionar com alguém e sobre quem será que ela mesma há de amar no futuro.

O paraíso são os outros

[...]

Eu gosto de animais e mais ainda dos esquisitos e invulgares, até dos que parecem feios por serem indispostos. Os bichos só são feios se não entendermos seus padrões de beleza. Um pouco como as pessoas. Ser feio é complexo e pode ser apenas um problema de quem observa. Eu uso óculos desde os cinco anos de idade. Estou sempre por detrás de uma janela de vidro. Não faz mal, é porque eu inteira sou a minha casa. Sou como o caracol, mas muito mais alta e veloz. A minha mãe também acha assim, que o corpo é casa. Habitamos com maior ou menor juízo.

Invulgares: incomuns, raros, que fogem ao padrão.

[...]

Os casais são criados por causa do amor. Eu estou sempre à espera de entender melhor o que é. Sei que é algo como gostar tanto que dá vontade de grudar. Ficar agarrado, não fazer nada longe. Os casais são isso: gente muito perto. Quero dizer: acompanhando, porque mesmo em viagem não deixam de acompanhar, pensam o dia inteiro um no outro. Às vezes falamos com alguém que pertence a um casal e essa pessoa nem ouve porque está a pensar em quem ama. Chega a ser bizarro. Quase mal-educado. Os casais, de todo modo, não são fechados, têm amigos e outra família, alguns têm filhos. Filhos que eles próprios geraram ou que adotaram para criar.

[...]

Uma vizinha nossa desapareceu. Soubemos que estava apaixonada num país longínquo. A minha mãe diz que ela agora vive de pernas para o ar porque foi para o lado de baixo do globo terrestre. Eu imagino que a saia dela levante e seja difícil de caminhar. A coisa mais divertida de perceber: os casais não eram família antes. Eles eram gente desconhecida que se torna família. Mesmo que os filhos julguem que pai e mãe se conhecem desde sempre, isso não precisa de ser verdade. Os adultos apaixonam-se ao acaso, ainda que façam um esforço para escolher muito ou com muita inteligência. Já aprendi. O amor é um sentimento que não obedece nem se garante. Precisa de sorte e, depois, empenho. Precisa de respeito. Respeito é saber deixar que todos tenham vez. Ninguém pode ser esquecido. Por vezes, faço uma lista de nomes das pessoas importantes para mim para lembrar delas. Mesmo que não lhes fale, penso em como estarão se bem ou mal, quando me parece que podem estar mal telefono a perguntar. Quase sempre estou errada. Mas gosto de ter a certeza do erro.

A minha mãe diz que só crescemos quando reconhecemos os nossos erros, enquanto não o fizermos seremos menores. Crescer é diferente de aumentar de tamanho ou ganhar idade. A minha mãe diz que grande são os que se corrigem. Eu fui bem avisada: a pessoa que eu poderei um dia amar haverá de estar em algum lugar entretida com a sua vida, como eu. Não conheço ainda essa pessoa, já me disseram que seria o Miguel, ele é maravilhoso. Não confio muito, de todo modo. Há tanta gente maravilhosa.

[...]

Estou sempre apressada. Sou muito mexida. Um dia quero uma coisa, no outro quero tudo. Sofro de um problema de sossego, não sei estar sossegada. Mais tarde corrijo. Um dia, eu e essa pessoa desconhecida vamo-nos encontrar por algum motivo e uma intuição talvez nos diga que chegamos à vida um do outro. Eu não acredito sempre nisso. Mas não posso deixar de estar atenta. Sou mesmo assim, fico atenta a toda gente. Gosto de olhar discretamente. Confesso. Imagino a vida dos outros. Não é por cobiça. É por vontade que dê certo. Por exemplo, vejo alguém sem cabelo e invento que há gente que só gosta de homens carecas e então ser careca passa a ser uma vantagem, ou, pelo menos, desvantagem nenhuma. Acho que invento a felicidade para compor as coisas e não para haver preocupações desnecessárias. E inventar algo bom é melhor do que aceitarmos como definitiva uma realidade qualquer.

[...]

As pessoas são tão diferentes. Aprecio muito que o sejam. Fico a pensar se me acharão diferente. Adoraria que o achassem. Ser tudo igual é característica do azulejo na parede e, mesmo assim, há quem misture. Eu sou a favor de uma meia de cada cor. Adoro cores.

[...]

Descubro cada vez mais que o paraíso são os outros. Vi num livro para adultos. Li só isso: o paraíso são os outros. A nossa felicidade depende de alguém. Eu compreendo bem. Mães, pais, filhos, outra família e amigos, todas as pessoas são a felicidade de alguém, porque a solidão é uma perda de sentido que faz pouca coisa valer a pena. Na solidão, vale só a pena pensar tentar encontrar alguém. O resto é a tristeza. A tristeza a gente respeita e, na primeira oportunidade, deita fora. É como algo descartável. Precisamos usar mas não é bom ficar guardada. Os casais formam-se para serem o paraíso. Ao menos assim devia ser. Há casais que vivem no inferno mas isso está errado. Pertencer a um casal tem de ser uma coisa boa. Eu, quando for adulta e encontrar quem vou amar, quero ser feliz. Não vou sequer ter paciência para quem mo impedir.

[...]

MÃE, Valter Hugo. *O paraíso são os outros*. Rio de Janeiro: Biblioteca Azul, 2018.

Módulo 1

? QUEM?

Valter Hugo Mãe estudou Direito e depois fez pós-graduação em Literatura Portuguesa Moderna e Contemporânea em uma universidade do Porto, em Portugal. Mais tarde, aventurou-se no ofício de editor, músico, artista plástico e escritor. Além disso, trabalha como apresentador de um programa televisivo de entrevistas. Hugo Mãe recebeu, em 2007, o Prêmio Literário José Saramago.

Desafio

- Você sabe o que é pós-graduação? Pesquise.

1. Desafie-se! O título do romance de Hugo Mãe foi inspirado em uma passagem de uma peça teatral francesa muito importante, escrita em 1945. Em casa, pesquise qual é essa obra. Depois, na classe, com um colega, tente explicar o que o autor francês da peça quis dizer com a frase que inspirou o autor angolano.

2. Agora, juntem-se com outra dupla, formando um quarteto, e, após a releitura do texto *O paraíso são os outros* e o resgate da pesquisa e das conclusões a que chegaram sobre a obra que inspirou o texto que vocês leram, procurem explicar por que Valter Hugo Mãe deu esse título ao seu romance.

3. O romance de Valter Hugo Mãe aborda diversos temas que evidenciam o impacto do *outro* em nós. Escreva, em seu diário de bordo, uma síntese dos temas tratados pela curiosa narradora de *O paraíso são os outros*.

4. Você deve ter notado que a narradora do romance cria seu próprio dicionário. Ela define, por exemplo: *amor* "é algo como gostar tanto que dá vontade de grudar"; *casais* são "gente muito perto"; *respeito* "é saber deixar que todos tenham vez"; *crescimento* é "quando reconhecemos os nossos erros"; *tristeza* "(sentimento que) a gente respeita e, na primeira oportunidade, deita fora" etc. Note que, para criar seus verbetes e acepções, a narradora se baseia sempre na ideia da relação que estabelecemos com o *outro*.

   Faça o mesmo que a narradora: crie definições – baseadas em sua experiência com o encontro com o *outro* – para as seguintes palavras: **amor, casais, respeito, crescimento, grandes, paraíso, felicidade, solidão** e **tristeza**. Anote no seu diário de bordo.

5. No início do 4º parágrafo, a narradora fala sobre não saber lidar com as próprias emoções. E você, como lida com ansiedade, tristeza, solidão? A quem pede ajuda?

Biblioteca cultural

O vídeo *Sotaques*, de Miguel Gonçalves Mendes, foi produzido para celebrar a diversidade da Língua Portuguesa no mundo. Ele convidou pessoas de Goa, Cochim, Diu, Damão, Macau, Portugal, Timor-Leste e Brasil para ler passagens do livro *O paraíso são os outros*, de Valter Hugo Mãe.

O vídeo está disponível na internet e pode ser localizado por meio de *sites* de busca.

Após ver o filme, com auxílio de seu professor, crie um vídeo original intitulado *Meu falar, nossos falares*. Nele, cada um de seus colegas lê um trecho do texto de Valter Hugo Mãe, compondo um rico mosaico de sotaques. Nosso sotaque carrega marcas do *outro* que nos cerca. Em nossa forma de falar estão presentes fragmentos do jeito de falar das pessoas com as quais convivemos, sejam de nossa família, da escola ou do povo de nossa cidade. Essa filmagem poderá ser feita com o celular e editada em um computador ou celular.

A segunda obra que você conhecerá agora é um poema concreto, criado por Gonçalo M. Tavares. O autor brinca com formas geométricas para analisar o mundo e refletir sobre a importância das relações humanas, da memória e do desejo.

> Poesia Concreta ou Concretismo foi um movimento proposto no final da década de 1940 por poetas brasileiros, como Décio Pignatari e Haroldo de Campos. Esses artistas exercitaram novas formas de expressão, em diálogo com a pintura, a escultura e a música.

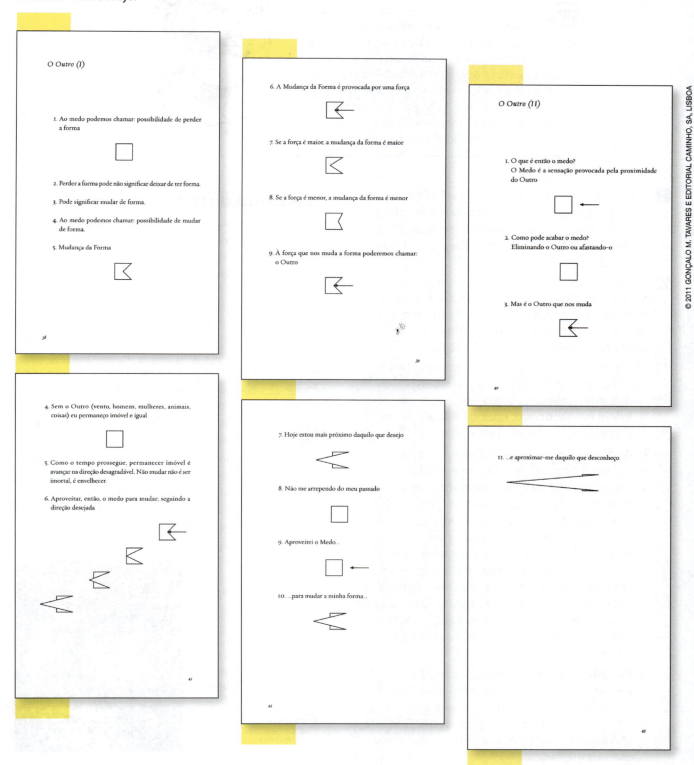

TAVARES, Gonçalo M. *O senhor Swedenborg e as investigações geométricas*. Rio de Janeiro: Casa da Palavra, 2011. p. 38-43.

Módulo 1

QUEM?

Gonçalo M. Tavares é uma das maiores vozes do romance contemporâneo escrito em língua portuguesa. Fez licenciatura em Educação Física e mestrado em Ciências da Comunicação. Além de escritor, Tavares é professor universitário. Os seus livros – traduzidos para mais de 200 idiomas – inspiraram peças teatrais, videoartes e óperas. O romance *Jerusalém* foi incluído na edição europeia de *1001 livros para ler antes de morrer – um guia cronológico dos mais importantes romances de todos os tempos*. Venceu o Prêmio José Saramago em 2005.

Desafio
- Você sabe o que é licenciatura? Pesquise.

1. O poema de Gonçalo M. Tavares é dividido em duas partes. O que cada uma delas propõe, na sua opinião, e a que conclusão se pode chegar sobre o *outro* lendo o item 11 da parte II? Você concorda com essa conclusão?

2. *Time line*. Considerando as reflexões que surgiram com a leitura dos textos dos dois escritores angolanos, pense no impacto que tantos *outros* tiveram e têm em você e se lance na seguinte tarefa individual:

   a) Apanhe uma folha grande de papel (uma folha de papel sulfite A3, por exemplo) e desenhe nela uma linha do tempo que se inicie no dia do seu nascimento e que se estenda até o dia de hoje.

   b) Ao longo dessa linha, escreva os anos, em ordem cronológica, e inclua embaixo de cada um deles o nome de cada pessoa que marcou cada fase da sua vida, pessoas que o ajudaram a ser quem você é, que o desafiaram, que mostraram a você o que é o amor, que o fizeram pensar de maneira diferente do que pensava e o ajudaram a construir momentos memoráveis (tristes ou alegres). Inclua quem você quiser: seus familiares, amigos, vizinhos, professores, personalidades reais ou até mesmo de obras de ficção.

   Ao lado de cada nome, registre uma palavra, frase ou um desenho que simbolize o que aquela pessoa significa ou significou para você. Inspire-se em Gonçalo M. Tavares e faça um desenho que retrate esse significado.

   c) Cole no diário de bordo a sua linha do tempo.

Recalculando rota

A mineira Cris Guerra é formada em Publicidade e Propaganda e atuou por quase 20 anos como redatora publicitária. Ao viver uma tragédia pessoal, ela transformou sua trajetória profissional como forma de elaborar seu luto. O marido de Cris faleceu quando ela estava grávida de 7 meses do filho deles, Francisco. Para lidar com essa dor, a mineira começou a escrever o *blog* "Para Francisco". Nos textos, escrevia ao filho ainda pequeno a respeito de quem era seu pai, para que assim, quando o menino crescesse, pudesse conhecer melhor a própria história e quem era aquele que deu origem a ele. Suas publicações fizeram tanto sucesso que Cris lançou um livro com o mesmo título e pegou gosto pela escrita. Em seguida, criou o primeiro *blog* de moda do Brasil, inspirando *fashionistas* de todo o país. Esse material também resultou em uma publicação. Cris escreveu outros livros relacionados a autodescoberta e maternidade. Hoje ela se define como palestrante, escritora, professora de pós-graduação em moda, apresentadora de um programa de *podcast* e empreendedora digital.

1. Como Cris Guerra começou a escrever seu *blog*? Você percebe alguma relação entre os textos dela e o texto de Antônio Prata, que foi reproduzido no Capítulo 2?

2. Você já tinha ouvido falar de empreendedorismo digital?

3. Quanto você acha que a vida pessoal impacta na escolha e no rumo da profissão?

Cris Guerra. Agosto 2011.

Sonho que se sonha junto

Você conhece os Doutores da Alegria? Confira o trecho de uma entrevista com Wellington Nogueira, fundador dessa iniciativa de humanização hospitalar.

[...]

Como surgiu o Doutores da Alegria? O que te motivou a começar essa empreitada?
Em 1990, eu trabalhava como ator nos Estados Unidos e conheci o trabalho dos palhaços do *Big Apple Circus Clown Care Unit* nos hospitais de Nova York. Naquele ano retornei ao Brasil para visitar o meu pai na UTI do Incor. Ele pediu para eu fazer algo com as crianças de lá e combinei com uma enfermeira de ir na manhã seguinte. À tarde, meu pai entrou em coma. Varamos a noite e, às 8h, liguei para a enfermeira e disse que não estava com cabeça. Ela falou: *"Falei para as crianças que vem um palhaço, você não vai me dar esse cano agora"*. Fui e foi muito legal. Quando terminei, meu pai tinha saído do coma. Depois, ele saiu do hospital – e eu tinha vindo para acompanhar sua morte. Estava com um sentimento de gratidão. No ano seguinte, voltei para o Brasil e comecei o trabalho.

Algum momento mais marcante nesses 25 anos de trabalho? Muitos, gosto de lembrar vários deles. Certa vez, por exemplo, aconteceu uma coisa bonita na UTI. Éramos uma dupla de palhaços, eu e um outro que tocava violão. A gente estava tocando uma música para a criança, aí o médico chegou e falou *"Olha, um violão! Me empresta ele aí"*. Aí ele pegou o violão e começou a tocar um *rock* para a criança. Ela adorou, nunca tinha visto o médico fazendo isso, nem sabia que ele gostava de *rock*. Aquela criança e aquele médico estavam se relacionando como pessoas, não mais como médico e paciente.

Qual é a importância de manter o bom humor? Como manter o bom humor diante das dificuldades da vida? O bom humor é, na verdade, um recurso para ultrapassar as adversidades. É uma experiência transformadora que vivenciamos no hospital, mas que pode e deve ser replicada fora dele. Uma boa dica é olhar para as crianças, elas são os grandes mestres. A gente tem esse olhar de fazer o certo, de educar e disciplinar, mas é muito bom aprender com o ponto de vista delas também. É preciso ficar mais esperto e se deixar encantar e inspirar pela visão delas, que muitas vezes trazem as soluções.

[...]

Disponível em: <https://revistatrip.uol.com.br/tpm/doutores-da-alegria-falam-sobre-bom-humor>. Acesso em: 10 nov. 2019.

> Abordagem que dá prioridade ao entendimento global dos fenômenos que ocorrem com os seres humanos, vistos como um todo indivisível, que não pode ser explicado pelas suas partes.

O ator Wellington Nogueira. São Paulo, junho 2018.

As questões a seguir devem ser respondidas em duplas. Depois compartilhadas com a turma toda.

1. Quais fatores impulsionaram o surgimento dos Doutores da Alegria no Brasil?
2. Que momento de sua carreira Wellington Nogueira citou como um dos mais marcantes?
3. Qual seria a diferença entre se relacionar como "pessoa" e se relacionar como "médico e paciente"? Esses dois tipos de relação não deveriam ser, na verdade, uma coisa só?
4. O que podemos aprender com os palhaços do Doutores da Alegria?
5. Você sabe o que é *medicina humanizada*? Faça uma pesquisa e traga as informações para serem discutidas em sala.
6. Leia o que o professor Dante Marcello Claramonte Gallian, diretor do Centro de História e Ciências da Saúde da Unifesp, fala sobre a origem da Medicina:

> Em sua origem, a Medicina Ocidental era uma ciência essencialmente humanística. [...] Suas raízes se assentavam no solo da filosofia da natureza e seu sistema teórico partia de uma visão holística que entendia o homem como ser dotado de *corpo e espírito*. [...]
>
> Mais do que um biólogo, mais do que um naturalista, o médico deveria ser, fundamentalmente, um humanista. Um *sábio* que, na formulação do seu diagnóstico, leva em conta não apenas os dados biológicos, mas também os ambientais, culturais, sociológicos, familiares, psicológicos e espirituais [...]. O médico clássico, portanto, é, antes de tudo, um *filósofo*; um conhecedor das leis da natureza e da alma humana.

Disponível em: <http://www.hottopos.com/convenit2/rehuman.htm>. Acesso em: 10 nov. 2019.

Você acha que a Medicina praticada hoje se parece com a que é mostrada no texto em sua origem? Por que você acha que ocorreu essa mudança? Que tipo de médico você acha que seria se optasse por essa profissão?

Módulo 1
Capítulo 4
PÉS NO CHÃO, PÉS NAS NUVENS

Ana Paula Xongani em foto de fevereiro de 2019.

ARQUIVO PESSOAL

Inspira!

Você sabe o que é empreendedorismo? Certamente, o depoimento a seguir, dado pela *designer* e *youtuber* Ana Paula Xongani, ajudará você a compreender esse conceito tão popular em nossa época.

> [...]
> As negras sempre foram empreendedoras no Brasil, desde as quituteiras. Falar hoje sobre o grande momento do empreendedorismo negro e feminino no país é um reconhecimento dessa trajetória.
> A gente vem discutindo e pensando como que essas mulheres estão empreendendo e os motivos, que são vários. E vou levantar dois deles.
> O primeiro é que somos extremamente criativas e o potencial é muito grande. Fazemos isso há muito tempo.
> O segundo é por necessidade. O país não nos absorve por causa do racismo estrutural, não absorve essas mulheres negras no mercado de trabalho.
> Então, como alternativa, a gente empreende. Cria grandes negócios, muitas vezes com poucos recursos, estimulando a criatividade, inovando de formas absurdas.
> Ser uma mulher preta e empreendedora no Brasil hoje é se opor ao racismo estrutural e, principalmente, fazer o reconhecimento da força de trabalho que sempre esteve presente na construção do país.
> Sou otimista. Eu acredito que minha filha vai ter uma vida de mais oportunidades do que eu tenho. Eu tive mais do que minha mãe, que teve mais do que a minha avó, que teve mais do que a minha tataravó.
> Se a gente for parar para pensar, a minha tataravó foi escravizada. Tem uma coisa que eu gosto de dizer que é: a escravidão "acabou" [Ana Paula destaca que são muitas as aspas] no papel há só 131 anos.

Quituteiras: mulheres, em sua maioria negras, que produzem e vendem acarajé e outros pratos da culinária africana.

Biblioteca cultural

Ana Paula Xongani tem um canal nas redes sociais, que pode ser localizado por meio de *sites* de busca disponíveis na internet.

É tudo muito recente. Eu ainda sofro com racismo. Minha filha também.

Mas o que esse povo preto fez em 131 anos é revolucionário. É inovação atrás de inovação. Eu consigo olhar as minhas gerações anteriores e ver, em cada uma delas, grandes saltos.

Eu sou filha de pais ativistas, superligados aos movimentos sociais. A primeira vez que eu fui à Feira Preta eu tinha uns 12 ou 13 anos. Acho que era na edição de abertura. Lembro-me de que minha primeira boneca preta foi comprada na feira.

> **Ativistas:** pessoas que se dedicam a alguma causa com o objetivo de obter mudança na sociedade.

Já fui acompanhada da minha avó, que hoje é uma senhora de 85 anos, e da minha mãe, que é uma sexagenária, como ela gosta de falar.

Essas três gerações já participaram e foram impactadas. Só que eu já sou mãe e cheguei a ir grávida para a Feira Preta. Fui com um barrigão. E, nos cinco anos seguintes, a minha filha foi comigo.

Costumo dizer que, para mim, é regra: Feira Preta, Natal e Ano-Novo fazem parte do meu encerramento de ano.

Minha primeira participação como empreendedora na feira foi em 2010. Lá, a gente entendeu que existia um mercado que estava carente, e que a gente poderia cobrir. Ali foi um estouro, até chegar ao [ator e apresentador] Lázaro Ramos, que usou roupas que criamos no Mister Brau.

> Série brasileira, exibida na TV aberta entre 2015 e 2018. Criada por Adriana Falcão e Jorge Furtado, foi protagonizada pelos atores Lázaro Ramos e Taís Araújo.

Hoje eu tenho duas empresas. Uma é o Ateliê Xongani, onde tudo começou, junto com a minha sócia, que é a minha mãe. É um lugar onde a gente, a partir da moda, promove conscientização racial, discussões, conversas.

A outra empresa que eu tenho é a Ana Paula Xongani, que é de comunicação, de criação de conteúdos para a internet e muito mais.

A Feira Preta foi fundamental para o início da Xongani e é fundamental todos os anos para a gente entender o mercado em que a gente trabalha. Para compreendermos quem é nosso público consumidor, que o Brasil é vasto e que tem pessoas para consumir em diversos lugares. A feira faz essa reunião, essa união de pessoas.

Também é uma oportunidade de conhecer outros empreendedores e fazer colaborações, encontros entre as marcas. É um lugar de experimentação, de lançamentos de coleções, onde podemos conhecer, de pertinho, o público para quem a gente trabalha.

Em 2015, nós realizamos um evento só com *youtubers* negros na feira e foi um baita sucesso. É como se a feira recarregasse as baterias para encarar um ano de lutas.

Muitas vezes já me perguntaram quem é uma mulher negra que me inspira além da minha mãe. Eu sempre falo da Adriana [Barbosa, presidente do Instituto Feira Preta], porque acho incrivelmente lindo como ela é potente, como consegue articular e dar oportunidade para que tantas pessoas empreendam, e também o quanto ela é vanguarda nesse assunto. Ela parece uma maga na feira, sempre discreta, mas nunca vi ninguém falar e organizar como ela.

> **Maga:** pessoa que faz mágica, que atua com desenvoltura e eficiência.

Disponível em: <https://www1.folha.uol.com.br/empreendedorsocial/2019/10/o-que-o-povo-preto-fez-em-131-anos-e-revolucionario.shtml>. Acesso em: 10 nov. 2019.

Desafio

- Você já ouviu falar da Feira Preta? Faça uma pesquisa para descobrir mais informações sobre ela.

Biblioteca cultural

A Feira Preta tem uma página na internet, ela pode ser localizada por meio de *sites* de busca.

Na página **195**, ao final do seu livro, você encontrará os objetivos e as justificativas das atividades deste capítulo, bem como a identificação das competências gerais e específicas e das habilidades da BNCC.

Módulo 1

QUEM?

A paulista **Ana Paula Xongani** estudou *Design* de Moda em uma faculdade privada. Essa formação acadêmica e, principalmente, a influência da mãe (artesã e costureira) a incentivaram a abrir seu próprio ateliê na periferia de São Paulo. Além da moda, Xongani se dedica a um canal na internet, no qual fala sobre estilo, feminismo negro, beleza negra e empoderamento da mulher negra. Também apresenta programas televisivos e dá consultoria para marcas.

O curso universitário de *Design* de Moda dura, em média, 4 anos e não é integral. O *designer* ou estilista pode atuar como consultor (*personal stylist*), coordenador ou gerente de lojas, criador de roupas, modelador, produtor de desfiles e catálogos ou empresário, figurinista de teatro, cinema e TV.

Também é possível fazer um curso técnico em Produção de Moda para trabalhar na área. Esse curso capacita o profissional a ser responsável pela execução da produção de exposições, desfiles, figurinos e vídeos. Além disso, ele pode atuar em toda estratégia que envolva os aspectos de contratação de serviços.

Desafio

- Faça uma pesquisa sobre o Sebrae.

E eu com isso?

1. Segundo o Sebrae:

   Empreendedorismo é a capacidade que uma pessoa tem de identificar problemas e oportunidades, desenvolver soluções e investir recursos na criação de algo positivo para a sociedade.

   Disponível em: <https://blog.sebrae-sc.com.br/o-que-e-empreendedorismo/>. Acesso em: 10 nov. 2019.

   Você acha que Ana Paula Xongani pode ser considerada um bom exemplo de empreendedora segundo a definição dada pelo Sebrae?

2. Ainda de acordo com o Sebrae, um empreendedor tem como principais características:

   - Otimismo: não confunda otimista com sonhador. O otimista sempre espera o melhor e acredita que tudo vai dar certo no final, mas faz de tudo para chegar aos seus objetivos. Isso inclui, claro, mudanças em seu negócio. Já o sonhador não enxerga riscos, e mesmo que seu negócio esteja falindo, continua fazendo a mesma coisa por acreditar cegamente que basta sonhar para realizar.
   - Autoconfiança: acreditar em si mesmo é fundamental para valorizar seus próprios talentos e defender suas opiniões. Assim, esse tipo de empreendedor costuma arriscar mais.
   - Coragem: sem temer fracasso e rejeição, um empreendedor faz tudo o que for necessário para ser bem-sucedido. Essa característica não impede que seja cauteloso e precavido contra o risco, mas o faz entender a possibilidade de falhar.
   - Persistência e resiliência: motivado, convicto e entusiasmado, um bom empreendedor pode resistir a todos os obstáculos até que as coisas finalmente entrem nos eixos. Ele não desiste facilmente, supera desafios e segue até o fim, sempre perseverante.

   Disponível em: <https://blog.sebrae-sc.com.br/o-que-e-empreendedorismo/>. Acesso em: 10 nov. 2019.

   Pesquise na internet sobre a vida de Ana Paula Xongani e descubra se ela tem as características apontadas no texto. E você? Entre as características listadas pelo Sebrae, quais você tem e quais precisariam ser melhoradas? Você acha que tem espírito empreendedor? Em que área você empreenderia?

3. Você concorda com a *designer* quando ela defende que as mulheres "negras sempre foram empreendedoras no Brasil"?

4. Releia a seguinte passagem:

   "Sou otimista. Eu acredito que minha filha vai ter uma vida de mais oportunidades do que eu tenho. Eu tive mais do que minha mãe, que teve mais do que a minha avó, que teve mais do que a minha tataravó."

   Você acha que o otimismo de Ana Paula faz sentido? Você também sente que a vida das pessoas de sua família tem melhorado geração após geração?

Preparando o terreno

Conheça agora a história de diferentes pessoas e a relação delas com a escolha profissional que fizeram. Esperamos que essas trajetórias possam ser inspiradoras para você e que auxiliem na reflexão sobre suas próprias escolhas.

Sou médico

Josinaldo da Silva, 35 anos, primeiro índio a se formar em Medicina na UnB. Brasília, 2013.

Em 2001, eu comecei a trabalhar como agente de saúde. Eu via o meu sofrimento, o sofrimento do meu povo, e pensava que poderia fazer muito mais. Só que eu não tinha condições de pagar o curso [de Medicina]. Então pensei: faço Matemática, aí uso o salário de contador para pagar um curso de Direito e depois uso o salário de advogado para pagar Medicina.

Disponível em: <http://g1.globo.com/distrito-federal/noticia/2013/02/1-medico-indigena-da-unb-diz-que-se-sentia-estranho-entre-intelectuais.html>. Acesso em: 10 nov. 2019.

Josinaldo da Silva nasceu em uma aldeia indígena na comunidade Atikum em Pernambuco, Recife. Ele foi o primeiro indígena a se graduar em Medicina em uma faculdade de Brasília, Distrito Federal. Josinaldo trabalhava como professor, após ter sido aprovado em um concurso público, e cursava a faculdade de Matemática antes de tentar uma vaga no vestibular de Medicina. Seu plano original de cursar Direito para pagar as mensalidades do curso dos seus sonhos não foi necessário. Ele foi aprovado em Medicina em uma universidade pública pelo **sistema de cotas** e, após a conclusão do curso, o médico fez parte de um projeto que criou um ambulatório indígena dentro do hospital universitário para atender a essa população.

Desafio

- Investigue: o que é sistema de cotas? Como é feita a distribuição dessas cotas? Você concorda com esse sistema?

Como me torno médico ou médica?

O vestibular de Medicina é o mais concorrido do país, o que significa que há um maior número de candidatos do que de vagas disponíveis e uma **nota de corte** muito alta na prova. Medicina é um curso teórico e prático presencial do tipo bacharelado e tem a duração média de 6 anos. Nos dois últimos anos, o aluno passa por um internato, uma espécie de estágio, que conta com aulas práticas em Clínica Médica e Cirúrgica, Ginecologia, Pediatria, Obstetrícia. Depois de formados, os médicos ainda fazem dois anos de residência para obter uma especialização em uma área específica escolhida, como Dermatologia e Ortopedia. As aulas são em turno integral, o que quase impossibilita que se consiga algum tipo de remuneração durante a formação inicial. Durante a residência, é possível ser remunerado.

Desafio

- Você sabe o que é nota de corte? Pesquise.

O que aprendo no curso de Medicina?

Medicina é um curso da área de Ciências Biológicas e tem como principal objetivo a identificação, o tratamento e a prevenção de doenças. Essa graduação permite obter ferramentas para promoção de saúde e bem-estar de seres humanos ao longo de toda a vida. No curso são ministradas aulas como Anatomia Humana, Farmacologia, Fisiologia, Emergências Médicas e Genética Humana.

Onde poderei trabalhar?

A Medicina lidera também o *ranking* de maior taxa de empregabilidade do Brasil. Quando formado, é possível abrir consultório próprio, atuar em instituições de saúde (públicas e privadas) como postos, centros de pesquisa, laboratórios, hospitais e clínicas médicas. Há ainda concursos públicos abertos em todo o país e muitas chances de trabalho fora dos grandes centros urbanos.

Módulo 1

Hipócrates? Quem é esse cara?

> Juro solenemente que, ao exercer a arte de curar, mostrar-me-ei sempre fiel aos preceitos da honestidade, da caridade e da ciência [...]
>
> Adaptação do juramento de Hipócrates.

Durante a cerimônia de graduação da maioria das faculdades de Medicina, os alunos fazem o juramento de Hipócrates, uma das figuras mais importantes da história dessa profissão. Nascido na Grécia e chamado de "Pai da Medicina", Hipócrates se tornou conhecido por rejeitar as explicações místicas a respeito da origem dos problemas de saúde e das formas de curar doenças, priorizando a compreensão do funcionamento do corpo humano. Embora muito de sua produção tenha se perdido ao longo do tempo, alguns dos seus escritos estão preservados até hoje.

Por dentro da Medicina

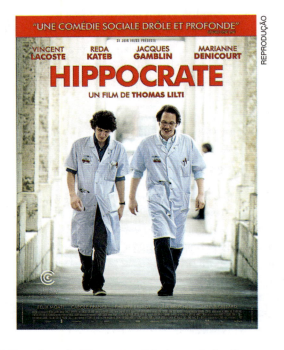

O filme francês *Hippocrate* (*Hipócrates*), do diretor Thomas Lilti, conta a história de um jovem recém-formado em Medicina que enfrenta os primeiros desafios da profissão ao começar a estagiar em um hospital.

Você sabe o que é o Conselho Federal de Medicina (CFM)? Criado em 1951, o CFM é um órgão que fiscaliza e normatiza a prática médica. Se você tem interesse nessa área, pode acessar o *site* e obter informações sobre o que é residência médica, sobre o código de ética que rege a profissão, entre outras. Ele está disponível em: <http://portal.cfm.org.br/>. Acesso em: 14 nov. 2019.

Sou programadora de jogos digitais

Nayara Brito, programadora de jogos digitais.

> Às vezes você tá em um grupo, desenvolvendo um jogo, e pensa "poxa, sou a única *mina* e não conheço outras mulheres que trabalham" ou as que eu conheço são nomes estabelecidos na indústria [...]. Aí você vem pra um evento como esse e acaba conhecendo outras meninas que também fazem a mesma coisa que você [...]
>
> Trazer todas essas mulheres aqui mostra que tem como fazer algo só de mulheres, e sim, coisas legais. [E possibilita] Mostrar que elas podem se integrar, se conhecer e que existem mais mulheres trabalhando com *games*.
>
> Disponível em: <https://emais.estadao.com.br/noticias/comportamento,evento-busca-empoderar-mulheres-que-querem-trabalhar-na-industria-de-games,70002283406>. Acesso em: 10 nov. 2019.

Nayara Brito nasceu em 1996, em Guarulhos, município de São Paulo. Ela é a organizadora, no Brasil, da *Women Game Jam* (WGJ), evento que incentiva mulheres no desenvolvimento de jogos eletrônicos. A WGJ aproxima mulheres que estejam buscando inserção ou conexão com o mercado de trabalho, além de promover aprendizado e troca na área de jogos digitais. Nayara fez curso técnico em Computação Gráfica, enquanto era aluna do Ensino Médio e, posteriormente, graduou-se no curso Tecnólogo de Jogos Digitais em uma universidade particular de São Paulo.

Como me torno programador ou programadora de jogos digitais?

O curso técnico de Programação de Jogos Digitais pode ser realizado de forma presencial ou na modalidade EAD (Ensino a Distância), e tem a duração média de 2 anos. É possível estar cursando o Ensino Médio ou já ter concluído essa etapa para realizar o curso. A vantagem de fazer um curso técnico é que ele possibilita a inserção mais rápida no mercado de trabalho ou, até mesmo, dá chance de conhecer melhor uma área de atuação antes de escolher um curso de graduação em uma universidade.

O que aprendo no curso técnico de Programação de Jogos Digitais?

O curso ensina a conceber todo o processo de produção de um jogo digital em diferentes plataformas, como computador, *videogame*, *tablet* e *smartphone*. A produção inclui as etapas de criação, planejamento e execução e há aulas de Desenvolvimento de Algoritmos, Manutenção de Jogos Digitais e Programação e Integração de Elementos Multimídia.

Onde posso trabalhar?

Quando formado, é possível desenvolver e programar jogos, além de idealizar os personagens e o cenário que comporá o produto final. Pode trabalhar tanto na área pública como privada em diversos setores, como área de comércio, ensino, pesquisa, consultoria e prestação de serviços autônomos.

Algoritmos e poesia? Como assim?

Ada Lovelace, retratada por A.-E. Chalon, em 1840.

Ada Lovelace, matemática inglesa, foi a responsável por criar o primeiro algoritmo para programação de computadores. Aos 17 anos, mostrou interesse em trabalhar com Charles Babbage, inventor que idealizou a primeira versão de um computador programável no mundo. Mesmo com a recusa inicial do inventor em aceitar Ada como aluna, ela insistiu e traduziu um dos seus artigos para a língua inglesa, adicionando comentários extras ao trabalho, tornando-o ainda mais interessante. Babbage ficou impressionado com o que foi escrito por ela e, então, ambos começaram a trabalhar juntos. Ada Lovelace é considerada a primeira programadora do mundo e muitos dizem que ela foi uma "cientista poeta", porque unia grande sensibilidade, imaginação e criatividade ao pensamento lógico.

Por dentro da Programação de Jogos Digitais

O documentário *Indústria de Games no Brasil*, dirigido por Guilherme Theisen Schneider, mostra as perspectivas de inserção do país na indústria de jogos digitais. Além disso, traz depoimentos de programadores que atuam na área e suas rotinas de trabalho.

Sou/serei advogado

William Vasconcelos, estudante de Direito. Sobral, CE, março de 2019.

Sempre gostei de estudar e agora vou realizar um dos meus dois sonhos, que é ser advogado. Admiro essa profissão e vou fazer Direito. Não paro por aí, pois quero sempre estudar para me atualizar [...]. Amo Dramaturgia. É outra área em que eu gostaria muito de me destacar profissionalmente.

Disponível em: <https://oglobo.globo.com/brasil/jovem-com-down-emociona-familia-ao-ser-aprovado-em-direito-no-ceara-21535508>. Acesso em: 25 out. 2019.

William Vasconcelos nasceu em 1994 e é portador de Síndrome de Down. Em 2017, foi aprovado no vestibular de Direito em uma faculdade em Sobral (Ceará), sua cidade de origem, e obteve bolsa de estudos completa para realizar a sua graduação. Futuramente, sonha estudar Dramaturgia, assim poderá se dedicar também a ofícios relacionados ao mundo do teatro.

Um levantamento feito pelo Movimento Down mostrou que em 2014 havia mais de 70 jovens com a Síndrome cursando universidades brasileiras, reforçando o valor e a importância da acessibilidade também nos cursos superiores. Dados como esses estão disponíveis na internet e podem ser localizados por meio de *sites* de busca.

Módulo 1

Como me torno advogado ou advogada?

O curso de Direito tem a duração média de 5 anos e, dependendo da faculdade em que se deseja ingressar, é uma das carreiras mais concorridas nos concursos vestibulares. Direito é um curso teórico presencial do tipo bacharelado, oferecido por faculdades públicas e privadas de todo o país. Algumas faculdades oferecem o curso em tempo integral, entretanto, na maioria delas, o aluno tem tempo disponível para começar a estagiar ainda durante a graduação ou mesmo para trabalhar.

O que aprendo no curso de Direito?

A graduação em Direito é um curso da área de Ciências Humanas que cuida da aplicação das normas jurídicas brasileiras à vida prática. No início do curso, o aluno aprende conteúdos introdutórios como Ciência Política, Filosofia e Sociologia. Nos anos seguintes, entrará em contato com matérias mais específicas, como Direito Comercial, Direito do Trabalho e Direito Civil.

Onde poderei trabalhar?

O mercado de trabalho para quem se forma em Direito possui, em geral, um grande campo de atuação. Ao concluir a graduação, ainda é necessário obter a aprovação em um exame aplicado pela Ordem dos Advogados do Brasil (OAB) para poder atuar na área. Como advogado, é possível seguir a carreira jurídica para se tornar promotor e juiz, seguir na área de Direito Ambiental, Direito Civil, Direito Penal ou Criminal, Advocacia Pública, entre outras.

Caso a pessoa não faça ou não seja aprovada no exame da OAB, obterá apenas o título de bacharel, mas sua atuação no mercado profissional será restrita.

Leis e versos e canções?

O carioca Vinicius de Moraes é considerado um dos maiores poetas e compositores brasileiros. Além de sua grande contribuição para a arte no país, com composições como "Garota de Ipanema" e "Eu sei que vou te amar", Vinicius formou-se em Direito no Rio de Janeiro, foi diplomata e exerceu diferentes cargos nos Estados Unidos, na França e no Uruguai.

O poeta e compositor Vinicius de Moraes. Foto sem data.

Desafio
- Você já ouviu falar na carreira de diplomata? Sabe quais são as funções que ele desempenha? Faça uma pesquisa para descobrir.

Por dentro do Direito

O filme *12 homens e uma sentença*, do diretor Sidney Lumet, mostra o julgamento de um homem acusado de ter cometido um crime brutal. Doze jurados se reúnem em uma sala para decidir a sentença que vai determinar a resolução do caso, sendo que 11 deles concordam que o suspeito é culpado, enquanto apenas 1 discorda e considera a decisão precipitada. O filme de 1957 mostra, de maneira explícita, como é feita a interpretação das leis no Direito, bem como a importância de uma boa argumentação para defender um ponto de vista.

A partir da esquerda, Jack Warden, Edward Binns, E. G. Marshall, John Fiedler, Henry Fonda, Ed Begley, Robert Webber, Jack Klugman, George Voskovec, Martin Balsam, Joseph Sweeney, em cena do filme *12 homens e uma sentença*.

Sou engenheira

Jacqueline Lyra durante seminário de Tecnologia em São Paulo. 2012.

Quando tinha cinco ou seis anos, pegava minha cozinha de brinquedo e minhas bonecas e criava uma nave.

Disponível em: <https://revistagalileu.globo.com/Ciencia/Espaco/noticia/2019/08/conheca-jacqueline-lyra-engenheira-espacial-brasileira-que-trabalha-na-nasa.html>. Acesso em: 10 nov. 2019.

Jacqueline Lyra nasceu no Rio de Janeiro e hoje trabalha na Administração Nacional do Espaço e da Aeronáutica (NASA) como engenheira aeroespacial. Ao ver o homem chegando à Lua, quando era criança, ela decidiu que sua carreira estaria relacionada ao espaço. Lyra foi uma das responsáveis pelas missões que enviaram robôs a Marte na década de 1990.

Como me torno engenheiro ou engenheira?

A Engenharia é uma das carreiras mais procuradas pelos universitários no país. Os cursos de bacharelado mais requisitados são: Elétrica, Produção, Civil e Mecânica. O ingresso à carreira é via vestibular e há cursos em faculdades públicas e privadas, sendo que a grande maioria tem duração média de 5 anos.

O que aprendo no curso de Engenharia?

A graduação em Engenharia é um curso que ensina a analisar problemas, planejar possíveis soluções, averiguar a viabilidade econômica e técnica de um projeto e a coordenar o andamento do que foi pensado. Há diversos tipos de Engenharia, por isso os cursos são compostos de acordo com a especialidade escolhida. As matérias de Matemática, Física e Química são exemplos de disciplinas que fazem parte de todos os cursos na área.

É possível obter ajuda financeira para ser aluno de um curso superior em universidades privadas? A resposta é sim! Existem alguns programas do governo federal que facilitam o acesso a esses cursos e que auxiliam os alunos ao longo da graduação. Alguns dele são o ProUni e o Fies.

Onde poderei trabalhar?

O mercado de trabalho do engenheiro é bastante amplo. Um engenheiro ou engenheira pode trabalhar em locais alinhados à sua especialidade da graduação, ou com ensino, pesquisa, ou em empresas privadas e públicas. Um engenheiro civil, por exemplo, é responsável por todo o acompanhamento da obra de um prédio. Já um engenheiro mecânico atua no desenvolvimento de projeto, construção e manutenção de máquinas das indústrias automobilística e aeronáutica.

Engenharia ou Engenharias?

Você sabia que existem mais de 30 tipos de Engenharia em cursos de graduação no Brasil? Há Engenharia Aeronáutica, de Alimentos, Elétrica, Florestal, Acústica, Agrícola, de Materiais, de Pesca...

Desafio

- Se você gosta de cálculos e de aplicar conhecimentos científicos para encontrar formas lógicas de resolver diferentes problemas, pesquise mais sobre cada uma das opções na área de Engenharia! O Instituto de Engenharia, que tem um *site* bastante completo na internet, pode ajudá-lo. Depois, divulgue para seus colegas o que descobriu e que despertou seu interesse.

Por dentro da Engenharia

O filme *Estrelas além do tempo*, do diretor Harper Collins, conta a história (real) de três mulheres negras estadunidenses que, por meio dos seus conhecimentos e habilidades em cálculos altamente complexos, conseguiram planejar a missão que possibilitou a chegada do primeiro homem ao espaço. Mary Jackson, uma dessas mulheres, era engenheira de formação e uma de suas principais contribuições foi simular voos no espaço por meio de uma criteriosa análise de dados. O filme mostra também o preconceito, o racismo e a resistência que as mulheres sofreram no ambiente de trabalho.

As atrizes Janelle Monae, Taraji P. Henson e Octavia Spencer.

45

Módulo 1

Para chegar lá

As histórias de Ana Paula Xongani, Josinaldo da Silva, Nayara Brito, William Vasconcelos e Jacqueline Lyra mostram que essas pessoas tão diferentes têm em comum o fato de buscarem um significado nas profissões que escolheram. O objetivo do médico, por exemplo, era cuidar do sofrimento do seu povo. O da programadora de *games* era criar um ambiente acolhedor e de integração entre mulheres na mesma área. O da engenheira aeroespacial era trabalhar com algo relacionado ao espaço, e o do advogado, destacar-se profissionalmente e um dia trabalhar também com teatro.

1. E você, já parou para pensar em algo que faça sentido para sua vida, a curto ou médio prazo? Tem algum objetivo que queira alcançar, mesmo que pareça impossível ou distante demais de sua realidade, como era para o médico Josinaldo da Silva?
Escreva suas reflexões em seu diário de bordo.

2. O que você pensa fazer para alcançar esse objetivo? Aproveite para imaginar possibilidades concretas de esse objetivo se tornar realidade. Para se inspirar, releia a **estratégia planejada** pelo médico Josinaldo da Silva. Escreva seu projeto em seu diário de bordo e depois compartilhe-o com um colega.

3. Dificilmente alcançamos um objetivo sem o apoio ou a ajuda de uma ou mais pessoas. Agora, pense em algum objetivo que você já teve e que conseguiu alcançar. Quem o ajudou a torná-lo possível? Anote em seu diário de bordo e depois compartilhe com um colega.

4. Quais aspectos da sua personalidade o ajudaram a se dedicar para alcançar seu objetivo e quais dificultaram? Registre sua resposta no seu diário de bordo.

5. Olhando para trás, hoje em dia você faria algo diferente para alcançar o seu objetivo? Registre sua resposta no seu diário de bordo.

6. Elabore agora um pequeno **plano de ação** para atingir os seus objetivos. Inclua **quando** você gostaria que esses objetivos se tornassem concretos, quais serão os **passos** necessários para que isso seja possível, **quem** poderá ajudá-lo nessa jornada e quais são os aspectos da sua **personalidade** que o ajudarão e a quais você precisará estar atento para que não o atrapalhem. Quando terminar, atribua um título a seu plano de ação. Registre tudo no seu diário de bordo.

Eu sou a minha profissão?

Pode reparar! Na maioria das vezes em que os adultos conversam pela primeira vez, após dizerem os seus nomes, é bastante comum que perguntem: "o que você faz?". A resposta costuma conter o verbo *ser*, seguido pela profissão: "eu *sou* médico", "eu *sou* empregado doméstico", "eu *sou* programadora", "eu *sou* advogado", "eu *sou* faxineiro", "eu *sou* engenheira". "Sou" evidencia a identidade daquele que fala, como ele ou ela se reconhece, se define e afirma o seu lugar na sociedade. Na vida adulta, em nossa sociedade, a clássica questão filosófica "quem *sou* eu?" acaba virando sinônimo de "o que eu faço profissionalmente?".

1. Você concorda que, em nossa sociedade, em geral, o que mais define a identidade na vida adulta é a profissão? Explique sua resposta.

2. Como você definiria a sua identidade atualmente?

3. Considerando as profissões e as trajetórias apresentadas neste Capítulo, você arrisca dizer que alguns nascem mais ou menos capacitados que outros para desempenhar determinadas funções? Por quê?

4. **Carol Dweck**, psicóloga estadunidense, professora de uma das universidades mais importantes do mundo, a Stanford, concluiu em seus estudos que há dois tipos de Mentalidade que podemos adotar ao olhar para os nossos objetivos e para as nossas capacidades pessoais: a *Mentalidade Fixa* e a *Mentalidade de Crescimento*. Na primeira, segundo ela, há a crença de que as nossas qualidades e as dos outros são fixas, ou seja, vemos os traços de personalidade como imutáveis. As imperfeições e dificuldades são encaradas como motivo de vergonha e fraqueza e sente-se a necessidade de provar a todo momento quem se é. Por outro lado, a *Mentalidade de Crescimento* considera que os traços de personalidade podem ser desenvolvidos e aprimorados por meio da combinação de orientação, esforço e prática. Desse modo, a dedicação é vista como o elemento principal para a mudança. Ambas as *Mentalidades*, de acordo com anos de estudo de Carol Dweck, impactam também os nossos relacionamentos pessoais e como olhamos para o outro.

   A partir da teoria de Carol Dweck, qual *Mentalidade* você considera que utiliza na maior parte do tempo em relação a si mesmo, ao outro e aos seus objetivos pessoais?

> Em inglês, Carol chama a atitude mental com que encaramos a vida de *mindset*, um conceito mais amplo do que "mentalidade". *Mindset* não é apenas um traço de personalidade, ele define nossa relação com o trabalho, com as pessoas e até mesmo a forma como criamos (ou criaremos) nossos filhos.

Biblioteca cultural

A palestra "O poder de acreditar que se pode melhorar", de Carol Dweck, está disponível na internet e pode ser localizada por meio de *sites* de busca.

Módulo 1

Expandindo fronteiras

1. Ao longo deste Capítulo você foi apresentado a diferentes profissões. A tarefa agora é se aprofundar ainda mais e conhecer um pouco mais sobre você mesmo. Reúna-se em quartetos e discuta as questões a seguir.

a) Como você se sentiu ao ler e discutir sobre cada uma das profissões apresentadas?

b) Você se interessou por uma ou mais dessas profissões? Por quê?

2. Ainda com seu grupo, façam uma pesquisa mais aprofundada sobre as profissões. A atividade será dividida em duas etapas.

a) Cada integrante do quarteto deverá escolher uma das profissões para pesquisar: Medicina, Direito, Programação de Jogos Digitais ou Engenharia. Em seguida, deverá buscar informações sobre a rotina de profissionais dessa área.

Conhecer os diferentes tipos de rotina profissional relacionados a determinada atuação é importante para avaliar o interesse pessoal na carreira.

b) O quadro abaixo apresenta cursos em áreas que têm proximidade com as que foram citadas nesta atividade. A tarefa é escolher um desses cursos e pesquisar sobre ele. Busque informações similares às que foram apresentadas a você: como é o curso, possibilidades de atuação profissional, curiosidades sobre a profissão etc.

Registre o que você pesquisou para apresentar ao restante da sala.

Direito	Engenharia	Medicina	Moda	Técnico em Programação de Jogos Digitais
História	Matemática	Biologia	Artes Plásticas	Desenvolvimento de Aplicativos para celulares
Pedagogia	Química	Odontologia	Música	
Ciências Sociais	Física	Psicologia	*Design*	Técnico em Redes de Computadores
Letras	Arquitetura	Medicina Veterinária	Artes Cênicas	Manutenção e Suporte em Informática
Economia	Astronomia	Enfermagem	Audiovisual	
	Ciências Atuariais	Fonoaudiologia		Multimídia
	Oceanografia			

Por dentro dos termos

- **Bacharelado:** é o termo que designa um curso de graduação cuja conclusão permite ao estudante que trabalhe em diversas áreas dentro da especialidade daquela profissão. Um bacharel não pode dar aulas; para isso, ele precisa realizar outro curso, a **Licenciatura**.

- **Curso técnico:** é um curso não universitário que tem como objetivo capacitar o aluno com base teórica e prática para acesso mais rápido ao mercado de trabalho ou até mesmo que permite maior conhecimento de determinada área antes de escolher um curso de graduação.

- **Ensino a Distância (EAD):** Alguns cursos universitários oferecem graduação a distância via plataforma de ensino *on-line*. Em alguns casos, o curso pode ser híbrido, ou seja, mistura aulas presenciais e *on-line*.

- **Sistema de cotas:** é uma política de ação afirmativa que tem como objetivo reservar vagas em universidades, concursos públicos e mercado de trabalho para determinados grupos, como estudantes de escola pública e de baixa renda, indígenas, negros e pessoas com deficiência.

- **Vestibular:** é o exame necessário para ingresso nas faculdades públicas e privadas brasileiras. Cada faculdade elabora o seu próprio instrumento de avaliação e há uma taxa de inscrição a ser paga pelo estudante para realizar o exame. Há casos em que há isenção dessa taxa.

Eu de agora, eu do futuro

Você é capaz de se projetar no futuro? Consegue visualizar uma imagem sobre você daqui a alguns anos? **Hal Hershfield**, pesquisador estadunidense, percebeu que, graças ao aumento da expectativa de vida da população, as pessoas precisam mais do que nunca fazer escolhas considerando uma perspectiva de futuro muito mais longa do que em qualquer outro período da história humana. Esse estudioso, intrigado com a dificuldade que a maioria de nós tem de se projetar no futuro, resolveu dedicar suas pesquisas para compreensão melhor desse tema. Hershfield concluiu, baseado em pesquisas rigorosas, que a forma como imaginamos nós mesmos no futuro determina muitas das decisões que tomaremos até lá. Segundo essa teoria, quanto mais o *eu do futuro* se tornar uma extensão do *eu de agora*, mais motivação haverá para que as ações tomadas no dia a dia conduzam para quem nos tornaremos. De maneira oposta, quanto mais o *eu do futuro* for percebido como um "estranho" – ou seja, quanto mais desconectado estiver do *eu de agora*, do presente –, menor será a motivação de planejamento para o futuro. Projetar-se no futuro seria, portanto, uma maneira eficaz de reconhecer também as nossas necessidades, desejos e de nos vincularmos com quem queremos ser daqui a alguns anos.

No clássico romance *Alice no País das Maravilhas*, de Lewis Carroll, há uma célebre passagem – que ainda retomaremos neste livro – em que a protagonista conversa com o Gato de Cheshire e, sem saber, trata do seu "eu do futuro":

– Poderia me dizer, por favor, qual caminho devo seguir?
– Isso depende muito de onde você quer chegar – respondeu o Gato.
– Não me importo muito com onde... – falou Alice.
– Então pode seguir qualquer um – falou o Gato.

CARROLL, Lewis. *Alice no País das Maravilhas*. Belo Horizonte: Autêntica Editora, 2017.

Pergunte-se: quem você gostaria de ser no futuro? Talvez, quando criança, você já tenha ouvido a clássica pergunta: *O que você quer ser quando crescer?* Chegou a hora de tentar responder a essa pergunta para você mesmo.

1. Proponha-se o desafio de pensar em um futuro próximo, no máximo quatro anos, a partir da data de hoje. Escreva uma carta para si mesmo no futuro. Inclua em sua carta informações como:
   - quem você quer se tornar?
   - onde você quer estar nos próximos anos?
   - quais pessoas você quer ao seu redor?
   - quais mudanças você gostaria de ver acontecer no mundo? (Não se esqueça, é claro, de qual será o seu papel ativo nessa mudança.)
   - quais habilidades você acredita que já possui para que tudo isso seja possível?
   - quais outras habilidades você terá desenvolvido até lá?
   - qual é o papel do que você está estudando e aprendendo na escola para a construção de seu *eu do futuro*?
   - há alguma profissão que já chama a sua atenção e que, talvez, no futuro você esteja mais próximo dela?
2. Faça um rascunho no seu diário de bordo. Depois, passe a limpo sua carta em uma folha avulsa, coloque-a em um envelope e deixe para reler no final do Ensino Médio.

Módulo 1
Coletivo em cena

Você já ouviu falar no projeto "Mulheres inspiradoras"? Ele começou a ser desenvolvido em 2013, ainda de forma tímida, pela brasiliense Gina Vieira Ponte de Albuquerque, professora de uma escola pública de Ceilândia, incomodada com a forma única e estereotipada como as mulheres são representadas nos meios de comunicação.

Para fornecer a seus alunos e alunas modelos inspiradores de mulheres, Gina utilizou suas aulas e desenvolveu um projeto interdisciplinar com as turmas. Primeiramente, ela produziu apresentações em vídeo em que mostrava mulheres anônimas que desempenham funções como médicas, autoras de livros e jornalistas e outras mulheres bastante conhecidas pelo grande público por seus trabalhos televisivos e midiáticos. Ao assistir ao material, os alunos só reconheceram as mulheres famosas presentes nos vídeos, o que só mostrou que Gina estava no caminho certo: precisava mostrar que as mulheres exercem diferentes funções, bastante distantes dos estereótipos comuns presentes na televisão e na internet.

Depois, a professora apresentou aos seus alunos livros contendo narrativas sobre mulheres fortes e relevantes profissionalmente, pertencentes a diferentes classes sociais, etnias, níveis de escolaridade e idades.

Estereotipada: que é categorizada com base em falsas generalizações, expectativas e hábitos de julgamento.

Biblioteca cultural

Livros como *Eu sou Malala*, de Malala Yousafzai e Christina Lamb; *O diário de Anne Frank*, de Anne Frank; *Quarto de despejo: diário de uma favelada*, de Maria Carolina de Jesus; *Não vou mais lavar os pratos*, de Cristiane Sobral, entre outros, foram oferecidos aos alunos da professora Gina. Que tal lê-los?

No artigo "Precisamos levar às meninas negras outros futuros possíveis", a professora Gina Vieira Ponte de Albuquerque conta a história do projeto "Mulheres inspiradoras". Esse artigo pode ser localizado por meio de *sites* de busca disponíveis na internet.

SERGIO DUTTI/BOL/UOL/FOLHAPRESS

50

Durante o processo, Gina convidou seus alunos a pesquisar e a dividir com seus colegas histórias de mulheres inspiradoras, como Cora Coralina, Anne Frank, Carolina Maria de Jesus, Lygia Fagundes Telles, Malala, Nise da Silveira, Maria da Penha, Rosa Parks, Zilda Arns e Irena Sendler.

Além disso, a professora brasiliense conseguiu organizar um evento em que apresentou pessoalmente aos seus alunos a médica Patrícia Melo Pereira, a escritora Cristiane Sobral, entre outras mulheres que puderam dividir com a plateia suas dificuldades e histórias de vida.

Você gostou dessa ação realizada pela professora Gina e por seus alunos? Vamos nos inspirar nela para criar o nosso próprio projeto. Podemos nomeá-lo, em homenagem à crônica de Clarice Lispector que abriu este primeiro Módulo, *Se eu fosse eu, não! Eu já sou eu*. Realizaremos nosso trabalho em duas etapas.

Etapa 1 – Painel integrado

1. Com a orientação do professor, forme um quarteto com três colegas. Procure trabalhar com pessoas com as quais não está habituado a fazer grupos. Lembre-se: saber trabalhar de forma cooperativa com pessoas que pensam diferente de você é uma habilidade muito importante atualmente e fará muita diferença em sua vida. Cada quarteto será composto de "especialistas" no estudo de apenas duas personalidades entre as dez que a professora Gina explorou em seu projeto. Em casa, vocês deverão pesquisar materiais da web e/ou ir a uma biblioteca (da escola ou do bairro) para dar conta de responder às seguintes questões sobre as duas personalidades que seu professor entregará ao seu grupo:

- Onde essa personalidade viveu ao longo de sua vida?
- Em que época ela viveu?
- Quais foram as principais dificuldades que essa mulher vivenciou?
- Por qual motivo essa mulher pode ser inspiradora para o mundo?
- Por que essa pessoa é inspiradora para cada um dos membros do quarteto?

Dividam-se para perguntar a duas mulheres da comunidade escolar por que essas duas personalidades poderiam ser inspiradoras para elas.

2. É fundamental que todos tenham domínio e segurança sobre as informações solicitadas nas questões com base na pesquisa feita em casa, pois vocês deverão transmiti-las mais tarde aos seus colegas que não estudaram essas mesmas personalidades. Tragam tudo o que descobriram sobre as personalidades para responder, em classe, com seu quarteto, às questões propostas no item 1. A sala deverá ser organizada assim:

Grupos de especialistas

51

Módulo 1

3. Na aula seguinte, seu professor formará novos grupos de trabalho compostos de cinco colegas, em lugar de quatro. Os "especialistas" de cada novo grupo estudaram personalidades distintas e deverão, nessa nova etapa, compartilhar as histórias dessas mulheres com os colegas. Dessa vez, os quintetos ficarão organizados assim:

Compartilhar informações

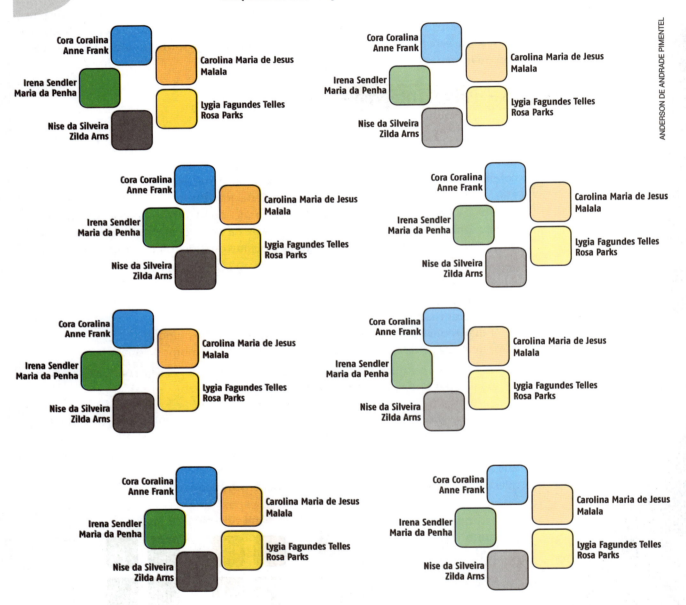

4. Para que o painel integrado fique ainda mais interessante, além do compartilhamento de informações, é importante que você possa resolver este novo desafio com a ajuda de todos os participantes do seu grupo: elejam, após ouvir todos os seus colegas-especialistas, qual é a mulher mais inspiradora. Vocês não poderão utilizar um sistema de votação; deverão eleger a personagem por consenso, definindo, para isso, critérios.

Etapa 2 – Mulheres inspiradoras da minha comunidade

Dividam-se, agora, em grupos de três alunos e façam o que está proposto a seguir.

SE EU FOSSE EU, NÃO! EU JÁ SOU EU

1. Escolham uma pessoa de sua comunidade (ou de sua família) que vocês considerem inspiradora pelo aspecto profissional, pela atuação política, pela liderança positiva no grupo, pelas ações de impacto social etc.

2. Vocês vão entrevistar essa pessoa, ouvir a sua história; para isso, podem usar o roteiro de questões:

   a) Como você era quando criança?

   b) Naquela época, o que você gostaria de ser no futuro?

   c) O que você é hoje?

   d) Que marcas daquela criança ainda existem em você?

   e) Quem foram as pessoas que ajudaram você a ser o que é hoje?

   f) Quem são suas inspirações?

   g) Que características pessoais contribuíram para você se constituir como quem é hoje?

   h) Que planos tem seu *eu de agora* para seu *eu do futuro*?

3. Organize com seu grupo o que será necessário para gravar um *podcast* no qual seu entrevistado responda às questões. Aproveite a oportunidade para fazer alguns registros fotográficos desse momento. Não se esqueça de pedir autorização às pessoas fotografadas.

4. Com auxílio de seu professor, organize uma exposição para compartilhar os *podcasts*. Para isso, escolha uma ou mais fotos do momento da entrevista e imprima, se possível, em tamanho grande. Junto de cada foto inclua o endereço de acesso ao *podcast* que foi produzido pelo seu grupo.

   A exposição pode ser feita no corredor de sua sala de aula ou no pátio da escola e os entrevistados e outros convidados da comunidade podem comparecer à exposição e ouvir os depoimentos.

Biblioteca cultural

Para gravar um *podcast* é necessário fazer um planejamento. Procure informações sobre "como gravar um *podcast*" e "como hospedar um *podcast*" por meio de *sites* de busca disponíveis na internet e, com seu grupo, faça o planejamento do que for necessário.

Me vejo no que vejo

No Módulo 1, você leu sobre o mito de Narciso. Conheça agora a forma inusitada como o autor irlandês Oscar Wilde (1854-1900) fez a releitura dessa narrativa.

Quando Narciso morreu, o lago de seu prazer mudou de uma taça de águas doces para uma taça de lágrimas salgadas, e as Oréades [ninfas] vieram chorando pela mata com a esperança de cantar e dar conforto ao lago.

E quando elas viram que o lago havia mudado de uma taça de águas doces para uma taça de lágrimas salgadas, elas soltaram as verdes tranças de seus cabelos e clamaram, "Nós entendemos você chorar assim por Narciso, tão belo ele era."

"E Narciso era belo?", disse o lago.

"Quem pode sabê-lo melhor que você?", responderam as Oréades. "Por nós ele mal passava, mas você ele procurava, e deitava em suas margens e olhava para você, e no espelho de suas águas ele refletia sua própria beleza."

E o lago respondeu, "Mas eu amava Narciso porque, quando ele deitava em minhas margens e olhava para mim, no espelho de seus olhos eu via minha própria beleza refletida."

WILDE, Oscar. *O discípulo*. Disponível em: <http://www.dominiopublico.gov.br/download/texto/vo000017.pdf>. Acesso em: 12 nov. 2019.

O conto de Oscar Wilde coloca o *outro* como centro da narrativa, e não Narciso. Ora esse *outro* assume o ponto de vista das ninfas – que têm certeza de que o lago, agora salgado pelas lágrimas, sofre como elas pela morte de Narciso –, ora esse *outro* é o lago, que, surpreendentemente, se mostra narcisista. Tanto como o mais belo dos homens, o lago se apaixona por ele mesmo, refletido nos olhos de Narciso.

No primeiro Módulo, você já foi convidado a pensar sobre o impacto do *outro* em sua vida. Agora, neste segundo momento, vamos aprofundar ainda mais a discussão sobre seu encontro com esse *outro*. Afinal, o *outro* não é um detalhe. Ele tem direitos e deveres, como você, merece ser tratado com respeito e busca um olhar empático. Discutiremos formas de (con)viver de maneira harmônica, produtiva, priorizando, quando isso é necessário, o coletivo, em lugar do individual. Não tenha medo. O diálogo é muito mais interessante do que o monólogo. Divirta-se nessa nova etapa da viagem!

55

Módulo 2

Capítulo 1

UNS PARA COM OS OUTROS

Inspira!

Você já ouviu falar na *Declaração Universal dos Direitos Humanos* (DUDH)? Esse documento foi escrito por representantes de diversas nações e povos do mundo. A DUDH foi proclamada pela Assembleia Geral das Nações Unidas, na cidade de Paris (França), no dia 10 de dezembro de 1948, e estabelece, pela primeira vez na história, a proteção oficial e universal dos direitos que todos os seres humanos merecem ter.

Em 2018, para comemorar os 70 anos da DUDH, o Mutirão, coletivo recifense de arte, convidou 15 artistas mulheres e 15 artistas homens para ilustrar cada um dos 30 artigos da *Declaração*. Aprecie alguns desses trabalhos.

Na página **196**, ao final do seu livro, você encontrará os objetivos e as justificativas das atividades deste capítulo, bem como a identificação das competências gerais e específicas e das habilidades da BNCC.

Biblioteca cultural

Desde sua oficialização, a DUDH foi traduzida para mais de 500 idiomas. Serviu e serve de inspiração para constituições de diversas democracias de todo o mundo. Para conhecer um pouco mais sobre ela, acesse a página das Nações Unidas, que está disponível na internet e pode ser localizada por meio de *sites* de busca.

Navegue em: <https://www.direitoshumanos70anos.com/>, acesso em: 18 nov. 2019, e conheça cada uma das 30 ilustrações feitas a convite do coletivo recifense.

Ilustrações criadas em comemoração aos 70 anos da *Declaração Universal dos Direitos Humanos*, pelas artistas (de cima para baixo) Simone Mendes, Isabela Stampanoni e Marília Feldhues.

Ilustração criada pelo cartunista Mello em comemoração aos 70 anos da *Declaração Universal dos Direitos Humanos*.

Módulo 2

O que essas ilustrações contam?

- Consulte a *Declaração Universal dos Direitos Humanos* em *sites* recomendados pelo seu professor e investigue qual artigo, entre os 30 existentes, serviu de inspiração para cada um dos artistas: Mello, Simone Mendes, Marília Feldhues e Isabela Stampanoni. Depois, comente com seus colegas como você chegou a essa conclusão.

O que essas ilustrações contam sobre mim?

A questão a seguir deverá ser feita individualmente em seu diário de bordo.

- Agora, você será o artista. Transcrevemos a seguir alguns artigos da *Declaração Universal dos Direitos Humanos*, diferentes dos que já foram ilustrados no projeto do coletivo.

  » Leia cada artigo com atenção.

  » Tome nota sobre o que você acha que o artigo significa.

  » Escolha dois deles e expresse o conteúdo do artigo por meio de ilustrações, como fizeram os artistas convidados pelo coletivo.

a) Artigo 1º
Todos os seres humanos nascem livres e iguais em dignidade e em direitos. Dotados de razão e de consciência, devem agir uns para com os outros em espírito de fraternidade.

b) Artigo 3º
Todo indivíduo tem direito à vida, à liberdade e à segurança pessoal.

c) Artigo 4º
Ninguém será mantido em escravatura ou em servidão; a escravatura e o trato dos escravos, sob todas as formas, são proibidos.

d) Artigo 7º
Todos são iguais perante a lei e, sem distinção, têm direito a igual proteção da lei. Todos têm direito a proteção igual contra qualquer discriminação que viole a presente Declaração e contra qualquer incitamento a tal discriminação.

e) Artigo 27º
1. Toda pessoa tem o direito de tomar parte livremente na vida cultural da comunidade, de fruir as artes e de participar no progresso científico e nos benefícios que deste resultam.
2. Todos têm direito à proteção dos interesses morais e materiais ligados a qualquer produção científica, literária ou artística da sua autoria.

Trechos da *Declaração Universal dos Direitos Humanos*, disponível em: <https://www.ohchr.org/EN/UDHR/Pages/Language.aspx?LangID=por>. Acesso em: 18 nov. 2019.

Boca no mundo

No *site* das Nações Unidas Brasil, no tópico "O que são os direitos humanos", está escrito:

> Os direitos humanos incluem o direito à vida e à liberdade, à liberdade de opinião e de expressão, o direito ao trabalho e à educação, entre muitos outros. Todos merecem estes direitos, sem discriminação.

Disponível em: <https://nacoesunidas.org/direitoshumanos/>. Acesso em: 18 nov. 2019.

No texto que abre a *Constituição da República Federativa do Brasil de 1988* – também conhecida como *Constituição Cidadã* –, podemos ler:

> Nós, representantes do povo brasileiro, reunidos em Assembleia Nacional Constituinte para instituir um Estado Democrático, destinado a assegurar o exercício dos direitos sociais e individuais, a liberdade, a segurança, o bem-estar, o desenvolvimento, a igualdade e a justiça como valores supremos de uma sociedade fraterna, pluralista e sem preconceitos, fundada na harmonia social e comprometida, na ordem interna e internacional, com a solução pacífica das controvérsias, promulgamos, sob a proteção de Deus, a seguinte CONSTITUIÇÃO DA REPÚBLICA FEDERATIVA DO BRASIL.

Disponível em: <http://www.planalto.gov.br/ccivil_03/constituicao/constituicao.htm>. Acesso em: 18 nov. 2019.

- Discuta com seus colegas e professor que direitos humanos citados nos dois textos têm sido respeitados em nosso país e quais ainda precisam ser garantidos aos cidadãos. Você pode também propor ideias pensando na garantia de direitos humanos fundamentais.

Reprodução proibida. Art. 184 do Código Penal e Lei 9.610 de 19 de fevereiro de 1998.

Sonho que se sonha só

Direitos humanos começam em casa?

Você lerá a seguir um texto de Eduardo Galeano, extraído d'*O livro dos abraços*, obra que retrata as memórias pessoais do autor e, de alguma maneira, as memórias coletivas da América Latina.

A cultura do terror

A extorsão,
o insulto,
a ameaça,
o tabefe,
a bofetada,
o golpe,
o açoite,
o quarto escuro,
a ducha gelada,
o café da manhã obrigatório,
a comida obrigatória,
a proibição de sair,
a proibição de dizer o que pensa,
a proibição de fazer o que se sente,
a humilhação pública

são alguns dos métodos de penitência e tortura tradicionais na vida de família. Para castigo da desobediência e escarmento da liberdade, a tradição familiar perpetua uma cultura do terror que humilha a mulher, ensina os filhos a mentir e contagia a peste do medo.

Os direitos humanos teriam que começar em casa – me comentou, no Chile, Andrés Domínguez.

GALEANO, Eduardo. *O livro dos abraços*.
São Paulo: L&PM, 2005. p. 129.

1. Você acredita que a existência da *Declaração Universal dos Direitos Humanos* garante que haja o cumprimento e o respeito desses direitos dentro do ambiente familiar?
2. Você concorda com a visão de Andrés Domínguez, citado por Galeano, segundo a qual "os direitos humanos teriam que começar em casa"?
3. Faça uma crítica ao texto de Galeano. Mostre quando a tradição familiar representa a garantia dos direitos humanos defendidos pela *Declaração*.
4. Quais direitos você, pessoalmente, acredita que deveriam ser garantidos em casa, especialmente a crianças e adolescentes, e ainda não são? Registre sua resposta no diário de bordo.

Extorsão: modo de obrigar alguém a fazer alguma coisa por meio de ameaça.

Penitência: castigo ou penalização.

Escarmento: repreensão ou censura.

Módulo 2

Recalculando rota

Eduardo Galeano, autor do texto "A cultura do terror", nasceu em Montevidéu, Uruguai, em 1940, e faleceu nessa mesma cidade em 2015. Foi um escritor e jornalista – por vezes controverso – de grande influência na América Latina. Antes de entrar na profissão que o imortalizou, trabalhou como pintor de letreiros, caixa de banco e datilógrafo. Até seus 12 anos, Galeano tinha certeza absoluta de que seria padre, mas, depois de perder a fé, se empenhou em ser um grande jogador de futebol. Mais tarde, desistiu desse esporte, porque, segundo ele, "jogava muito bem, era uma maravilha, mas só de noite, enquanto dormia: durante o dia era o pior perna de pau que havia visto nos campinhos" de seu país; entretanto essa sua paixão virou livros belíssimos como *O futebol ao sol e à sombra* (1995). Como escritor, foi o primeiro do Mercosul a receber os prêmios *Aloa*, na Dinamarca, e o *Cultural Freedom Prize*, nos Estados Unidos. Ganhou também o Prêmio Internacional de Direitos Humanos, concedido por uma instituição humanitária estadunidense.

Eduardo Galeano em sua casa, em Montevidéu, Uruguai. Maio de 2010.

Um inquilino importante

Leia a seguir uma tirinha do cartunista Quino e, em seguida, responda às questões propostas.

MAFALDA   QUINO

LAVADO, Joaquín S. (Quino). *Mafalda. Todas as tiras.* São Paulo: Martins Fontes, 2016.

Mafalda é uma personagem de 6 anos de idade, criada pelo cartunista argentino Quino. É uma criança bastante crítica e preocupada com o mundo e seus problemas, principalmente aqueles de ordem moral e social.

1. Na sua opinião, quem é o "inquilino" a que a personagem se refere no terceiro quadro? Escreva a sua resposta no diário de bordo.
2. Que outros desfechos poderiam ocorrer na tirinha, caso Mafalda tivesse resolvido ficar com o troco da padaria?
3. Na sua opinião, o que leva uma pessoa a seguir as normas coletivas? E a quebrá-las?
4. O texto de Eduardo Galeano, como você viu, trata, entre outras coisas, do respeito aos direitos humanos também no âmbito íntimo, da convivência familiar. A personagem Mafalda, por sua vez, é, em geral, bastante crítica ao "mundo dos adultos" e, por isso, costuma criar suas próprias regras para, segundo acredita, tornar o mundo mais pacífico e justo.

    a) Com base nessas duas considerações e nas leituras e reflexões feitas, pense individualmente em direitos e deveres que você julga essenciais.

b) Escreva em seu diário de bordo todos os direitos (ou deveres) que você considere importantes.

c) Agora, metade de sua classe vai criar uma *Declaração Pessoal dos Direitos Humanos* e a outra metade, uma *Declaração Pessoal dos Deveres Humanos*. Para isso, compartilhe suas anotações.

d) Organize com os colegas um modo de reunir todo o material em um único suporte.

e) Para finalizar, esse material pode ser compartilhado.

QUEM?

Joaquín Salvador Lavado, mais conhecido como **Quino**, nasceu em 1932 em Mendoza, Argentina. Quino gostava de desenhar desde a época da escola. Estudou Artes na faculdade e se dedicou à produção de histórias em quadrinhos durante a maior parte da sua carreira. Como cartunista, criou, em 1964, a conhecida personagem pacifista e questionadora Mafalda. Deixou de publicar suas tirinhas em 1973 e somente voltou a desenhar sua mais conhecida criação a convite de uma campanha sobre os direitos da infância, em 1977. Quino recebeu diversos prêmios internacionais por sua obra, entre eles o espanhol Prêmio das Astúrias de Comunicação e Humanidades.

O cartunista é um artista que, por meio do desenho, usa o humor para fazer críticas sociais e retratar situações cotidianas. Embora não exista uma formação específica para se tornar cartunista, o curso de Artes Visuais é um dos que mais se aproxima desse universo, pois permite ao aluno experimentar diferentes técnicas e linguagens de desenho, pintura e arte.

Biblioteca cultural

O documentário *Malala* narra a história de Malala Yousafzai. Desde a adolescência, no Paquistão, ela advoga pelos direitos das mulheres à educação, não só em seu país, mas em todo o mundo. A jovem recebeu o Prêmio Nobel da Paz por sua trajetória. Direção: Davis Guggenheim.

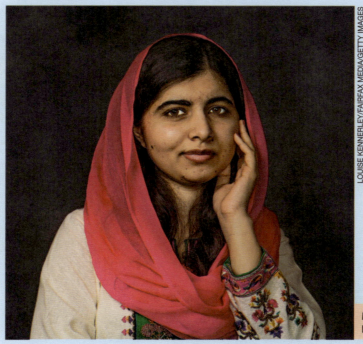

Malala Yousafzai, em Sidnei, Austrália. Dezembro de 2018.

Módulo 2

Sonho que se sonha junto

Você, como adolescente, se sente respeitado em seu país? Você conhece o *Estatuto da Criança e do Adolescente*? O ECA é um documento que visa garantir por lei a proteção dos direitos dos menores de idade. Ele determina que todas as crianças e adolescentes brasileiros tenham acesso a tudo aquilo que lhes possibilite exercer a sua cidadania plena e que sejam criadas políticas públicas que amparem todas as necessidades desse público.

Leia a seguir alguns artigos presentes no ECA.

Estatuto da Criança e do Adolescente

[...]

Art. 2º Considera-se criança, para os efeitos desta Lei, a pessoa até doze anos de idade incompletos, e adolescente aquela entre doze e dezoito anos de idade.

Parágrafo único. Nos casos expressos em lei, aplica-se excepcionalmente este Estatuto às pessoas entre dezoito e vinte e um anos de idade.

Art. 3º A criança e o adolescente gozam de todos os direitos fundamentais inerentes à pessoa humana, sem prejuízo da proteção integral de que trata esta Lei, assegurando-se-lhes, por lei ou por outros meios, todas as oportunidades e facilidades, a fim de lhes facultar o desenvolvimento físico, mental, moral, espiritual e social, em condições de liberdade e de dignidade.

Parágrafo único. Os direitos enunciados nesta Lei aplicam-se a todas as crianças e adolescentes, sem discriminação de nascimento, situação familiar, idade, sexo, raça, etnia ou cor, religião ou crença, deficiência, condição pessoal de desenvolvimento e aprendizagem, condição econômica, ambiente social, região e local de moradia ou outra condição que diferencie as pessoas, as famílias ou a comunidade em que vivem

Art. 4º É dever da família, da comunidade, da sociedade em geral e do poder público assegurar, com absoluta prioridade, a efetivação dos direitos referentes à vida, à saúde, à alimentação, à educação, ao esporte, ao lazer, à profissionalização, à cultura, à dignidade, ao respeito, à liberdade e à convivência familiar e comunitária.

Criança em protesto por um Brasil melhor. Brasília, junho de 2013.

Parágrafo único. A garantia de prioridade compreende:

a) primazia de receber proteção e socorro em quaisquer circunstâncias;

b) precedência de atendimento nos serviços públicos ou de relevância pública;

c) preferência na formulação e na execução das políticas sociais públicas;

d) destinação privilegiada de recursos públicos nas áreas relacionadas com a proteção à infância e à juventude.

Art. 5º Nenhuma criança ou adolescente será objeto de qualquer forma de negligência, discriminação, exploração, violência, crueldade e opressão, punido na forma da lei qualquer atentado, por ação ou omissão, aos seus direitos fundamentais.

Art. 6º Na interpretação desta Lei levar-se-ão em conta os fins sociais a que ela se dirige, as exigências do bem comum, os direitos e deveres individuais e coletivos, e a condição peculiar da criança e do adolescente como pessoas em desenvolvimento.

[...]

Art. 18-B. Os pais, os integrantes da família ampliada, os responsáveis, os agentes públicos executores de medidas socioeducativas ou qualquer pessoa encarregada de cuidar de crianças e de adolescentes, tratá-los, educá-los ou protegê-los que utilizarem castigo físico ou tratamento cruel ou degradante como formas de correção, disciplina, educação ou qualquer outro pretexto estarão sujeitos, sem prejuízo de outras sanções cabíveis, às seguintes medidas, que serão aplicadas de acordo com a gravidade do caso:

I – encaminhamento a programa oficial ou comunitário de proteção à família;

II – encaminhamento a tratamento psicológico ou psiquiátrico;

III – encaminhamento a cursos ou programas de orientação;

IV – obrigação de encaminhar a criança a tratamento especializado;

V – advertência.

Parágrafo único. As medidas previstas neste artigo serão aplicadas pelo Conselho Tutelar, sem prejuízo de outras providências legais.

Disponível em: <http://www.planalto.gov.br/ccivil_03/leis/l8069.htm>. Acesso em: 19 nov. 2019.

Conselho Tutelar: é um órgão autônomo, ligado à administração pública municipal, que tem como principal função garantir a aplicação do *Estatuto da Criança e do Adolescente*.
Em cada município, cinco conselheiros tutelares são escolhidos por meio de eleição para um mandato de quatro anos.

Biblioteca cultural

Para comemorar os 28 anos de vigência do ECA, o Instituto Mauricio de Sousa, em parceria com o Ministério dos Direitos Humanos, lançou um gibi em linguagem simples sobre os deveres da família, do Estado e da sociedade em relação aos direitos da criança e do adolescente. Ele está disponível em: <https://www.mdh.gov.br/biblioteca/crianca-e-adolescente/estatuto-da-crianca-e-adolescente-turma-da-monica-2018.pdf/view>. Acesso em: 19 nov. 2019.

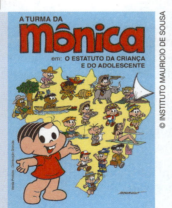

Biblioteca cultural

O documentário italiano *Crianças invisíveis* retrata a situação de invisibilidade e abandono em que vivem algumas crianças ao redor do mundo, inclusive no Brasil. Patrocinado pela Unicef, o documentário mostra a vida de sete crianças que, desde muito cedo, são cheias de responsabilidades como se fossem adultas e não desfrutam do direito à infância, que deveria ser garantido por lei. Direção: Ridley Scott, Mehdi Charef, Emir Kusturica, Spike Lee, Kátia Lund, Jordan Scott, Stefano Veneruso e John Woo.

Módulo 2

O poeta, cantor e professor roraimense Eliakin Rufino fez uma leitura poética do *Estatuto da Criança e do Adolescente*. Leia este poema e, sem seguida, realize a atividade proposta.

Estatuto da Criança e do Adolescente

Todos nós temos direitos
uns menos outros mais
mas existem alguns direitos
chamados fundamentais

direito fundamental
é o direito de nascer
o direito de mamar
o direito de crescer

direitos fundamentais
todos temos que saber
se quisermos garantir
o direito de viver

Nós temos tantos direitos
que não podemos contar
o direito de ir e vir
o direito de opinar

o direito de brincar
de procurar diversão
o direito de criar
o direito de expressão

nós temos tantos direitos
que é importante observar
se a vida nos dá direitos
direito é participar

Conviver com nossos pais
com os amigos e vizinhos
é direito e é razão
pra não vivermos sozinhos

os nossos pais verdadeiros
ou nossos pais adotivos
formam a nossa família
nos tornam ainda mais vivos

com amor e amizade
é que podemos crescer
faz parte da nossa vida
a arte de conviver

O trabalho é um direito
é preciso trabalhar
observando a idade
o modo certo e o lugar

criança e adolescentes
têm direito à proteção
antes de ter trabalho
têm que ter educação

pois só o conhecimento
e uma boa orientação
podem possibilitar
a escolha da profissão

Também é nosso direito
o direito de saber
investigar, pesquisar,
observar e conhecer

não basta a escola da vida
para ensinar a viver
o professor e o livro
ajudam a compreender

o cinema e o museu
a biblioteca e a TV
o estudo é permanente
ninguém para de aprender

Mas em questão de direito
temos que ter atenção
pra que o direito não sofra
ameaça ou violação

está decretado agora
e para sempre será
a lei é pra prevenir
não dá pra remediar

criança e adolescentes
são seres em formação
quem não cuida da semente
perde toda plantação

As crianças têm direitos
e nós a obrigação
de oferecer atendimento
e especial atenção

pra que ninguém sofra abuso
crueldade ou opressão
nem seja submetido
a qualquer exploração

a família e a sociedade
e estado e a união
todos são responsáveis
por essa proteção

Porém se a criança erra
comete uma transgressão
o castigo com violência
não é a melhor solução

está provado e comprovado
não há por que duvidar
o ser humano que erra
pode voltar acertar

nós temos tantos direitos
até o direito de errar
o milagre da existência
é a gente poder mudar

Crianças e adolescentes
só poderão ser felizes
se crescerem sem traumas
sem cortes sem cicatrizes

se os pais tiverem trabalho
justiça e dignidade
ensinarão aos seus filhos
o amor e a liberdade

ser livre é crescer com fé
com alegria e esperança
é saber olhar o mundo
com os olhos de criança

A lei é linda porque
sem lei não há liberdade
sem liberdade não pode
existir felicidade

a liberdade não é
fazer o que se pretende
ser livre é cumprir a lei
assim a gente se entende

crianças e adolescentes
merecem ser respeitados
para que todos tenham
seus sonhos realizados

Disponível em: <http://www.dhnet.org.br/direitos/sos/c_a/ecap.htm>.
Acesso em: 19 nov. 2019.

Reprodução proibida. Art. 184 do Código Penal e Lei 9.610 de 19 de fevereiro de 1998.

QUEM?

Eliakin Rufino é poeta, cantor, escritor e professor de Filosofia e Literatura Indígena. Nascido em Boa Vista, Roraima, cursou Jornalismo e é formado em Filosofia. Seu trabalho é dedicado principalmente à difusão da cultura amazônica e à abordagem de temas como a liberdade e os direitos humanos.

Biblioteca cultural

Assista ao vídeo produzido pela Abrinq sobre o *Estatuto da Criança e do Adolescente*, disponível em: <https://www.youtube.com/watch?v=xHeimJk8YoQ>. Acesso em: 19 nov. 2019.

1. Quais são os principais aspectos enfatizados por Eliakin Rufino no poema que ele criou com base no ECA?

2. Tendo como base a leitura de alguns artigos do ECA e a releitura feita no poema de Eliakin Rufino, proponha uma ação artística com seus colegas de sala para apresentar aos alunos do Ensino Fundamental (Anos Iniciais e Anos Finais) quais são os direitos que eles têm como cidadãos brasileiros. Seja criativo e parta do princípio de que aqueles que visualizarão o material não conhecem o Estatuto.

   a) Dividam-se em grupos de 3 alunos.

   b) Acessem na internet, sob a supervisão de seu professor, o ECA.

   c) Com o auxílio de seu professor, divida o ECA em partes. Cada trio deverá ficar responsável por alguns artigos.

   d) Pense em uma linguagem acessível tanto a crianças de 7 anos quanto a adolescentes de 14 ou 15 anos.

   e) Cada grupo deverá escolher um tipo de linguagem: colagem, desenho, grafite, estêncil, história em quadrinhos, pintura etc. para representar o que defende o estatuto.

   f) Analisem com rigor o que os artigos querem dizer. Por exemplo, se seu artigo for o 26:

   > Os filhos havidos fora do casamento poderão ser reconhecidos pelos pais, conjunta ou separadamente, no próprio termo de nascimento, por testamento, mediante escritura ou outro documento público, qualquer que seja a origem da filiação.

   Disponível em: <http://www.conselhodacrianca.al.gov.br/sala-de-imprensa/publicacoes/ECA%20ATUALIZADO.pdf/view>. Acesso em: 19 nov. 2019.

   Perguntem-se: o que o texto quer dizer? Nesse caso, filhos – dentro ou fora do casamento – deverão ter os mesmos direitos. Como esse artigo poderia ser transformado em uma ilustração, por exemplo?

   g) Façam um planejamento do que pretendem produzir em uma folha A4 de papel sulfite ou em uma folha de caderno (que pode ser do diário de bordo). Façam a versão final em uma folha de papel sulfite A3.

   h) Ao finalizar, façam uma exibição dos trabalhos pendurando todo o material no pátio da escola.

   i) Vocês poderão também fazer uma versão digital do trabalho e inseri-la em um *blog*.

Módulo 2

Capítulo 2

SOMOS O QUE SOMOS: INCLASSIFICÁVEIS

Inspira!

Você é brasileiro? Você acha que é simples essa definição? Você se sente um brasileiro? O que, afinal, significa ser brasileiro? De que maneira essa identidade se manifesta em você? Muitos são os **estereótipos** divulgados sobre o Brasil no exterior. Que marcas você considera características do nosso povo? Ou você acha que isso não existe?

Capa do álbum *O silêncio*, de Arnaldo Antunes, de onde foi retirada a canção "Inclassificáveis".

Estereótipo: imagem mental padronizada que reflete uma opinião coletiva, demasiadamente simplificada – e, por vezes, preconceituosa –, a respeito de uma situação, uma pessoa, um fato, uma etnia, uma minoria, uma classe ou um grupo social.

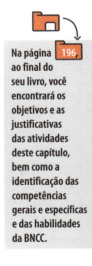

Na página 196, ao final do seu livro, você encontrará os objetivos e as justificativas das atividades deste capítulo, bem como a identificação das competências gerais e específicas e das habilidades da BNCC.

Leia e ouça a canção a seguir, composta por Arnaldo Antunes e gravada em seu disco *O silêncio*. Conheça a visão que esse artista paulistano tem sobre o Brasil. A canção está cifrada para que você e seus colegas possam tocá-la, se quiserem.

Inclassificáveis

Tom: **G**

Intr: **E**

    E
que preto, que branco, que índio o quê?
que branco, que índio, que preto o quê?
que índio, que preto, que branco o quê?

que preto branco índio o quê?
branco índio preto o quê?
índio preto branco o quê?

aqui somos mestiços **mulatos**
cafuzos pardos mamelucos sararás
crilouros guaranisseis e judárabes
E
orientupis orientupis
ameriquítalos luso nipo caboclos
orientupis orientupis
iberibárbaros indo ciganagôs
   Em
somos o que somos
inclassificáveis
     (**Em**   **G**)
não tem um, tem dois,
não tem dois, tem três,
não tem lei, tem leis,
não tem vez, tem vezes,
não tem deus, tem deuses,

Em
não há sol a sós
Am
aqui somos mestiços mulatos
cafuzos pardos tapuias tupinamboclos
americarataís yorubárbaros.
Em
somos o que somos
inclassificáveis
Em
que preto, que branco, que índio o quê?
que branco, que índio, que preto o quê?
que índio, que preto, que branco o quê?
     (**Em**   **G**)
não tem um, tem dois,
não tem dois, tem três,
não tem lei, tem leis,
não tem vez, tem vezes,
não tem deus, tem deuses,
não tem cor, tem cores,
Em
não há sol a sós
Em
egipciganos tupinamboclos
yorubárbaros carataís
caribocarijós orientapuias
mamemulatos tropicaburés
chibarrosados mesticigenados
oxigenados debaixo do sol

© BMG 66738954, CD *O silêncio*, Arnaldo Antunes, BMG, 1996,
e CD *Focus - o essencial*, de Arnaldo Antunes,
BMG, 1999 7080249-9, CD *Constelario*, Lica Cecato,
Ouver Records, 2001 BR-EMI 08-00033, CD *Inclassificáveis*,
Ney Matogrosso, EMI, 2007 BR-EMI 08-00139,
DVD *Inclassificáveis*, Ney Matogrosso, EMI, 2008.
Disponível em: <https://arnaldoantunes.com.br/new/
sec_discografia_sel.php?id=62>. Acesso em: 19 nov. 2019.

Apesar de ainda ser usada em alguns contextos, a palavra "mulato" é inadequada para identificar uma pessoa negra e pode ser considerada discriminatória.

Cafuzos: mestiços de negro e indígena.

Pardos: aqueles que têm cor de pele escura.

Mamelucos: mestiços de branco e indígena ou de branco e caboclo.

Sararás: mestiços de branco e negro que têm cabelos loiros ou ruivos e pele negra.

Caboclos: mestiços de branco e indígena.

Tapuias: indígenas pertencentes ao grupo dos Tapuias. Modo como os portugueses denominavam os indígenas que não falavam tupi.

Biblioteca cultural

Localize na internet o intérprete Ney Matogrosso cantando "Inclassificáveis". Sua interpretação da canção de Arnaldo Antunes é um clássico.

Reprodução proibida. Art. 184 do Código Penal e Lei 9.610 de 19 de fevereiro de 1998.

REPRODUÇÃO

67

Módulo 2

QUEM?

Arnaldo Antunes nasceu em 1960 em São Paulo e, desde cedo, mostrou interesse pelos livros e pelas artes visuais. Durante o Ensino Médio, conheceu colegas que viriam a ser seus parceiros musicais na banda de *rock* Titãs, de grande sucesso na década de 1980. Começou a cursar Letras em uma universidade pública, mas não completou o curso. Em paralelo à música, lançou vários livros como poeta visual, tendo recebido prêmios importantes por sua produção. Além dos Titãs, cantores importantes, como Marisa Monte, gravaram suas composições. Em 1992, desligou-se dos Titãs e se lançou em carreira solo, misturando em suas apresentações música, poesia e artes visuais. Em 2002, em parceria com Marisa Monte e Carlinhos Brown, criou o trio Tribalistas.

O curso de bacharelado em Letras dura, em média, 4 anos e dedica-se a estudar língua portuguesa e línguas estrangeiras e suas respectivas literaturas. O profissional de Letras pode trabalhar com ensino (quando licenciado), edição, revisão ou tradução de textos.

Biblioteca cultural

Conheça a obra de Arnaldo Antunes. Clicando em algumas das capas de livro, é possível ler parte dos poemas. Disponível em: <http://www.arnaldoantunes.com.br/new/sec_livros_list.php>. Acesso em: 19 nov. 2019.

No disco *Paratodos* (1993), o compositor carioca Chico Buarque exalta a mistura étnica de sua família para falar da diversidade do Brasil. A faixa título desse trabalho pode ser acessada por meio de *sites* de busca disponíveis na internet.

Em 1977, Abdias do Nascimento, poeta, ator, escritor, dramaturgo, artista plástico, professor universitário, político e ativista dos direitos civis e humanos das populações negras, participou do II Festival de Artes e Culturas Negras e Africanas (Festac) e falou sobre o tema "Democracia racial: mito ou realidade?". Parte de sua fala está disponível em: <https://www.geledes.org.br/democracia-racial-mito-ou-realidade/>. Acesso em: 19 nov. 2019.

O *Museum On The Seam*, localizado em Jerusalém (Israel), criou a exposição *Coexistence*, contendo obras de artistas de vários países. Ela trata da necessidade de se respeitarem as pluralidades étnica e cultural no mundo. Algumas dessas obras estão disponíveis em: <http://www.coexistence.art.museum/coex/works/works.asp>. Acesso em: 19 nov. 2019.

O que essa letra de canção conta?

1. Além de compositor, Arnaldo Antunes é um importante poeta visual. Isso explica seu cuidado com a forma na construção de seus textos. Releia "Inclassificáveis" e responda: o que chamou sua atenção na composição formal dos versos da canção?

2. Na primeira estrofe da canção, as palavras "preto", "branco" e "índio" aparecem separadas por vírgulas. Na segunda, elas são apresentadas sem vírgulas. Arrisque: por que você acha que o compositor usou esse recurso? A leitura da terceira estrofe da canção pode ajudá-lo a responder.

3. Você deve ter notado que Arnaldo Antunes inventa palavras na canção; elas não estão registradas no dicionário.

    a) Cite alguns exemplos dessas palavras criadas especialmente para a canção e tente, por meio de uma pesquisa em dicionários impressos e na internet, investigar suas origens. Dica: elas não são criações aleatórias! Isso é o mais interessante.

    b) Pense na letra da canção de maneira geral e tente explicar a função da criação dessas novas palavras para a construção do ponto de vista defendido pelo compositor.

O que essa letra de canção conta sobre mim?

Responda às questões propostas a seguir em seu diário de bordo.

1. Releia a sétima e a décima segunda estrofes da canção. Tendo em vista os versos que antecedem esses monósticos, tente explicar qual é a função – dentro do texto – do jogo sonoro feito pelo compositor em "sol" / "sós".
2. Como você já investigou, "Inclassificáveis" não separa negros, brancos e indígenas – matriz clássica da formação do povo brasileiro. Por que você acha que o compositor optou por isso? Você concorda com ele?

Monósticos: estrofes formadas por apenas um verso.

Boca no mundo

Você concorda com as ideias defendidas em "Inclassificáveis"? Como brasileiro, você se considera "inclassificável"? Que características você acha que nos fortalecem como coletividade? Quais nos enfraquecem? Para discutir essas questões, utilize suas referências pessoais e também o prefácio a seguir, escrito pelo fotógrafo e jornalista Pedro Afonso Vasquez para *Origem – Retratos de família no Brasil*, obra em que a fotógrafa gaúcha de família chinesa Fifi Tong apresenta em retratos as várias cores que compõem as famílias brasileiras.

Não é necessário cursar uma faculdade para se tornar fotógrafo. Em geral, esses profissionais recorrem a cursos livres técnicos para sua formação.

[...] O Brasil é um país tão singular e o brasileiro um ente tão plural, que o trabalho de Fifi Tong apresenta um interesse especial para além de seus grandes méritos fotográficos, constituindo um fabuloso resumo da espécie humana tal como ela se aclimatou em terras tupiniquins, fortificando-se não pela subtração e sim pela adição. Fifi procurou formular uma resposta fotográfica para a célebre indagação utilizada por Gauguin como título de uma de suas telas do período taitiano: "Quem somos nós, de onde viemos, para onde vamos?".

Aqui [...] ninguém é "puro". Contentando-nos em ser apenas únicos e inimitáveis, deixando os ideais de pureza racial para aqueles tolos o bastante para acreditar em tal inútil quimera, mesmo porque [...] a nova civilização, pautada nas corretas relações humanas, nascerá de uma mistura como a nossa que, por si só, impossibilita que alguém seja estigmatizado por suas origens ou por sua aparência. É evidente que ainda não estamos lá, e o caminho a percorrer ainda é longo, mas estamos na estrada certa, e atingir a meta é mera questão de tempo.

VASQUEZ, Pedro Afonso. *In*: TONG, Fifi. *Origem – Retratos de família no Brasil*. São Paulo: Auana, 2009. p. 8-9.

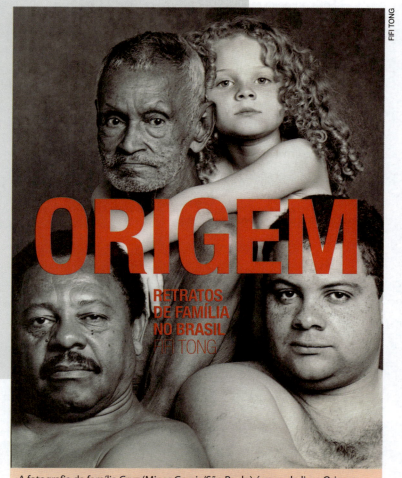

A fotografia da família Cruz (Minas Gerais/São Paulo) é capa do livro *Origem – Retratos de família no Brasil*, da fotógrafa Fifi Tong. Nesse trabalho, a identidade do brasileiro é investigada por meio dos diversos rostos que compõem as famílias de nosso país.

Tupiniquins: grupo indígena brasileiro, pertence à nação tupi, habita a região norte do Espírito Santo.
Gauguin: Paul Gauguin (1848-1903), pintor francês do pós-impressionismo.
Período taitiano: fase em que o pintor, vivendo no Taiti, a maior ilha da Polinésia Francesa, apresenta características da iconografia da região e cores intensas.
Quimera: aquilo que não tem possibilidade de se realizar.
Estigmatizado: condenado, tachado.

69

Módulo 2

Sonho que se sonha só

O Brasil de hoje possui mais de 200 milhões de habitantes e sua história foi escrita por pessoas de origens diversas e com características pessoais distintas. Cada uma delas carrega a herança genética e a história de seus antepassados e familiares, composta em uma trajetória de mais de 500 anos. Entre todas essas histórias, há um ponto em comum: as características e forças individuais estiveram presentes em cada um desses habitantes, influenciando suas experiências e impactando o coletivo, chamado, no nosso caso, de Brasil.

Você sabe quem foi a médica Zilda Arns? E o arquiteto Oscar Niemeyer? Conheça a seguir diferentes personalidades brasileiras que, assim como você e sua família, ajudaram a construir o país que somos por meio de suas forças pessoais e deixaram suas marcas em diferentes campos: na ciência, no esporte, na arte.

Brasileiro que nem eu

Chiquinha Gonzaga (1847-1935)

Foi a primeira mulher a reger uma orquestra no Brasil e também é autora da primeira marchinha de carnaval da história: "Ó Abre Alas" (1899). Criou sozinha um de seus filhos, sofreu todo tipo de preconceito, compôs mais de 2 mil músicas e ainda lutou contra a monarquia e pela abolição da escravatura. O Dia Nacional da Música Popular Brasileira é comemorado em 17 de outubro, data em que Chiquinha nasceu.

Desafio
- Como Chiquinha Gonzaga conseguiu sobreviver?

Euryclides Zerbini (1912-1993)

Foi o primeiro cirurgião brasileiro a realizar transplante de coração no Brasil. Zerbini foi um médico bastante respeitado pela comunidade científica internacional, especialmente na área de cirurgia cardíaca.

Desafio
- Quanto tempo dura, em média, a especialização em Cardiologia? Pesquise.

Fernanda Montenegro (1929)

Considerada a mais importante atriz do Brasil, Fernanda é, até hoje, a única brasileira a receber uma indicação ao Oscar de melhor atriz por sua atuação em *Central do Brasil* (1999), longa que também concorreu a Melhor Filme Estrangeiro. E foi premiada com o Emmy Internacional (considerado o Oscar da televisão) como melhor atriz estrangeira, por seu papel na série *Doce de mãe*.

Desafio
- O que faziam os pais de Fernanda Montenegro?

Josué de Castro (1908-1973)

Embaixador, político, sociólogo, diretor da FAO (Organismo das Nações Unidas para a Agricultura e Alimentação), médico e ativista, autor de *A geografia da fome*, teve destaque no combate à fome no Brasil e no mundo.

Desafio
- Do que trata a obra *A geografia da fome*?

Maria Quitéria de Jesus (1792-1853)

Considerada a "Joana D'Arc brasileira", a baiana Maria Quitéria lutou pela independência do Brasil. Para poder combater, ela se disfarçou de homem (o "soldado Medeiros"). Acabou sendo denunciada pelo próprio pai, mas foi defendida por seu comandante e continuou lutando.

Módulo 2

Marta Vieira da Silva (1986)

Eleita a melhor jogadora do mundo por cinco anos consecutivos (entre 2006 e 2010), a alagoana conseguiu um feito inédito no futebol brasileiro: é a maior artilheira da Seleção Brasileira (masculina e feminina) e a maior artilheira da Copa do Mundo de Futebol Feminino.

Desafio
- Como Marta iniciou sua carreira?

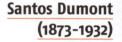

Oscar Niemeyer (1907-2012)

Niemeyer é o arquiteto brasileiro com maior projeção fora do país. Ele traçou importantes edifícios de Brasília, como o Palácio da Alvorada e o Teatro Nacional. Morreu aos 104 anos, em plena produção.

Desafio
- O que se aprende em um curso de Arquitetura?

Santos Dumont (1873-1932)

Considerado por muitos o Pai da Aviação, Santos Dumont é um dos brasileiros mais célebres da história, pois contribuiu para tornar realidade o sonho humano de voar.

72

Tarsila do Amaral (1886-1973)

Ela é autora de uma das pinturas mais importantes da história da arte no Brasil, o *Abaporu*. Tarsila é um dos nomes centrais do Modernismo brasileiro e esteve bastante ligada aos artistas que participaram da Semana da Arte Moderna em 1922.

Desafio
- Que formação Tarsila do Amaral teve para ser pintora?

Tom Jobim (1927-1994)

Tom é o músico brasileiro mais conhecido no planeta em todos os tempos. Ele é um dos criadores da Bossa Nova e trabalhou com músicos de renome, como Stan Getz e Frank Sinatra. Sua parceria com o poeta Vinicius de Moraes produziu uma das canções brasileiras mais executadas no mundo: "Garota de Ipanema".

Desafio
- Quais são as atividades desenvolvidas por um músico profissional? Qual curso universitário alguém que deseja ser músico pode fazer?

Zilda Arns (1934-2010)

Médica sanitarista e pediatra, Zilda dedicou a maior parte da vida ao combate à mortalidade infantil em nosso país. Morreu durante uma missão humanitária em Porto Príncipe, Haiti.

- Faça uma pesquisa em sua casa: pergunte às pessoas de sua família quem elas consideram grandes brasileiros. Seus familiares não precisam indicar apenas figuras públicas: eles podem citar personagens anônimos que conheceram em suas trajetórias. Pesquise sobre essas pessoas e crie boxes como os apresentados nesta seção, contendo fotos e textos breves. Depois, sob orientação de seu professor, exiba esses cartazes na sala.

Módulo 2

Você sabe o que são Forças de Caráter?

O psicólogo e pesquisador estadunidense **Martin Seligman**, presidente da Associação Americana de Psicologia, criou a **Psicologia Positiva**, na década de 1980. Ele ficou mundialmente conhecido por estudar os cinco componentes-chave que auxiliam as pessoas a obter *felicidade* e *bem-estar*: "emoções positivas", "engajamento", "relacionamentos", "significado" e "conquista de objetivos". Com base em seus estudos, ele chegou a um conceito fundamental e estruturante: as chamadas "Forças de Caráter".

A teoria das Forças de Caráter nasceu de um incômodo de Seligman relacionado aos principais focos dos estudiosos de Psicologia de sua época (doenças, conflitos e transtornos). Cansado dessas abordagens, ele resolveu estudar os agentes promotores de saúde mental e de bem-estar que trariam impactos benéficos para o desenvolvimento humano como um todo. Então, em conjunto com um grupo de 55 cientistas e especialistas das áreas de Psicologia, Filosofia e Biologia, ele realizou uma extensa pesquisa para compreender quais seriam os traços positivos nos seres humanos e como eles poderiam ser utilizados para criar uma vida mais significativa, individual ou coletivamente. Antes de essa pesquisa ser realizada, não havia no campo da Psicologia uma nomenclatura que classificasse as forças de caráter individuais que poderiam embasar futuros estudos, diagnósticos e intervenções. O trabalho de Seligman e de sua equipe foi inovador e possibilitou o início de uma nova linguagem e abordagem para a Psicologia.

A pesquisa, como mostra a imagem a seguir, definiu 24 Forças de Caráter. De acordo com Seligman, cada pessoa possui certas características mais presentes na própria personalidade que, quando utilizadas de forma recorrente, trazem maior propósito às atividades cotidianas, melhoram a autoestima e garantem maior vitalidade.

 Criatividade
 Curiosidade
 Critério
 Perspectiva
 Bravura

 Perseverança
 Vitalidade
 Integridade
 Inteligência Social
 Generosidade

 Amor
 Liderança
 Justiça
 Trabalho em equipe
 Perdão

 Amor ao aprender
 Gratidão
 Autorregulação
 Espiritualidade
 Humildade

 Apreciação da Beleza
 Prudência
 Humor
 Esperança

VALTER FERRARI

1. Reflita sobre as características e os principais feitos das diferentes personalidades brasileiras apresentadas nesta seção. Escolha duas que chamaram sua atenção, pesquise mais sobre essas pessoas e responda quais eram/são provavelmente as principais Forças de Caráter delas. Anote suas conclusões em seu diário de bordo.

2. Olhe agora para a pesquisa que você fez com seus familiares. Quais são, na sua opinião, as principais Forças de Caráter das pessoas citadas por eles? Anote tudo em seu diário de bordo. Se tiver oportunidade, explique a teoria das Forças de Caráter para seus familiares e mostre a eles as suas conclusões sobre as personagens que indicaram.

3. Como você considera que as forças pessoais de cada personalidade influenciaram suas trajetórias profissionais? Traga suas conclusões para a sala e discuta-as com seus colegas.

4. Você se imagina seguindo alguma trajetória parecida com a das pessoas apresentadas aqui ou pesquisadas por você? Por quê? Quais forças pessoais você acredita que são marcantes em sua personalidade e que poderiam contribuir para isso? Quais forças pessoais você acredita que precisa desenvolver para ajudá-lo nesse percurso? Registre suas respostas em seu diário de bordo.

Um mar de fogueirinhas

Leia o conto "O mundo", do escritor Eduardo Galeano, e em seguida realize a atividade proposta.

O mundo

Um homem da aldeia de Neguá, no litoral da Colômbia, conseguiu subir aos céus.

Quando voltou, contou. Disse que tinha contemplado, lá do alto, a vida humana. E disse que somos um mar de fogueirinhas.

— *O mundo é isso* — revelou — *Um montão de gente, um mar de fogueirinhas.*

Cada pessoa brilha com luz própria entre todas as outras. Não existem duas fogueiras iguais. Existem fogueiras grandes e fogueiras pequenas e fogueiras de todas as cores. Existe gente de fogo sereno, que nem percebe o vento, e gente de fogo louco, que enche o ar de chispas. Alguns fogos, fogos bobos, não alumiam nem queimam; mas outros incendeiam a vida com tamanha vontade que é impossível olhar para eles sem pestanejar, e quem chegar perto pega fogo.

GALEANO, Eduardo. *O livro dos abraços*. São Paulo: L&PM, 2005.

Chispas: faíscas, fagulhas.

Pestanejar: fechar e abrir os olhos.

75

Módulo 2

Para o homem da aldeia de Neguá, seres humanos são como um "mar de fogueirinhas". Cada uma dessas fogueirinhas possui características e forças pessoais únicas: umas são mais serenas, por isso passam despercebidas, outras "enchem o ar de chispas", e há ainda aquelas que "incendeiam a vida com tamanha vontade que é impossível olhar para eles sem pestanejar, e quem chegar perto pega fogo".

- Você já parou para pensar sobre como é a sua família e sobre quais são as forças pessoais de cada um ali? Como seria o "mar de fogueirinhas" da sua família? Construa uma árvore genealógica que represente a história da sua família e que defina as forças pessoais de cada membro dela. Comece por você, colocando-se no centro da árvore. Descreva a sua história em até três linhas e inclua nela quais são as suas principais forças pessoais. Reúna as histórias que você tem sobre as suas origens e aproveite para conversar com seus familiares sobre a história dos seus antepassados. Caso, por qualquer motivo, você encontre dificuldades em preencher a sua árvore genealógica, não se preocupe. Insira as informações que estão acessíveis. Faça a atividade em uma folha de papel A3 e, ao terminar, dobre-a cuidadosamente e cole-a em seu diário de bordo.

Biblioteca cultural

Em 2018, pesquisadores de diversas instituições israelenses e estadunidenses realizaram um estudo de genealogia (as ligações biológicas entre diferentes indivíduos através das gerações) e traçaram a relação de parentesco de 13 milhões de pessoas em uma única árvore genealógica. A notícia completa "Árvore genealógica gigante revela novos segredos da história da humanidade" pode ser localizada no *site* do jornal *El País*, por meio de *sites* de busca disponíveis na internet.

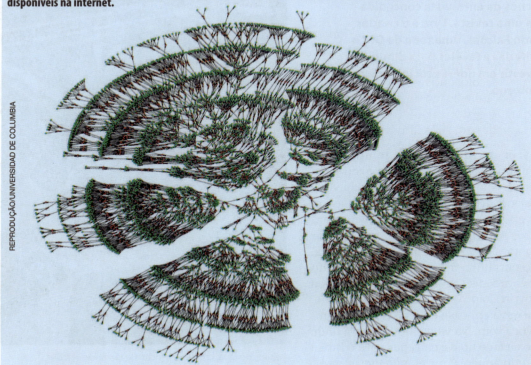

Imagem computadorizada de uma das árvores genealógicas de 6 mil pessoas, contendo sete gerações: em verde, os indivíduos; em vermelho, os casais.

Recalculando rota

Bia Lessa é uma artista múltipla. Estudou Teatro em uma escola técnica de formação no Rio de Janeiro e atuou em clássicos como *Macunaíma* – baseado na obra de Mário de Andrade. Mais tarde, abandonou a carreira de atriz para se tornar diretora de teatro. Foi responsável por montagens premiadas, como *Grande sertão: veredas*, de Guimarães Rosa, e, em 2019, surpreendeu o público dirigindo sua própria versão de *Macunaíma*.

Artista inquieta, Bia realizou, como curadora e criadora, a exposição *Brasileiro que nem eu. Que nem quem?*, em que convidava os espectadores a pensar sobre suas origens. Foi convidada a realizar, no prédio da Bienal, em São Paulo, o Módulo "Barroco" da importante *Mostra do Redescobrimento do Brasil*.

Dirigiu, além disso, espetáculos de música como *Brasileirinho*, *Tempo, tempo, tempo, tempo*, *Dentro do mar tem rio* e *Festa, amor e devoção*, protagonizados pela cantora baiana Maria Bethânia. Atuou também no cinema dirigindo *Crede-Mi* – baseado na obra *O eleito*, de Thomas Mann – e, com Dany Roland, criou o primeiro museu oral do Brasil, em Paraty, Rio de Janeiro.

- Você sabia que era possível atuar de tantas maneiras no universo artístico? Há alguma produção ou atuação de Bia Lessa que tenha despertado o seu interesse? Na internet há várias informações sobre ela, pesquise.

A diretora Bia Lessa durante ensaio da peça *Grande sertão: veredas*, em São Paulo, 2017.

Módulo 2

Sonho que se sonha junto

Falcões que voam alto, bem alto

Leia alguns trechos da entrevista concedida por Eduardo Lyra a uma revista. Lyra é o criador do Instituto Gerando Falcões, uma rede de ONGs que atuam em periferias e favelas para diminuir a desigualdade e investir em líderes sociais que possam transformar seu entorno.

[...]

Como é crescer no Brasil do seu tempo?

Eu cresci em um Brasil que me preparou para ser empreendedor. Não tive muitas opções na vida. Cresci num ambiente de muita dor, de muita escassez. Nasci numa favela, num barraco com chão de terra batida. Meus pais não tinham grana para comprar um berço, me botaram para dormir numa banheira.

Meu barraco não tinha água encanada, quando chovia a água levava tudo. Cresci tendo de visitar meu pai dentro de um presídio. Mas minha mãe me salvou. Todo dia ela chegava em casa e dizia "filho, não importa de onde você vem. Na vida, importa para onde você vai". O que eu faço hoje é entregar para o Brasil e para a favela tudo aquilo a que eu não tive acesso.

Eduardo Lyra, criador do Instituto Gerando Falcões.

Quando foi que você percebeu que teria de abrir o seu próprio caminho?

Nada é um ato, as coisas vão se formando na cabeça. Foram se formando conforme eu via amigos morrendo, colapsados pela cocaína, e amigas engravidando aos 11 anos. Enxerguei isso como oportunidade. Onde tem miséria, eu via oportunidade de levar oportunidade. Empreender, para mim, é uma forma de transformação social.

Por que as pessoas achavam que você não conseguiria chegar até aqui?

Quando o cara está na situação em que eu estava, de pobreza, de ser filho de um bandido e morar num barraco, a sociedade vai olhar e dizer: "você não vai chegar a lugar algum. Você está condenado a ficar aí". É assim. Mas, quando eu fui lá para cima, as mesmas pessoas passaram a falar: "você é o cara, você é bom". O meu desafio é não ouvir as vaias nem os aplausos. A gente tem de ouvir os nossos sonhos. Se os seus amigos duvidarem dos seus sonhos, troque de amigos, mas não troque de sonhos. Eu nunca troquei de sonhos.

[...]

Como você prepara seus sucessores?

Eu sou o RH das favelas. Meu papel é recrutar gente boa, talentos vindos da periferia, talentos de Harvard, do MIT, e os grandes bolsos do país, para a gente fazer uma completa mobilização de transformação nas favelas. No Gerando Falcões, a gente gosta de fanáticos. Tudo que dá certo sempre tem um fanático.

Depois de encontrar, damos um desafio grande para ele. Nada desenvolve mais uma pessoa do que um desafio grande. Minha sucessão vai acontecer naturalmente, nesse processo de encontrar fanáticos, dar desafios grandes e oferecer as ferramentas para se desenvolverem.

RH: recursos humanos – departamento responsável por recrutar profissionais em uma empresa.

Harvard: universidade de Harvard, conceituada instituição de ensino estadunidense.

MIT: Instituto de Tecnologia de Massachusetts, conceituada instituição de ensino estadunidense.

[...]

Aonde você quer chegar?

O Elon Musk está se preparando para chegar a Marte, colonizar o planeta. Se esse cara levar 15 bilionários para morar lá e a gente ainda não tiver resolvido os problemas mais básicos aqui embaixo, vai ser o maior tapa na cara da humanidade. Eu não quero tomar esse tapa.

Por isso, quero criar a maior rede de ONGs do planeta e, como diz o ganhador do Nobel da Paz, Muhammad Yunus, mandar a favela para o museu. Esse é o nosso *exit*. Esse é o meu sonho. Pode demorar, mas vamos chegar lá. Eu não concordo com os traficantes das favelas, eu concorro com o Elon Musk. Estou trabalhando no mesmo ritmo dele – ou mais.

Disponível em: <https://revistapegn.globo.com/Negocio-social/noticia/2019/02/edu-lyra-troque-de-amigos-mas-nao-troque-de-sonhos.html>. Acesso em: 20 nov. 2019.

Biblioteca cultural

Os *sites* Change <https://www.change.org/> e Avaaz <https://secure.avaaz.org> (acesso em: 20 jan. 2020) permitem criar petições *on-line* sobre os mais variados temas. O objetivo de uma petição é fazer uma solicitação coletiva de pedido de mudança a órgãos públicos e empresas. Por meio de um abaixo-assinado, pode-se solicitar, por exemplo, a reforma de uma escola, o fim da distribuição de canudos plásticos na cidade ou a preservação de um parque público. Há também *sites* de petições *on-line* exclusivos de algumas cidades brasileiras, como João Pessoa, Garopaba, Porto Alegre e Ouro Preto.

- Você já parou para pensar qual petição proporia ou assinaria pela sua cidade? O que poderia ser melhorado para o coletivo? Engaje-se!

1. Na entrevista que você leu, Eduardo Lyra explicita seus sonhos e projetos para o Brasil. Fale sobre alguns deles com seus colegas.
2. O que você entende por "mandar a favela para o museu"? Discuta com seus colegas.
3. Entreviste um colega e pergunte a ele: "Como é crescer no Brasil do seu tempo?".
4. Eduardo Galeano, autor do conto que você leu, costumava dizer que "muitas pessoas pequenas, em lugares pequenos, fazendo coisas pequenas, podem mudar o mundo". Você concorda com a opinião desse escritor? Quais "coisas pequenas" você conhece que já foram feitas e que mudaram o mundo? Compartilhe isso com seus colegas.
5. Retome a atividade que realizou na seção **Sonho que se sonha só**: o que gostaria de deixar como marca pessoal para as gerações que virão depois de você? Considere que logo você fará parte da árvore genealógica deles. Registre sua resposta no seu diário de bordo.
6. Eduardo Lyra menciona, na entrevista, que "[...] a gente tem de ouvir os nossos sonhos. Se os seus amigos duvidarem dos seus sonhos, troque de amigos, mas não troque de sonhos. Eu nunca troquei de sonhos".

Qual é o seu sonho para o Brasil? O que você pretende fazer para torná-lo realidade?

Módulo 2

Capítulo 3

UM LAÇO É O NÓ QUE EU ALMEJO

ALBERTO PEREIRA

Inspira!

Você sabe o que significa a palavra "empático"? Como você se relaciona com os sentimentos de quem convive com você? A obra reproduzida ao lado – que serviu para compor o cartaz da exposição intitulada "Empatia", do artista visual Alberto Pereira – pode nos ajudar a pensar juntos no sentido da palavra "empatia". Essa palavra está na moda, mas nem todo mundo sabe o que ela realmente significa ou – o que é pior – nem todos vivem esse sentimento.

Biblioteca cultural

Conheça o Centro Cultural Paschoal Carlos Magno, em Niterói (RJ), onde aconteceu a exposição "Empatia". O centro, projetado pelo arquiteto Luiz Henrique Monassa Bessil, está localizado no Campo de São Bento, atual Parque Prefeito Ferraz. Além de mostras de pintura, fotografia e escultura, o espaço dá lugar a outros eventos culturais, como apresentações de música, teatro e dança. Disponível em: <http://mapadecultura.rj.gov.br/manchete/centro-cultural-paschoal-carlos-magno>. Acesso em: 28 dez. 2019.

Cartaz (colagem) do artista visual Alberto Pereira para a exposição "Empatia", que ocorreu no Centro Cultural Paschoal Carlos Magno, em 2017.

UM LAÇO
É O NÓ
QUE EU
ALMEJO.

QUEM?

Alberto Pereira nasceu na cidade do Rio de Janeiro, mas foi criado entre Niterói, Brasília e Angra dos Reis. Ele é, como tem orgulho de dizer, "artista de rua" – ou o "tio Lambe-lambe" (como as crianças o chamam) –, embora tenha formação universitária em Publicidade e Propaganda e em *Design* Gráfico. Sua arte de rua consiste em criar imagens a partir de imagens (colagens) e textos a partir de contextos. Alberto é o fundador do canal Lambes Brasil, que se ocupa de divulgar, valorizar e produzir eventos e de dar oportunidade a artistas de rua que criam lambe-lambes em todo o país. Ele desenvolve oficinas de criatividade na Casa Amarela, iniciativa do artista francês JR, construída em parceria com o fotógrafo Mauricio Hora, no Morro da Providência, zona central do Rio de Janeiro.

Alberto é filho de um militar e de uma professora. Sua aptidão artística vem de família: seu pai e seus tios cresceram na Igreja Batista e, por isso, aprenderam a tocar instrumentos musicais muito cedo. O pai de Alberto desejava que o filho fizesse "todas as engenharias possíveis", mas Alberto mergulhou no universo das artes, de onde nunca mais saiu.

O curso universitário de *Design* dura, em média, 4 anos. O *designer*, entre outras coisas, cuida da estética de um produto e de sua funcionalidade. Esse profissional pode trabalhar com animação, desenho industrial, desenho de embalagens, *design* digital, *design* gráfico (projeto do aspecto visual e gráfico de publicações impressas e digitais), *design* de joias, gestão de produto, programação visual e comunicação e projeto de produto.

Na página **197**, ao final do seu livro, você encontrará os objetivos e as justificativas das atividades deste capítulo, bem como a identificação das competências gerais e específicas e das habilidades da BNCC.

Módulo 2

O que essa colagem conta?

1. Em entrevista concedida ao jornal *O Fluminense*, Alberto Pereira disse:

   > A base do meu trabalho é a desconstrução de signos que conhecemos e o que eles representam, para reconstruir os mesmos com algum aspecto retorcido. Detalhes que identificamos que fazem parte do nosso conhecimento e da nossa cultura, mas que não prestamos atenção ou tomamos como verdade, sem parar pra pensar em como poderia ser a partir de outra ótica.
   >
   > Disponível em: <https://www.ofluminense.com.br/pt-br/cultura/arte-em-tr%C3%AAs-tempos-0>. Acesso em: 20 nov. 2019.

   Signos: símbolos, de acordo com o contexto.

   De que forma a obra de arte reproduzida poderia ser um exemplo do que o artista está dizendo?

2. Por que você acha que o artista optou pela colagem da foto de uma menina negra interagindo com uma menina branca? De que forma um elemento específico presente na camiseta da menina branca reforça sua análise?

3. Observe atentamente as expressões faciais das meninas. O que elas sugerem?

4. O que a menina da esquerda está fazendo com a da direita? O que essa ação pode simbolizar?

Biblioteca cultural

Para conhecer algumas colagens de Alberto Pereira espalhadas por Minas Gerais, São Paulo, Brasília, Rio de Janeiro, Rio Grande do Sul, além de Inglaterra e Estados Unidos, pesquise e visite seu perfil nas redes sociais.

Negro é nobre

Alberto Pereira criou uma série que ficou muito conhecida, a "Negro nobre". Leia o que ele fala sobre esse importante trabalho:

> [Negro nobre] Surgiu de uma brincadeira com a foto do meu perfil. Depois me liguei na potência que aquilo tinha, porque é o óbvio não óbvio. Daí surgiu o conceito, de trazer personalidades negras que constroem e construíram a cultura brasileira. E trazê-los com o título que merecem, de nobreza. Aqueles mesmos nobres que víamos nas aulas de Arte, mas nunca víamos com pele preta.
>
> Disponível em: <https://medium.com/toutsbrasil/artista-da-vez-14-alberto-pereira-8dd431c8794e>. Acesso em: 20 nov. 2019.

Autorretrato de Alberto Pereira que deu origem à série "Negro nobre".

O que essa colagem conta sobre mim?

Responda individualmente às questões propostas a seguir em seu diário de bordo.

1. A frase escrita no trabalho de Alberto Pereira contribui para a construção de seu sentido e serve para provocar quem o contempla. Imagine-se andando na rua e se deparando, de repente, com esse trabalho. Sinta-se provocado por Alberto Pereira: o que significa, para você, a frase "Um laço é o nó que eu almejo"? Registre o que você pensa.

2. O artista almeja o "laço" para combater o "nó" do conflito. E você? Pensa como ele? O que você "almeja" como projeto de convivência na diversidade?

3. Por que você acha que Alberto Pereira incluiu essa colagem em uma exposição denominada "Empatia"? Mesmo que você não tenha certeza do que *empatia* significa, arrisque uma resposta.

4. Que tal produzir um lambe-lambe que é a sua cara? Pense na temática explorada por Alberto Pereira no trabalho que você está analisando (empatia, diferença, perspectiva do outro, sentimentos alheios, compartilhamento, abertura para o diferente, compromisso com o outro, respeito, alteridade etc.). Produza uma colagem a partir de fotos e imagens de revistas, catálogos etc. que dialogue com o lambe-lambe do artista.

Se for possível, aplique esse trabalho em alguma parede de sua casa. Para isso, produza sua colagem em papel sulfite e dilua cola escolar (duas partes de água para cada parte de cola). Com um pincel, aplique a cola diluída diretamente na parede e cole seu trabalho.

Boca no mundo

Em conjunto com a desenhista de animação Katy Davis (da *AKA Gobblynne*), a autora, professora e pesquisadora estadunidense Brené Brown criou um vídeo bastante popular na internet chamado *O poder da empatia* (2013). Você pode localizá-lo por meio de *sites* de busca. Nele, a especialista investiga – de forma simples, clara e poética – a melhor maneira de aliviar a dor e o sofrimento de alguém que nos pede ajuda.

Entre outras coisas, ela afirma que "empatia traz conexão", "simpatia traz desconexão", "empatia traz entendimento de perspectiva", "empatia é a habilidade de ter a perspectiva de outros", de "reconhecer a perspectiva deles como verdade", de "não julgar", de "reconhecer emoção em outras pessoas e comunicar isso", é a habilidade de "sentir como [da mesma forma que] as outras pessoas".

Para ilustrar como funciona a empatia e como ela é diferente da simpatia, Brown usa uma imagem: imagine alguém que está preso em um buraco e que grita do fundo dele: "Estou preso! Está escuro! Estou soterrado!". O empático diria: "Acalme-se! Sei como é estar aí. E você não está sozinho". O simpático diria: "É ruim, não? Quer um sanduíche?". Notou a diferença?

Segundo a professora, empatia é uma "escolha vulnerável porque para me conectar com você preciso me conectar com algo em mim que conhece esse sentimento". Ela diz que "quase nunca uma resposta empática começa com 'pelo menos'". O que isso significa? Quando alguém compartilha algo doloroso com você, não é bom tentar "positivar". Por exemplo: alguém diz: "Acho que meu casamento está acabando", e você responde: "Pelo menos você está casado". Outro diz: "John está sendo expulso da escola", e você responde: "Pelo menos Sarah só tira 10". Isso não é empatia.

Módulo 2

Brené Brown explica também que o que às vezes fazemos em uma situação difícil compartilhada conosco é tentar "fazer as coisas melhorarem". Ela defende que, quando alguém compartilha algo difícil com você, é preferível que diga: "nem sei o que dizer, mas obrigado por contar". Brown afirma que a verdade é que raramente uma resposta faz algo melhor. O que ajuda a tornar melhor a situação de alguém em sofrimento que nos pede ajuda é a **conexão** que estabelecemos.

- E você o que acha? Pense a partir dos exemplos e conceitos que Brené Brown apresenta e responda com franqueza: você é empático? Pense em situações concretas que possam servir de exemplo de postura empática e de postura simpática. Quem você considera empático? Faça um exercício de mudança em relação à sua atitude da simpatia para a empatia.

Frames legendados do vídeo *O poder da empatia*. Animação de Katy Davis.

Biblioteca cultural

Rosana Paulino é artista visual, pesquisadora, educadora e doutora em Artes Visuais. Sua obra mescla uma dimensão pessoal e a memória social de temas como a colonização, a diáspora africana, a escravidão e o conceito de raça. Por meio de gravuras, desenhos, esculturas e fotografias, a artista problematiza a herança escravocrata brasileira e questiona sobre o lugar da mulher negra na sociedade hoje. Sua produção está em exibição em importantes museus, como o Museu Afro-Brasil, o Museu de Arte Moderna de São Paulo (MAM) e o *University of New Mexico Art Museum* (UNM). Conheça mais sobre a trajetória da artista e suas criações em: <http://www.rosanapaulino.com.br/>. Acesso em: 20 nov. 2019.

A artista Rosana Paulino, em foto de dezembro de 2018.

Diáspora africana: nome dado ao fenômeno histórico e social caracterizado pela imigração forçada de homens e mulheres do continente africano para outras regiões do mundo. Esse fluxo de pessoas gerou encontros e trocas entre diversas sociedades e culturas, seja nos navios negreiros ou nos novos contextos em que as pessoas escravizadas se encontraram fora de seu continente de origem.

PAULINO, Rosana. *Paraíso tropical*. Impressão digital sobre tecido, recorte, tinta e costura, 96×110 cm. 2017.

85

Módulo 2

Sonho que se sonha só

Falamos até agora sobre empatia e a importância da conexão. Você já parou para pensar sobre a forma como se comunica com as outras pessoas? A comunicação é o nosso principal meio de conexão com o outro.

É ela que nos possibilita criar vínculos, expressar aquilo que estamos sentindo, dizer a nossa opinião e também praticar a empatia. Ao mesmo tempo, pode ser uma via de desconexão quando deixamos de expressar a nossa opinião e o que estamos sentindo, quando utilizamos palavras agressivas dirigidas ao outro, sendo ofensivos, e, sobretudo, quando há falta de empatia. Mas, afinal, o que significa ser empático na forma como nos comunicamos?

E você? Em geral, acha que ouve melhor do que fala? Leia a seguir o que o escritor Rubem Alves tem a nos dizer sobre o aprendizado da escuta.

Cursos de oratória: cursos que objetivam, entre outras coisas, ensinar a falar adequadamente em público.

Alberto Caeiro: poeta português de vida bastante simples, criado no campo. Ele é uma invenção de um dos maiores poetas da língua portuguesa, o lusitano Fernando Pessoa.

> Sempre vejo anunciados cursos de oratória.
> Nunca vi anunciado curso de escutatória.
> Todo mundo quer aprender a falar.
> Ninguém quer aprender a ouvir.
> Pensei em oferecer um curso de escutatória.
> Mas acho que ninguém vai se matricular.
> Escutar é complicado e sutil...
> Parafraseio o Alberto Caeiro: "Não é bastante ter ouvidos para ouvir o que é dito; é preciso também que haja silêncio dentro da alma". Daí a dificuldade: a gente não aguenta ouvir o que o outro diz sem logo dar um palpite melhor, sem misturar o que ele diz com aquilo que a gente tem a dizer...
> Nossa incapacidade de ouvir é a manifestação mais constante e sutil de nossa arrogância e vaidade: no fundo, somos os mais bonitos...
>
> ALVES, Rubem. A escutatória. *O amor que acende a Lua*. Campinas, SP: Papirus, 2003.

- Rubem Alves provoca o leitor ao afirmar que "[...] todo mundo quer aprender a falar. Ninguém quer aprender a ouvir. Pensei em oferecer um curso de escutatória. Mas acho que ninguém vai se matricular. Escutar é complicado e sutil...". Você concorda com a opinião do escritor? Por quê? Você faria o "curso de escutatória" proposto por ele? Como anda sua capacidade de escuta ativa? Pergunte aos seus colegas: "Eu sou um bom ouvinte?"; "Minha escuta é empática?".

A graduação em Teologia dura, em média, 4 anos, e o foco de estudo são as religiões e a análise da influência delas sobre a sociedade. O teólogo pode seguir uma trajetória religiosa ou atuar como pesquisador. Os licenciados podem dar aula.

QUEM?

Rubem Azevedo Alves, mais conhecido como Rubem Alves, nasceu em Boa Esperança, Minas Gerais. O mineiro foi um homem plural: psicanalista, pedagogo, teólogo, escritor e pastor presbiteriano. Publicou diversos livros premiados, entre eles, *Estórias para quem gosta de ensinar*, *Variações sobre a vida e a morte* e *O quarto do mistério*. Morreu em 2014 deixando uma imensa herança intelectual.

Você já parou para prestar atenção na forma como se comunica? Você se considera responsável quando fala? Sabia que há estudiosos que se ocupam de analisar isso? Conheça agora a Comunicação Não Violenta (CNV), uma teoria e um conjunto de técnicas sobre comunicação desenvolvido pelo professor estadunidense Marshall Rosenberg.

A importância da Comunicação Não Violenta

Boa parte dos conflitos que temos com outras pessoas pode ser causada mais pela forma como expomos nossas ideias do que propriamente pelas diferenças de opinião. Baseado nessa crença, o psicólogo **Marshall Rosenberg** desenvolveu o conceito de **Comunicação Não Violenta** (CNV), que seria capaz de estimular a compaixão e a empatia (também por isso chamada de Comunicação Empática).

A CNV, nas palavras do psicólogo, "começa por assumir que somos todos compassivos por natureza e que estratégias violentas – se verbais ou físicas – são aprendidas, ensinadas e apoiadas pela cultura dominante". Ou seja, em um ambiente que estimule a competitividade, a dominação e a agressividade, tendemos a nos comportar violentamente. Ao contrário, tendemos a agir com generosidade em ambientes acolhedores e cooperativos.

Desse modo, cada pessoa que esteja disposta a atentar para a sua forma de comunicação pode promover mudanças ao seu redor, em seu círculo familiar, profissional ou social, através de atos de acolhimento das necessidades do outro, da percepção do que ele está comunicando com a agressividade, o cinismo, a indiferença. Ninguém gosta de estar em constante atrito com os outros. É comum que por trás desses comportamentos haja uma dor muito grande, que a pessoa tenta mascarar.

Um dos mandamentos mais importantes da CNV é exercitar a capacidade de se expressar sem julgamentos e sem classificações de "certo" e "errado", que buscam "vencer" um debate com o interlocutor e provar um ponto de vista. Muitas vezes, não ouvimos a opinião do outro para compreendê-la, mas apenas para podermos contra-argumentar, em um duelo sem fim.

Compassivos: que se compadecem, que são sensíveis às necessidades dos outros.

Cinismo: desaforo, descaso.

Módulo 2

Uma ideia da CNV é, em lugar de acusar o outro por atos com os quais não concordamos, simplesmente dizer como nos sentimos diante deles. Ao ser chamado de violento, egoísta ou agressivo, o outro tende a se defender, se justificar ou culpar fatos/agentes externos. Mas, se dissermos que ficamos tristes, angustiados ou nos sentimos desrespeitados diante de certa atitude, mostramos para o outro a nossa humanidade e as consequências de suas ações, possibilitando uma aproximação. Ao explicar o que sentimos, possibilitamos ao outro rever suas atitudes para não nos magoar, além de lhe dar a oportunidade de falar sobre as emoções que o levaram a praticar certas condutas.

Pode parecer, à primeira vista, que a CNV nos leva a nos calar diante de ofensas ou agressões, mas é justamente o contrário: ela é totalmente fundada na comunicação honesta e transparente, que não se limita aos fatos analisados sob a nossa ótica (exemplo: "você me deixou esperando por horas!"), mas foca nos sentimentos (exemplo: "me senti abandonado quando você não apareceu"). Trata-se de uma comunicação mais eficaz do que a acusatória, que devolve ao outro todo o nosso ressentimento, e também do que aquela que se cala passivamente, que nos sufoca nos nossos próprios rancores.

Usar o princípio da Comunicação Não Violenta por vezes não é uma tarefa fácil, depende de vontade, disposição e de um desejo de melhorar a si mesmo e às relações que desenvolvemos em nossa vida diariamente. É um exercício, um aprendizado consigo mesmo e com os outros.

Disponível em: <https://www.cvv.org.br/blog/a-importancia-da-comunicacao-nao-violenta/>.
Acesso em: 20 nov. 2019.

QUEM?

Marshall Rosenberg nasceu em Detroit, Estados Unidos. Formado em Psicologia e com doutorado em Psicologia Clínica, foi mediador de conflitos, escritor, professor e autor da teoria e das técnicas da CNV. Realizou treinamentos sobre CNV em mais de 60 países, com foco na aplicação de seus ensinamentos para educadores, advogados, militares, políticos, presidiários, profissionais da área da saúde e famílias. Sua atuação profissional também foi marcante em regiões de conflito de guerra e em países economicamente desfavorecidos, promovendo a reconciliação e formas de resolução de conflito pacíficas. Em 2006, recebeu o *Prêmio de Combate à Violência* da *The Bridge of Peace Award*.

O mediador de conflitos é um especialista em determinadas técnicas de negociação e comunicação. Ele atua como um terceiro, imparcial, e costuma ser indicado pelas partes, que estão em busca de um acordo.

1. Os objetivos da CNV são ambiciosos, mas muito importantes: ajudar pessoas e sistemas sociais a se compreender, criando condições para que haja maior empatia entre as pessoas e, em um nível mais profundo, incentivar a promoção da paz e a diminuição da violência no mundo. Segundo a teoria da CNV, "boa parte dos conflitos que temos com outras pessoas pode ser causada mais pela forma como expomos nossas ideias do que propriamente pelas diferenças de opinião". Pense na última conversa desafiadora que você teve com alguém. Como você se sentiu? Transforme esses sentimentos em um desenho feito em seu diário de bordo.

2. Reúna-se com um colega e compartilhe com ele como foi essa conversa desafiadora que você precisou ter. Inclua detalhes como: qual foi o seu papel como ouvinte, qual foi o tom de voz que você usou na ocasião, quais palavras foram escolhidas (ou que saíram sem controle algum), como você se sentiu, como imagina que a outra pessoa se sentiu antes, durante e após a conversa e qual foi o desfecho dessa comunicação. Se desejar, mostre o seu desenho ao colega.

Com base na CNV, o psicanalista brasileiro Christian Dunker propõe a aplicação do *Princípio geral da reciprocidade* na fala e na escuta e apresenta algumas regras para uma escuta efetiva. Vale a pena conhecê-las.

Princípio geral da reciprocidade

1. Falar em primeira pessoa: [...] A vulnerabilidade começa por assumir para si, e não sumir de si. Falar em primeira pessoa é um antídoto natural para um terrível vício dos não escutadores: falar pelo outro, colocar palavras em sua boca, antecipar sentidos, conclusões por procurações e intenções supostas [...];

2. Responsabilidade com o que se diz: Qualquer situação envolve algum grau de implicação de cada um dos envolvidos, mesmo que seja no cuidado consigo e com os outros. Se em determinada situação você achar que errou, diga: "Eu errei". Depois do "errei" vem um ponto-final, e não a frase "Mas é que você também...". Culpar os outros é frequentemente um sinal de que não estamos conseguindo reconhecer nossa própria implicação ou responsabilidade no curso dos acontecimentos [...];

3. Exponha o que sente: [...] qualquer coisa pode ser dita para qualquer um, desde que encontremos as palavras certas e tenhamos o tempo necessário. Evite começar uma frase por "você". Evite descrever, atribuir ou colocar intenções, ideias e desejos no outro. Em vez disso, fale de si, sinceramente, sempre que possível [...];

4. Respeito ao fluxo: pedir, receber, dar e retribuir: Em geral, as conversas são trocas sociais que começam por uma demanda. Localizar o que alguém precisa, quer ou o que a situação exige é o primeiro movimento que precisa ser respeitado. Falar é pedir, ainda que não saibamos o que estamos pedindo: compreensão, atenção, amor, respeito, tanto faz. É pelo pedido que a relação de fala é, sobretudo, uma relação de troca. Pedir é um risco porque traz consigo efeitos do poder e da exposição de vulnerabilidade. Contudo, a arte da escuta envolve passar da situação em que uns têm (os que dão) e outros não (os que pedem) para a situação de compartilhamento.

[...] Escutar é dar seu silêncio e atenção, assim como falar é dar palavras para o outro. Escutar é receber as palavras que o outro te envia, receber com cuidado e com rigor como se recebem presentes, mas também como se recebem ordens, ou uma carta, que requer leitura e interpretação [...].

Vulnerabilidade: fragilidade.

Antídoto: aquilo que combate os efeitos de algo que precisa ser interrompido.

Implicação: envolvimento.

DUNKER, Christian; THEBAS, Cláudio. *O palhaço e o psicanalista*: como escutar os outros pode transformar vidas. São Paulo: Planeta do Brasil, 2019. p. 81.

Módulo 2

QUEM?

Christian Ingo Lenz Dunker nasceu em São Paulo, é psicólogo com especialização em Psicanálise e professor em uma universidade pública. Além da profissão de docente e dos atendimentos clínicos, é autor de diversos livros de Psicologia, como *A psicose na criança*, *Mal-estar, sofrimento e sintoma* e *Por que Lacan?*. Recebeu o prêmio Jabuti de melhor livro em Psicologia e Psicanálise com a obra *Estrutura e constituição da clínica psicanalítica*.

Dunker tem um canal na internet em que faz falas curtas sobre alguns temas importantes relacionados à psique humana. Você pode localizá-lo por meio de *sites* de busca disponíveis na *web*.

Método criado no início do século XX pelo médico austríaco Sigmund Freud que tem como foco investigar a mente humana a partir da ideia de inconsciente. Para se tornar psicanalista, geralmente são necessários cerca de 5 anos de estudos intensivos em instituições como a Sociedade Brasileira de Psicanálise.

- Você já esteve em uma sessão com um psicólogo ou psicanalista? Já se imaginou exercendo essa profissão? Em qual sentido você considera que esse ofício requer empatia do profissional para que possa ser exercido com competência? Quais outras profissões você acha que requerem, de forma especial, essa habilidade?

1. Sente-se agora em um quarteto escolhido por seu professor. Retome as regras de *Princípio geral da reciprocidade* mencionadas por Dunker e criadas com base na CNV.

a) Comente o que entendeu sobre cada uma dessas regras: "Falar em primeira pessoa"; "Responsabilidade com o que se diz"; "Exponha o que sente"; "Respeito ao fluxo: pedir, receber, dar e retribuir".

b) Detecte e conte para o grupo quais delas estão bem desenvolvidas em você e quais ainda não estão.

c) Pense coletivamente sobre como as regras ainda não incorporadas podem ser melhoradas.

> O Instituto CNV Brasil <https://www.institutocnvb.com.br/> (acesso em: 20 nov. 2019) disponibilizou em seu *site* alguns materiais interessantes que podem ajudá-lo na necessária prática da CNV, que consiste em 4 etapas:
> 1. Praticar uma observação clara e sem julgamento de valor.
> 2. Expressar sentimentos pessoais diante do que aconteceu.
> 3. Explicitar necessidades pessoais que não foram atendidas em determinada situação.
> 4. Elaborar um pedido ao outro que possa tornar a situação diferente de como foi ou evitar possíveis conflitos futuros.

Utilize os quadros a seguir para realizar a atividade proposta nas questões 2 e 3 e fique atento ao exemplo dado após a definição de cada etapa do processo da CNV.

COMUNICAÇÃO ASSERTIVA

UM OLHAR PARA OS PRIMEIROS PASSOS

OBSERVAÇÃO → SENTIMENTOS → NECESSIDADES → PEDIDO

OBSERVAÇÕES X JULGAMENTOS

OBSERVAÇÃO
São fatos que todos nós podemos observar.
O que você vê, ouve, escuta ou lembra, sem avaliações.
Ex: Ele entrou na sala às 9h15.

NÃO É OBSERVAÇÃO E SIM JULGAMENTO
- Quando usamos adjetivos. Ex: Ele foi egoísta.
- Quando diagnosticamos ou rotulamos." Ex. Você é irresponsável.
- Quando generalizamos e usamos "sempre", "nunca", todo mundo", ninguém". Ex: Você sempre se atrasa.

SENTIMENTOS X PENSAMENTOS

SENTIMENTO
Uma palavra que expressa a forma como estamos nos sentindo
Ex: Me sinto irritado

NÃO É SENTIMENTO E SIM PENSAMENTO
- Quando usamos pseudosentimentos. Ex: Estou me sentindo ignorado
- Quando usamos "que" Ex: Sinto que isso não faz sentido

NECESSIDADES X ESTRATÉGIAS

NECESSIDADES
- São universais, todos os seres humanos as compartilham.
- Não são atreladas a uma pessoa ou objeto.
- O que precisamos ou que é importante para nós.

ESTRATÉGIAS
A forma que encontramos para atender nossas necessidades.

PEDIDOS X EXIGÊNCIAS

PEDIDOS
São solicitações que podem ou não ser atendidas.
Devem ser específicos, mensuráveis, atingíveis, relevantes e limitados a um certo tempo.

EXIGÊNCIAS
São quaisquer solicitações em que não há aceitação do "não" como resposta.

www.institutocnvbrasil.com

Módulo 2

LISTA DE SENTIMENTOS

Essa lista é um compilado, revisado pelo Instituto CNV Brasil, das listas de distintos autores da CNV, incluindo Marshall Rosenberg.

QUANDO AS NECESSIDADES ESTÃO ATENDIDAS

- CALMO
- RELAXADO
- CONECTADO
- DESCANSADO
- RENOVADO
- CONTENTE
- FELIZ
- ALEGRE
- ANIMADO
- ESPERANÇOSO
- INSPIRADO
- ENERGIZADO
- ALERTA
- DISPOSTO
- GRATO
- EMPODERADO
- MOTIVADO
- CONCENTRADO
- CURIOSO
- INTERESSADO
- BEM-HUMORADO
- AMOROSO
- CENTRADO
- SEGURO
- ALIVIADO
- OTIMISTA
- SATISFEITO
- PLENO

QUANDO AS NECESSIDADES NÃO ESTÃO ATENDIDAS

- COM RAIVA
- FURIOSO
- ABORRECIDO
- EXAUSTO
- ESTAFADO
- DEPRIMIDO
- TRISTE
- SOZINHO
- DESENCORAJADO
- DESANIMADO
- DESESPERANÇOSO
- IRRITADO
- RECEOSO
- DESCONFORTÁVEL
- CHATEADO
- AGITADO
- FRUSTRADO
- DESCONCENTRADO
- SURPRESO
- TENSO
- COM MEDO
- PREOCUPADO
- PESSIMISTA
- CANSADO
- FRAGILIZADO
- ENVERGONHADO
- CONFUSO
- ANSIOSO

É possível que você conheça um SENTIMENTO que não está nesta lista. Fique à vontade para acrescentar. Deixamos a reflexão para que tenha clareza se esse é mesmo um sentimento ou pseudo-sentimento: Precisaria de outra pessoa ou coisa para que eu me sentisse assim?

www.institutocnvbrasil.com.br

LISTA DE NECESSIDADES HUMANAS UNIVERSAIS

Essa lista é um compilado, revisado pelo Instituto CNV Brasil, das listas de distintos autores da CNV, incluindo Marshall Rosenberg.

- HONESTIDADE
- AUTENTICIDADE
- INTEGRIDADE
- PRESENÇA
- AUTONOMIA
- ESCOLHA
- LIBERDADE
- ESPAÇO
- ESPONTANEIDADE
- EXPRESSÃO
- SIGNIFICADO
- COMPREENSÃO
- CELEBRAÇÃO
- CLAREZA
- CONTRIBUIÇÃO
- SENTIDO
- LUTO
- INSPIRAÇÃO
- REALIZAÇÃO
- EVOLUÇÃO
- ESPERANÇA
- APRENDIZADO
- DESAFIO
- DESCOBERTA
- CRIATIVIDADE
- VALORIZAÇÃO
- CRESCIMENTO
- CONEXÃO
- EMPATIA
- ACEITAÇÃO
- PERTENCIMENTO
- COOPERAÇÃO
- COMUNICAÇÃO
- INTERDEPENDÊNCIA
- COMPROMETIMENTO
- COERÊNCIA
- RECONHECIMENTO
- RESPEITO
- SEGURANÇA
- ESTABILIDADE
- APOIO
- SUPORTE
- AFETO
- CONFORTO
- CONFIANÇA
- SUSTENTABILIDADE
- PROTEÇÃO
- PAZ
- BELEZA
- COMUNHÃO
- BEM-ESTAR
- EQUIDADE
- HARMONIA
- INSPIRAÇÃO
- ORDEM
- EXPRESSÃO ESPIRITUAL
- LAZER
- DIVERSÃO
- HUMOR
- FACILIDADE
- VARIEDADE
- AR
- ÁGUA
- ALIMENTO
- MOVIMENTO
- DESCANSO/SONO
- EXPRESSÃO SEXUAL
- ABRIGO
- TOQUE
- SAÚDE

Pode ser que você reconheça uma necessidade que não está nesta lista. Lhe convidamos a sempre buscar ir à fundo e ir se perguntando "Ao conseguir isso, o que estarei ganhando?" Desta forma você vai encontrando a necessidade central do momento.

www.institutocnvbrasil.com.br

Disponível em: <https://www.institutocnvb.com.br/>. Acesso em: 20 nov. 2019.

Módulo 2

2. Agora, retome em sua memória a conversa desafiadora que teve e faça o exercício de imaginar como ela poderia ter acontecido se tivessem sido utilizadas as técnicas da CNV: observação, sentimentos, necessidades e pedido. Aquele que escutou a situação do colega deverá se certificar de que compreendeu todos os elementos do conflito, para que, então, ambos simulem a conversa desafiadora. Os dois alunos deverão tentar encontrar outro desfecho para o acontecimento e buscar uma solução concreta para ele. Não se esqueçam de praticar a *escutatória* e as dicas do psicanalista Christian Dunker.

3. Como vimos no texto sobre CNV, "usar as técnicas de Comunicação Não Violenta por vezes não é uma tarefa fácil. Depende de vontade, disposição e de um desejo de melhorar a si mesmo e às relações que desenvolvemos em nossa vida diariamente. É um exercício, um aprendizado consigo mesmo e com os outros". Alguns especialistas, inclusive, dizem que aprender a se comunicar de maneira efetiva é como andar de bicicleta: requer técnicas, treino e paciência, até que se torne algo natural.

Sua tarefa agora será a de elaborar um projeto para melhorar a sua comunicação com os outros. Como você pode se comunicar de forma mais empática de hoje em diante com seus colegas, com pessoas da sua família, com seus vizinhos, funcionários da sua escola etc.? No seu diário de bordo, estabeleça algumas metas:

a) quem serão as pessoas com quem você tentará praticar a CNV?

b) qual ou quais situações você gostaria de resolver com cada uma delas?

Pratique esses princípios ao longo de uma semana e prepare-se para compartilhar como foi esse exercício. Registre no seu diário de bordo quais foram os seus aprendizados e os principais desafios.

Biblioteca cultural

Há alguns jogos de tabuleiro que auxiliam no exercício da empatia. Um deles é composto de cartas para praticar as técnicas da CNV e é indicado para famílias, educadores, facilitadores e psicólogos.

Outro é o que tem como desafio descobrir qual foi a carta escolhida pelo narrador da rodada, o que requer bastante imaginação e empatia. É indicado para jogar em família ou entre amigos.

Recalculando rota

Karla Lessa Alvarenga Leal é major do Corpo de Bombeiros de Minas Gerais. Quando estava concluindo o Ensino Médio, prestou vestibular para Engenharia Química e fez a prova do concurso para o Corpo de Bombeiros. Foi aprovada em ambos e acabou optando pelo segundo caminho. Começou como cadete e fez quatro anos de curso de Formação de Oficiais. Ao longo dessa formação, fez diferentes cursos e se aproximou da aviação. Tornou-se, então, a primeira mulher comandante de helicóptero de bombeiros militar do Brasil e ficou conhecida por resgatar vítimas da tragédia do rompimento de uma barragem em Brumadinho, Minas Gerais, no início de 2019.

- O que você conhece sobre a profissão de bombeiro? Você já tinha ouvido falar de outras mulheres que atuam nessa área? Quais habilidades pessoais você considera que são importantes nessa profissão?

Atualmente a formação profissional de bombeiro pode ser civil ou militar. Para se tornar bombeiro civil, é preciso realizar um curso em uma das instituições oficialmente credenciadas ao Corpo de Bombeiros. O profissional, após a conclusão do curso, estará habilitado a atuar na prevenção de acidentes, na prestação de primeiros socorros e na inspeção de equipamentos. Já para se tornar bombeiro militar, é preciso ser aprovado em um concurso público composto de uma prova teórica e de uma avaliação física. O profissional, após a conclusão do curso, poderá atuar na busca e no salvamento em situações de emergência, no combate ao incêndio, em serviços técnicos e em atendimento pré-hospitalar.

Cartas do jogo criado por Jean-Louis Roubira em 2008. Em 2010, o jogo recebeu o prestigiado prêmio *Spiel des Jahres* (Jogo do Ano).

Módulo 2

Sonho que se sonha junto

Leia o trecho de uma entrevista concedida por Dominic Barter, britânico que faz uso da CNV para impactar comunidades em situações de vulnerabilidade no Brasil. Há quase 30 anos ele atua nos morros cariocas.

[...]
Colega e pupilo de Marshall Rosenberg, psicólogo precursor das pesquisas em CNV, Barter avalia que o conflito é um aspecto saudável de qualquer relação que vale a pena. "Se vale a pena, em algum momento a gente vai ter conflito".

Perguntado se é possível valorizar a empatia quando o outro não costuma ser prioridade, ele diz que a única resposta honesta é que "não sabemos". E alerta: "A ausência de diálogo – com nós mesmos, com o outro, na sociedade – está produzindo formas de viver insustentáveis. Não há futuro coletivo sem diálogo".

O que é Comunicação Não Violenta (CNV) e como a define?
É um processo de pesquisa e ação que busca criar as condições necessárias para que as pessoas possam colaborar e se entender, construindo as condições mais propícias para a vida, seja na relação delas com elas mesmas, seja nas relações interpessoais. Ou, no terceiro nível, seja na nossa atuação e nossa responsabilidade para criar e manter os sistemas sociais. A CNV é uma proposta de ver esses três elementos intimamente interconectados.

Tem alguns termos usados neste universo que acho importante esclarecer. Tem a mediação de conflitos, círculos restaurativos e a própria CNV. Onde se enquadra cada um?
Eu penso que Comunicação Não Violenta é como se fosse o sistema operacional, e mediação e justiça restaurativa são como programas desse sistema.

Como isso chega em você?
O que faço hoje em dia começou antes de conhecer a Comunicação Não Violenta. Eu tinha chegado ao Rio em 1992 e fiquei impressionado, como qualquer estrangeiro fica, com a beleza, a cultura e com as pessoas. Mas também profundamente chocado com a realidade social. Eu lembro que, se eu tivesse chegado em Johanesburgo [África do Sul] em 1992, estaria tão chocado quanto ao chegar ao Rio. Mas eu sabia o que era *apartheid*.

O que me chocou duplamente no Rio era o extremo *apartheid* social e o discurso das pessoas que encontrei de que, não, isso não existia. "Tem pobreza, tem violência, é difícil, mas é todo mundo junto."

E eu: "Mas como assim? Não tô vendo todo mundo junto, estou vendo terríveis abismos de entendimento entre diferentes grupos sociais". Eu vi isso se manifestar de muitas formas, mas não sabia o que fazer. Eu não tinha conhecimento, não tinha dinheiro, não tinha ONG, não tinha colegas, não tinha nem segundo grau completo e apenas 40 palavras de português...

[...]
Quando você subia os morros, o que você tinha em mente?

Contraintuitivamente se eu fizesse aquilo que me dava mais medo eu iria, na verdade, me tornar mais seguro. Se eu me aproximasse do que me era apresentado como sendo uma ameaça, conhecendo as pessoas do outro lado, talvez essa ameaça se transformasse. Queria testar essa hipótese.

[...]
E como você foi moldando tudo isso?

O desafio maior para mim era vibrar com a perturbação de uma outra pessoa, ser solidário com uma experiência de tensão, de ameaça ou de conflito. Como você se conecta com alguém que está passando por alguma dificuldade? E a tentativa de fazer isso, de ouvir essa dificuldade, se desenvolveu nos círculos restaurativos, que acabaram sendo a primeira prática de justiça restaurativa brasileira, depois de nove anos de experimentação no nível comunitário, algo que foi solicitado pelo Ministério de Justiça nos primeiros projetos piloto de justiça restaurativa da Secretaria da Reforma do Judiciário. E, de repente, a gente estava fazendo isso, algo desenvolvido por mim e essas crianças de sete, oito anos, dentro da vara de infância, dentro da Fundação Casa etc.

[...]
A questão da empatia é fundamental nesse processo da CNV?

Tanto o aumento da verdade quanto o aumento da empatia. Um sem o outro cria desequilíbrio. Quando a gente fala de Comunicação Não Violenta estamos falando no equilíbrio entre os dois. Na CNV, conexão é o meio e não o fim. O fim é a ação que reforça aquilo que serve à vida e transforma aquilo que não serve à vida. A empatia é entendida como um dos nossos meios mais poderosos para criar condições para a mudança acontecer.

A sensação que tenho, até pelo modo de vida que temos, pelo sistema que nos rege, é que a empatia está retraída. Existe uma dificuldade de exercer a empatia?

Quero tomar cuidado com a palavra dificuldade. Parece uma patologia a ausência de empatia. Na verdade, acho que é uma resposta sensata a uma sociedade punitiva em que assumir seu poder, influência e capacidade de transformar é perigoso.

Sistema operacional: conjunto de programas que servem de base para a comunicação entre o computador e os demais programas.
Justiça restaurativa: técnica de solução de conflito e violência, processo colaborativo em que as partes envolvidas determinam a melhor forma de reparar um dano.
Apartheid: regime de segregação racial implementado na África do Sul por meio de legislação e ações concretas de 1948 até 1994.
Contraintuitivamente: contrário ao instinto ou ao que seria naturalmente evitado.
Fundação Casa: Fundação Centro de Atendimento ao Adolescente ligada ao Governo do Estado de São Paulo, tem como função oferecer medidas socioeducativas para adolescentes que cometeram algum tipo de infração.

97

Módulo 2

Vou ilustrar: posso falar do número de moradores de rua no centro de São Paulo que teve um aumento substancial. Acabamos normalizando a realidade social. Isso é fruto de uma série de desigualdades que levam àquela situação. Mas se torna uma realidade em que a empatia se retrai, afinal, não damos conta de ajudar a todos...

A gente se protege contra os sentimentos intensos. Porque o que angustia tanto quem pede esmola quanto quem recebe o pedido de esmola é que a esmola é pouco para transformar a realidade dessa pessoa. Você sabe que a esmola faz com que a pessoa sobreviva até o novo pedido de esmola. Então, a situação cansa nossa capacidade empática porque cansa nossa fé de que o que se faz está ajudando.

Então, a Comunicação Não Violenta tem no seu terceiro aspecto prático criar conversas que possibilitam que a gente comece a desenhar os novos conjuntos coletivos necessários para cuidar da nossa vida comunitária, de uma forma que não deixe as pessoas excluídas de aprendizagem, de justiça, de comida, seja qual for a lacuna sistêmica que está gerando o comportamento que a gente gostaria de transformar.

[...]

Temos o exemplo das eleições, em que o formato promovia mais o debate e a não escuta. É possível mudar essa lógica?

Precisamos experimentar para saber. As plataformas dominantes têm promovido um impressionante aumento de expressão. Resta agora estimularem igualmente a escuta.

É possível mudar essa lógica num sistema em que o outro não costuma ser a prioridade?

Talvez a única resposta honesta possível para esta pergunta neste momento é que não sabemos. Porém, se vamos sobreviver às transformações ecológicas e tecnológicas em curso, de uma forma ou outra nós vamos precisar descobrir.

A ausência de diálogo – com nós mesmos, com o outro, na sociedade – está produzindo formas de viver insustentáveis. Não há futuro coletivo sem diálogo.

Disponível em: <https://exame.abril.com.br/brasil/dominic-barter-para-viver-em-democracia-e-preciso-fazer-as-pazes-com-o-conflito/>. Acesso em: 21 nov. 2019.

1. Dominic Barter diz, na entrevista que você leu, que "o conflito é um aspecto saudável de qualquer relação que vale a pena. 'Se vale a pena, em algum momento a gente vai ter conflito'". Você concorda com a opinião dele?

2. O entrevistado afirma que, ao realizar trabalhos de círculos restaurativos nos morros cariocas utilizando a CNV, o seu maior desafio era o de se conectar às dificuldades e às experiências de conflito daquelas pessoas que viviam em uma realidade completamente diferente da dele.
Você já teve a experiência de se sentir conectado ao conversar com alguém que estava passando por uma situação completamente diferente das que você já vivenciou? Caso responda que sim, como foi? Como foi a forma como você se comunicou?

3. Segundo Dominic Barter, qual é a maior "dificuldade" para o exercício da empatia e quais são as possíveis soluções para lidar com isso?

4. Você acredita que mudanças na forma como nos comunicamos e o exercício da empatia podem ajudar a resolver situações de conflito que afetam o coletivo?

Hora do debate!
Resolvendo um conflito histórico usando a CNV

Dominic Barter afirma, na entrevista, que "[...] a ausência de diálogo – com nós mesmos, com o outro, na sociedade – está produzindo formas de viver insustentáveis. Não há futuro coletivo sem diálogo". Considerando que a história humana é marcada por diversos conflitos, guerras e violência, a tarefa agora será colocar em prática os aprendizados adquiridos sobre CNV e buscar possíveis soluções para um conflito real histórico. Primeiro, a sala deverá escolher um tema para realizar a atividade. Veja ao lado algumas sugestões:

1. Primeira Guerra Mundial
2. Segunda Guerra Mundial
3. Guerra do Iraque
4. Guerra do Vietnã
5. Guerra das Malvinas
6. Primeira Guerra do Líbano
7. Guerra de Canudos
8. Guerra do Paraguai
9. Guerra dos Farrapos

1. Após a escolha do tema, dividam-se em grupos e cada um deverá escolher uma das funções abaixo.
   a) Grupo que representará o lado A ou B do conflito, sob a perspectiva política (até 4 alunos).
   b) Grupo que representará o lado A ou B do conflito, sob a perspectiva social (até 4 alunos).
   c) Grupo que representará o lado A ou B do conflito, sob a perspectiva de um cidadão comum (até 4 alunos).
   d) Jurados (até 4 alunos): determinarão qual argumentação pareceu mais coerente para a resolução do conflito.
   e) Moderadores do debate (2 alunos): deverão se manter neutros ao longo do debate, organizando o ambiente de forma respeitosa e se certificando de que os participantes estão fazendo uso das técnicas da CNV.
   f) Grupo de jornalistas (até 4 alunos): farão a cobertura jornalística do debate, preparando uma apresentação em forma de texto, vídeo ou *podcast*.

2. No dia do debate, é importante seguir algumas regras.
   a) Todos os alunos deverão vir preparados para desempenhar suas funções.
   b) Será permitido utilizar anotações como base para o debate.
   c) O objetivo do debate é a apreciação de diferentes ideias, a busca por possíveis soluções, a escuta atenta e o exercício de técnicas da CNV.
   d) Todos os participantes deverão agir de maneira respeitosa e aguardar o comando de um dos mediadores para se expressar.
   e) Cada grupo (A e B) terá a oportunidade de apresentar os seus argumentos no total de 20 minutos, organizando-se para que todos tenham voz. Um grupo poderá fazer perguntas ao outro ao final de cada apresentação.
   f) O debate terá a duração total de 50 minutos.
   g) Os juízes serão os responsáveis por definir qual solução apresentada seria a mais coerente para a resolução do conflito e terão 5 minutos para apresentar a conclusão.
   h) A equipe de jornalismo definirá como o debate será noticiado para as outras turmas da escola.

Módulo 2

Capítulo 4

PÉS NO CHÃO, PÉS NAS NUVENS

Inspira!

O que empatia tem a ver com vida profissional? Acredite: o jovem Vitor Belota, que você vai conhecer agora, fez da empatia, de suas preocupações sociais, de seu cuidado com o outro uma carreira de sucesso.

[...] natural de Brasília, [Vitor Belota] adora usar metáforas, frases de efeito e citações para explicar o que faz da vida. Mas não é só um homem de palavras bonitas, muito pelo contrário. Suas ações é que costumam defini-lo melhor. Vitor fundou em 2013 a Litro de Luz, uma ONG que tem como missão levar luz para comunidades sem acesso à energia elétrica ou sem infraestrutura de iluminação pública. A tecnologia utilizada pela Litro consiste em fabricar lâmpadas de baixo custo utilizando garrafas pet, enchendo-as com água e alvejante para que a luz solar incida sobre o líquido e ilumine o ambiente.

Além disso, a organização especializou-se na instalação de postes de PVC de baixo custo com placas solares capazes de armazenar até 32 horas de energia, acendendo lâmpadas de led dentro de garrafas. O projeto já está presente nas cinco regiões do país e estima-se que já impactou mais de 6 mil pessoas. "O maior motivo do Litro de Luz ter dado certo é porque ele faz algo que ninguém fazia", diz Vitor. "Ninguém trabalhava com iluminação pública no terceiro setor, o que é impressionante. Não reinventamos a roda nem nada."

Na página **198** ao final do seu livro, você encontrará os objetivos e as justificativas das atividades deste capítulo, bem como a identificação das competências gerais e específicas e das habilidades da BNCC.

Biblioteca cultural

Conheça uma organização internacional que atua hoje em mais de 20 países. No Brasil, a Litro de Luz já impactou diretamente milhares de pessoas. Pesquise sobre esse projeto por meio de *sites* de busca disponíveis na internet.

---

terceiro setor: Organizações de iniciativa privada, sem fins lucrativos, e que prestam serviços de interesse público.

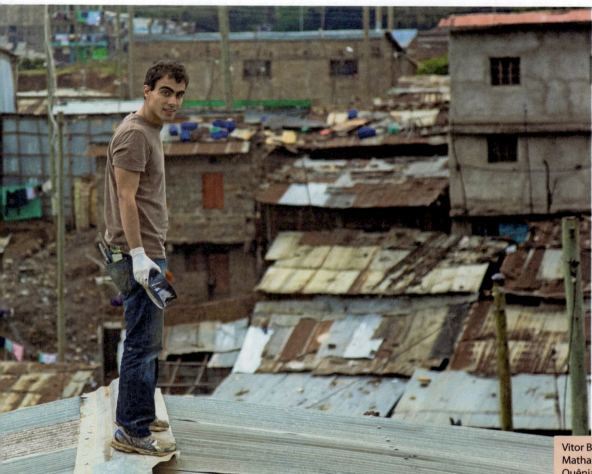

Vitor Belota Gomes na favela Mathare, em Nairóbi, no Quênia, em agosto de 2014.

A ideia para o projeto veio quando Vitor realizou um intercâmbio para o Quênia [país na costa leste do continente africano], onde atuava como professor em comunidades carentes. "Eu queria fazer algo de útil, não simplesmente continuar trabalhando para deixar o meu chefe mais rico. A iluminação pública não era exatamente uma paixão minha", lembra. "Como todo tipo de empreendedorismo, o da área social também se orienta por oportunidades. Ou ela se apresenta, ou você identifica as necessidades não atendidas. No meu caso, o problema se apresentou. Vi o quanto era difícil dar aula em uma sala escura ou chegar em casa e não poder estudar por falta de iluminação. Mas depois que o projeto ganhou maturidade e começou a caminhar bem, vi que não queria passar o tempo inteiro ali também."

"Certa vez o Litro ganhou um prêmio na Inglaterra e uma das juízas do evento perguntou para mim: 'Vitor, quando você vai parar de instalar postes e maximizar seu impacto?' É claro que para parar de instalar postes é necessário que você já os tenha instalado antes na sua vida. Mas a questão é que você não pode cair no comodismo de não expandir seu impacto se você tem a oportunidade de fazê-lo", conta o empreendedor.

Dito e feito, Vitor se afastou um pouco do dia a dia do Litro de Luz, embora permaneça na presidência do Conselho da instituição. "Eu sempre gostei de inspirar as pessoas a seguirem uma trajetória de empreendedorismo social, de causar impacto", diz ele, que hoje persegue essa paixão atuando como gerente de comunidade do Civi-co, um espaço de inovação inaugurado no final do ano passado que reúne negócios e organizações sociais em um moderno prédio de 5 andares no bairro de Pinheiros, em São Paulo.

> Intercâmbio educacional consiste na experiência de estudar, geralmente, fora do país de origem, a fim de aprender uma nova língua, conhecer uma cultura diferente e desenvolver outras habilidades. Um intercâmbio pode ter fins educacionais, profissionais ou mesmo pessoais.

> Em uma instituição, é um corpo de membros eleitos (ou indicados) que supervisiona as atividades dessa instituição.

101

Módulo 2

Hoje, já trabalham por lá 44 organizações, como a aceleradora Instituto Quintessa, a plataforma de inovação em sustentabilidade *Sustainable Brands* e a entidade de combate à corrupção Transparência Internacional.

"Eu me sinto muito confortável nesse ambiente de comunicar, conectar pessoas, fomentar esse ecossistema de impacto social. E isso está fazendo bem para mim. Conheço umas 5 ou 6 pessoas que querem mudar o mundo por dia, gente que não fica só em casa reclamando. Isso te faz levar uma vida mais otimista", diz Vitor.

"É claro que não acredito que minha geração vai resolver todos os problemas sociais do mundo, mas a gente precisa caminhar nesse sentido", pondera. "Afinal, para que serve uma utopia? Você caminha dez passos e ela se afasta dez passos. Você nunca a alcança. No final, a utopia serve apenas para te manter sempre caminhando."

Disponível em: <http://revista.usereserva.com/2018/03/19/vitor-belota-litro-de-luz/>. Acesso em: 21 nov. 2019.

Biblioteca cultural

Faça uma pesquisa na internet sobre o Instituto Quintessa usando um *site* de busca.

Saiba mais sobre a plataforma *Sustainable Brands* pesquisando na internet.

Leia sobre Transparência Internacional acessando o endereço dessa organização na internet por meio de um *site* de busca.

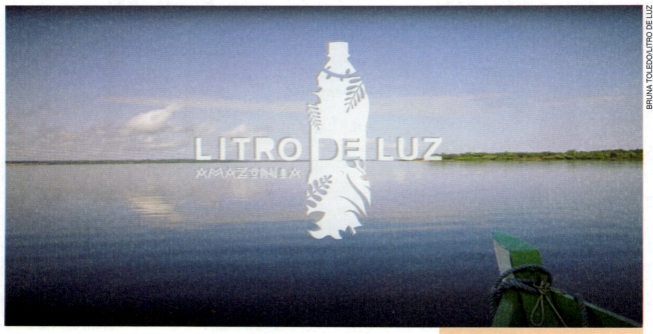

Foto da *Ação do Litro de Luz Brasil* nas comunidades ribeirinhas da Amazônia, realizada em setembro de 2016.

QUEM?

Vitor Belota é um brasiliense inquieto. Ele se formou em Administração e depois em Direito em universidades públicas de Santa Catarina. Fundou, em 2013, a ONG Litro de Luz Brasil. Em 2015, Belota foi convidado para ser gestor regional da Yunus Negócios Sociais, do Nobel da Paz Muhammad Yunus. Participou também da fundação do CIVI-CO, espaço de coworking que tem como objetivo promover impacto social. Hoje, Vitor trabalha como consultor na área de impacto.

Modelo de trabalho que tem como base o compartilhamento de espaço e de recursos de escritório, reunindo pessoas com diferentes atividades profissionais.

É o profissional que faz diagnóstico e propõe soluções acerca de um assunto ou especialidade.

E eu com isso?

1. Vitor Belota afirma que todo tipo de empreendedorismo "se orienta por oportunidades". Essa "necessidade não atendida", segundo ele, pode ser "apresentada" ou "identificada".

   a) Pense coletivamente: que "necessidade não atendida" de sua comunidade já foi "apresentada" a você ou "identificada"?

   b) Se você fosse um empreendedor, como Vitor Belota, o que proporia que fosse feito para cuidar dessa "necessidade não atendida"?

2. O empreendedor conta que, ao ganhar um prêmio na Inglaterra, uma das juízas desse evento o provocou com a pergunta: "Vitor, quando você vai parar de instalar postes e maximizar seu impacto?".

   a) O que você acha que significa "maximizar impacto"?

   b) Que importância você acha que isso pode ter para uma ONG?

3. Vitor diz que sempre gostou "de inspirar as pessoas a seguirem uma trajetória de empreendedorismo social, de causar impacto". Você se sentiu inspirado pelo empreendedor? De que forma?

4. Vitor trabalha em um ambiente que o leva a ter uma "vida mais otimista", segundo ele. Martin Seligman, que você conheceu no Capítulo 2 deste Módulo, há 30 anos tem se dedicado a estudar os benefícios de um comportamento positivo nas pessoas. Como já foi visto, esse pesquisador estadunidense sempre se incomodou com a quantidade de estudos realizados na Psicologia acerca das doenças mentais e com os poucos estudos focados nos efeitos que uma perspectiva otimista tem sobre a vida das pessoas. Os inúmeros estudos que Seligman realizou ao longo de sua vida acadêmica mostram, entre outras coisas, que é possível alterar o comportamento de uma pessoa a fim de torná-la mais otimista. E você, acredita nisso? Você é otimista? Acha que é possível transformar-se em otimista?

5. Como você viu no Capítulo 4 do Módulo 1, segundo o Sebrae, um empreendedor tem como principais características: otimismo, autoconfiança, coragem, persistência e resiliência. Use *sites* de busca disponíveis na internet para pesquisar sobre a vida de Vitor Belota e descubra se ele tem essas características essenciais a um empreendedor.

6. No final do texto, Belota faz uma paráfrase de um pensamento do cineasta argentino Fernando Birri, citado por Eduardo Galeano, escritor já mencionado neste livro:

   > A utopia está lá no horizonte. Me aproximo dois passos, ela se afasta dois passos. Caminho dez passos e o horizonte corre dez passos. Por mais que eu caminhe, jamais alcançarei. Para que serve a utopia? Serve para isso: para que eu não deixe de caminhar.

   Fernando Birri citado por Eduardo Galeano. In: GALEANO, Eduardo. Las palabras andantes. Madri: Siglo XXI, 1994. p. 310.

   Utopia diz respeito a um lugar imaginário, uma sociedade com sistemas social, econômico e político ideais, com leis justas e líderes preocupados com o bem-estar da coletividade. Qual é a sua utopia? De que forma você pretende transformá-la em realidade, como fez Vitor Belota?

Biblioteca cultural

Você sabe o que é a Doebem? Essa plataforma procura conectar doadores a organizações sem fins lucrativos efetivas. A ideia dessa iniciativa nasceu em 2016 quando seus fundadores faziam um curso de empreendedorismo na Califórnia. Inspirados no movimento Altruísmo Eficaz, decidiram trazer para o Brasil a ideia de que decisões sobre como ajudar devem ser embasadas em evidências claras de impacto e estudos científicos. Conheça mais sobre o Doebem usando um *site* de busca da internet.

Módulo 2

Preparando o terreno

Futuro do presente

O mundo está mudando em velocidade muito rápida devido aos inúmeros avanços tecnológicos, especialmente a inteligência artificial. Isso afeta não somente as relações humanas, mas também as profissões e o mercado de trabalho. Você já parou para pensar sobre as competências socioemocionais e os conhecimentos necessários para a adaptação a um cenário como esse? Será que disputaremos vagas de trabalho com robôs? Ou será que os atributos humanos se tornarão cada vez mais necessários? Leia a seguir uma reportagem que aborda esse tema e, em seguida, realize as atividades propostas.

> **Veja as profissões do futuro e aquelas que vão deixar de existir**
>
> *Avanço da inteligência artificial vai mudar mercado de trabalho*
> Luísa Torre
>
> Quando se pensa em futuro, carros voadores e robôs inteligentes parecem uma realidade tão longe quanto os anos 3000. Mas isso pode estar mais perto do que imaginamos. Especialistas acreditam que a inteligência artificial vai mudar a nossa forma de viver e de trabalhar em vinte anos.
>
> Com isso, profissões como atendente de *telemarketing* e caixa de banco vão desaparecer quando os robôs evoluírem o bastante para manter uma conversação ágil e que faça sentido com o ser humano, além de tomarem decisões. Por outro lado, *designer* de realidade virtual e editor de DNA são novas profissões que vão ganhar muito mercado.
>
> Máquinas capazes de coletar informações e tomar decisões, ou seja, com inteligência artificial vão mudar totalmente o mercado de trabalho, acredita a consultora em inovação, Luciane Aquino. Para ela, todas as profissões que têm tarefas repetitivas estão ameaçadas.
>
> "Estamos a vinte anos de que a inteligência artificial funcione de forma importante. Nesse período vamos assistir a robôs substituindo humanos em tarefas repetitivas. Atendente de *telemarketing*, caixa de supermercado, cobrador de ônibus, há uma tendência forte de que tudo isso acabe", afirma.
> [...]
>
> **HUMANOS**
>
> Pode parecer catastrófico, mas para o vice-presidente acadêmico de uma empresa educacional, Maurício Garcia, todas as atividades criativas vão ser valorizadas. E todo mundo vai continuar precisando de médico, veterinário, dentista – a forma como esses profissionais atuam é que vai mudar.
>
> "Em vinte anos os produtos vão ser mais customizados do que são hoje. E isso vai dar margem a outros tipos de profissões e ocupações que hoje não existem."
>
> Os robôs vão fazer muita coisa, mas nunca vão substituir totalmente o homem, explica Anna Cherubina Scofano, professora dos MBAs da FGV. "O diferencial do ser humano é a criatividade, a inovação. Você pode até preparar um robô para responder, interagir, para trabalhar com agilidade. Mas as informações com que ele trabalha, alguém precisa criar", observa.

O QUE VAI SURGIR

DESIGNER DE REALIDADE AUMENTADA

O *designer* de realidade aumentada vai trazer para a visão, de uma forma virtual, mais informações que aquele espaço físico tem à primeira vista. Dentro da mesma lógica, vão surgir os curadores de obra de arte para realidade aumentada. O trabalho vai desde *games*, entretenimento, até conversar através de holograma.

PESQUISADOR EM BIOTECNOLOGIA

A Namomedicina e a Nanorrobótica, combinadas com a inteligência artificial, vão trazer uma revolução para a Medicina. Robôs em forma de comprimido oral ou injetáveis vão mapear problemas, despejar drogas, escanear órgãos e fazer exames internos, além de desentupir artérias e identificar e destruir células cancerosas, vírus, bactérias.

BIOQUÍMICO DE NANOTECNOLOGIA

A inteligência artificial, no campo dos medicamentos, irá elaborar medicamentos que vão tratar, em uma pílula, a doença específica de cada humano. O bioquímico de Nanotecnologia é um farmacêutico diferente do que está no mercado. A inteligência artificial vai ler as doenças e o bioquímico vai criar os medicamentos para combatê-las.

EDITOR DE DNA

Editar partes defeituosas do DNA substituindo por partes saudáveis será possível com tecnologias inteligentes. A técnica será feita por profissionais de saúde que se especializarem em entender como funciona a genética.

DESIGNER DE IMPRESSÃO 3D

A impressora de 3D hoje é realidade dentro das empresas, principalmente para criar moldes e protótipos. Mas, no futuro, elas vão imprimir células e órgãos vivos ou até mesmo comida. Será necessário que *designers* saibam projetar esse tipo de produto.

DESENVOLVEDOR E TÉCNICO DE DRONES

Agricultura, indústria, entregas, lazer, transporte. Em vinte anos, os drones estarão em todos os setores da economia, seja reduzindo o uso de agrotóxicos nas lavouras, seja monitorando os processos de produção ou levando compras para os consumidores. O profissional que desenvolve e faz a manutenção de drones vai ter muita demanda.

ESTRATEGISTA DE *BIG DATA*

Com cada vez mais informação sobre o comportamento humano, será necessário um profissional para organizar e criar estratégias a partir da coleta e interpretação de dados feitos pelas máquinas. O estrategista de *big data* consegue minerar os dados e tirar inteligência disso.

ENGENHEIRO DE DADOS

O engenheiro de dados é quem vai criar os algoritmos de inteligência artificial. É um profissional que já existe, mas que terá muito mais importância.

ANALISTA DE OTIMIZAÇÃO

É o profissional que faz otimização de buscas na internet, identifica os melhores caminhos e as melhores informações para o cliente e para as empresas.

O QUE VAI SUMIR

ATENDENTE DE *TELEMARKETING*

Hoje, as máquinas já conversam com os clientes no lugar de atendentes de *telemarketing*. [...] Com o avanço da inteligência artificial, o próprio sistema cria os parâmetros de decisão e toma decisões em uma conversa inteligente. [...]

CAIXA DE SUPERMERCADO

[...] Em poucos anos, o consumidor vai passar os produtos em um leitor e o sistema vai dar a opção de fazer pagamento. Ainda, possivelmente, vai te perguntar o que você não encontrou e questionar por que não está levando o iogurte de todas as semanas.

PHONLAMAI PHOTO/SHUTTERSTOCK

105

Módulo 2

ANALISTA DE CRÉDITO

Assistente de empréstimos e analista de crédito são profissões que vão deixar de existir com a evolução da tecnologia. A inteligência artificial entra no sentido de entender a necessidade do cliente e calcular os riscos para trazer simulações e taxas de juros cobradas do cliente.

TRABALHADOR RURAL

O trabalhador braçal, especialmente no campo, vai sumir em vinte anos. As máquinas vão arar, plantar, monitorar, determinar quando irrigar e fazer as colheitas.

MOTORISTA

Carros autônomos já são realidade, e em vinte anos digirir estará fora de moda para os humanos. Se confirmarmos a tese de que mais de 90% dos acidentes são causados por falha humana, talvez os humanos sejam até mesmo impedidos de dirigir.

ESTOQUISTA

O trabalho de estoquista vai acabar. Hoje, já existe tecnologia que detecta a baixa no estoque quando o produto é passado no caixa, por exemplo, de um supermercado. Assim que o produto é pago, o sistema já aciona a compra.

Disponível em: <https://www.gazetaonline.com.br/noticias/economia/2017/09/veja-as-profissoes-do-futuro-e-aquelas-que-vao-deixar-de-existir-1014100279.html>. Acesso em: 23 jan. 2020.

1. O texto cita algumas profissões que "vão continuar existindo firmes e fortes" porque envolvem cuidados humanos, criatividade e inovação. Ao mesmo tempo, a autora apresenta pontos que indicam para um futuro no qual diversas profissões poderão deixar de existir ou precisarão, no mínimo, se reinventar. Faça uma pesquisa em casa e cite algumas profissões do seu interesse que não foram citadas no texto que, possivelmente, serão substituídas por robôs no futuro ou que desaparecerão. Inspire-se nas histórias que leu nos boxes **Recalculando rota** e responda: que "plano B" você teria, caso sua escolha tivesse de mudar? Anote tudo em seu diário de bordo.
2. Se pudesse programar um robô capaz de exercer uma profissão ou atuar em uma área de seu interesse, quais habilidades humanas você procuraria incorporar nele?
3. A autora apresenta algumas profissões que poderão surgir no futuro, como designer de realidade aumentada e editor de DNA. Quais outras profissões você imagina que poderão surgir a partir das demandas da atualidade?

Biblioteca cultural

Há diversas obras no campo artístico que problematizam a substituição da mão de obra humana e a interação entre pessoas e robôs. Mergulhe nelas! Vale a pena.

• O romance *Admirável mundo novo*, de Aldous Huxley, foi publicado originalmente em 1932 e, mesmo assim, continua atual. A obra apresenta um mundo distópico, no qual seres humanos são criados em laboratório, anestesiados para obedecer a ordens.

• O filme *A.I. – Inteligência artificial*, dirigido por Steven Spielberg (2001), conta a história de um robô-criança com inteligência artificial adotado por uma família. A narrativa traz à tona a possibilidade da criação de máquinas com sentimentos humanos e seus sofrimentos.

Neste Módulo, falamos muito sobre nossa relação com o outro e sobre a necessária empatia para garantir uma relação saudável. Conheça a seguir quatro profissões, e diferentes trajetórias, em que a empatia é habilidade-chave para a prática delas.

Sou professora

A professora Cristiane Dias. Foto sem data.

"O título do meu trabalho é *We speak the same language – Nós falamos a mesma língua*, em tradução para o português –, porque quando se fala de imigrantes nós precisamos falar uma língua em comum e, muitas vezes, essa língua vai além do inglês. É a língua do respeito, da tolerância, da empatia. A ideia do meu projeto surgiu porque Criciúma é uma cidade que se fundou em cima da imigração. De 2014 para cá voltamos a receber uma nova onda de imigrantes, principalmente ganeses e haitianos."

Disponível em: <https://www.youtube.com/watch?v=7WvGpBqszkU>. Acesso em: 22 nov. 2019.

Cristiane Dias é professora de língua estrangeira em uma escola pública de Criciúma, Santa Catarina. Em 2018, foi vencedora do Prêmio Educador Nota 10 em reconhecimento ao seu trabalho, no qual discutiu com seus alunos os conceitos de preconceito, xenofobia e como fazer uso da língua inglesa para ajudar os imigrantes que chegam à cidade.

O Prêmio Educador Nota 10 reconhece anualmente profissionais da educação que se destacaram por suas práticas inovadoras de ensino.

Como faço para me tornar professor ou professora?

Há diferentes formas de se tornar professor. A mais comum é se graduando em um curso superior de Licenciatura, tal como Geografia, Letras, Química e Matemática. Outra forma é cursando Pedagogia, o que possibilita que o profissional atue também na área de gestão escolar. Para se tornar professor universitário, é preciso obter um diploma de pós-graduação, como mestrado ou doutorado.

O que aprenderei no curso de Pedagogia?

O curso de Pedagogia tem duração média de três anos e pode ser feito de forma presencial ou por EAD. O aluno tem aulas de Políticas Públicas Educacionais, Metodologias de Ensino, Didática e Psicologia. O curso conta com Práticas de Ensino (estágios profissionais) obrigatórias ao longo da graduação.

Onde poderei trabalhar?

O professor pode atuar dando aulas particulares, em escolas públicas e privadas e, se tiver mestrado ou doutorado, em universidades (presencialmente ou por EAD). Pode também ser assessor pedagógico de sua área de conhecimento, especializar-se em gestão educacional ou trabalhar no ramo editorial, como editor, leitor crítico ou autor de materiais didáticos.

Módulo 2

Uma pioneira

Débora Seabra de Moura foi a primeira professora brasileira com Síndrome de Down. Trabalha em uma escola em Natal, Rio Grande do Norte, como auxiliar de classe do Ensino Fundamental. Lançou um livro de fábulas infantis cujo tema é superação e amizade. Hoje é também vice-diretora da Federação Brasileira das Associações de Síndrome de Down.

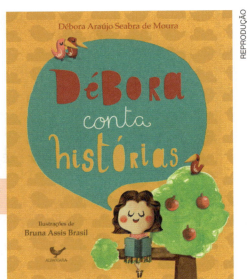

Capa do livro *Débora conta histórias*, de autoria de Débora Araújo Seabra de Moura.

Por dentro da carreira de professor

A série catalã de televisão *Merlí* conta a história de um professor de Filosofia do Ensino Médio. Ao exibir a rotina desse professor e sua vida pessoal, a série mostra como um profissional de educação pode inspirar seus alunos e ensiná-los a ver o mundo de uma forma muito mais interessante e complexa.

Cena da série *Merlí*, dirigida por Eduard Cortés, 2015.

Desafio

- Qual foi o professor que mais marcou a sua vida? Por quê? Que características ele possuía que o diferenciavam dos demais? Você já pensou em ser professor?

- A única maneira de ingressar em uma faculdade é por meio do vestibular? Pesquise e anote em seu diário de bordo. Depois, compartilhe com seus colegas o resultado de sua pesquisa.

Sou fisioterapeuta

O fisioterapeuta Felipe Fagundes. Foto sem data.

"Nós precisamos ter a humildade de entender que a melhora do paciente deriva de uma série de fatores, não só da técnica que aplicamos, precisamos entender o lado humano do paciente também.

Disponível em: <https://unitau.br/noticias/detalhes/3382/ex-aluno-da-unitau-volta-a-universidade-para-bate-papo-com-alunos/>. Acesso em: 22 nov. 2019.

Felipe Fagundes é fisioterapeuta formado por uma universidade privada de Taubaté, interior de São Paulo. Ao longo da graduação, ele fez parte do projeto Rondon, uma iniciativa interministerial que tem como objetivo o desenvolvimento de ações sustentáveis e a promoção de cidadania em comunidades brasileiras. O objetivo do projeto também é fomentar em universitários brasileiros a responsabilidade social. Ao se graduar, Felipe abriu um consultório de fisioterapia, começou a trabalhar em uma clínica e também fundou uma *startup* cujo foco é a produção de vídeos sobre fisioterapia.

Como me torno fisioterapeuta?

O curso de Fisioterapia é presencial, está ligado à área de Ciências Biológicas e Saúde e tem duração média de 4 anos. O ingresso é, em geral, por meio do vestibular, e há cursos em faculdades públicas e particulares.

O que aprendo no curso de Fisioterapia?

A Fisioterapia estuda o movimento do corpo humano. O aluno aprende, por exemplo, como determinados movimentos podem ser responsáveis por causar dores, estuda formas de melhorar a postura física e de corrigir os hábitos que possam estar desencadeando determinados sintomas. O curso é composto de disciplinas como Biologia, Anatomia, Patologia, Fisiologia, Traumatologia e Ortopedia. Do segundo ano em diante, o aluno precisa realizar diversos estágios práticos para que possa aprimorar seus aprendizados.

Módulo 2

Onde poderei trabalhar?

O campo de possibilidades do fisioterapeuta é amplo, podendo atuar em todas as áreas da Medicina e em outros setores da saúde. Pode ser focado no atendimento a problemas ortopédicos, no acompanhamento de pacientes internados em estado grave em hospitais, no auxílio respiratório, na reabilitação de idosos ou no acompanhamento de deficientes físicos, na fisioterapia esportiva e nos cuidados pré e pós-operatórios de pacientes.

Fisioterapia e Segunda Guerra Mundial

A profissão de fisioterapeuta está regulamentada no Brasil há mais de 4 décadas. Antes disso, o serviço de fisioterapia era prestado por profissionais de saúde, conhecidos como "médicos de reabilitação".

Com o advento da Segunda Guerra Mundial, a prática de recuperação dos feridos de guerra fez com que a Fisioterapia se desenvolvesse mais rapidamente e seus profissionais fossem valorizados em todo o mundo. Depois desse evento, a área passou a ter maior reconhecimento e especialização e os fisioterapeutas iniciaram um processo de aperfeiçoamento por meio de cursos de capacitação específicos, a fim de que pudessem atender as pessoas de forma qualificada.

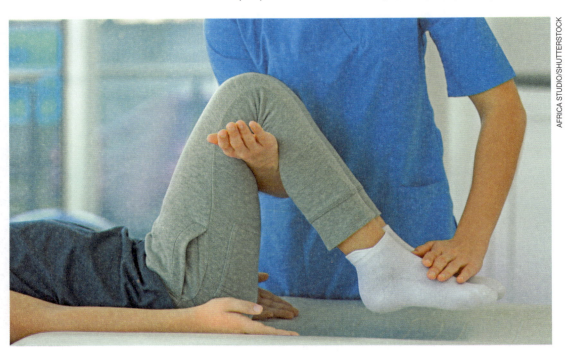

Por dentro da carreira de fisioterapeuta

A Associação de Assistência à Criança Deficiente (AACD) está entre os mais renomados hospitais de ortopedia no Brasil e é referência nos cuidados e no tratamento de deficientes físicos. Além da reabilitação física, auxilia deficientes no ingresso ao esporte paraolímpico. A AACD possui um canal *on-line* de vídeos para divulgar informações sobre os atendimentos multidisciplinares realizados no hospital e para tirar dúvidas sobre as diferentes especialidades na reabilitação física, incluindo o trabalho do fisioterapeuta. Conheça a AACD acessando o *site* da instituição.

Sou cabeleireiro

"Não é "só cortar o cabelo". O primeiro morador de rua que atendi conseguiu um emprego, parou de beber, procurou a família. Então com uma atitude pequena para alguns, a pessoa volta a se sentir útil [...]. Eu realmente acredito que fazendo o que faço, além de ajudar as pessoas, eu também abro portas para elas. As palavras de agradecimento que recebo em troca se transformam em combustível."

Disponível em: <https://g1.globo.com/sp/sao-jose-do-rio-preto-aracatuba/noticia/2019/07/13/ex-morador-de-rua-se-torna-cabeleireiro-e-passa-a-cortar-cabelo-de-pessoas-carentes-forma-de-retribuir-a-ajuda-que-tive.ghtml>. Acesso em: 22 nov. 2019.

Rafael Soares da Câmara é cabeleireiro em Penápolis, interior de São Paulo. Quando criança, em São Paulo, foi morador de rua e era ajudado por diversas pessoas, entre elas, um casal, dono de um salão de cabeleireiros. Com a convivência, Rafael acabou sendo adotado por esse casal e aprendeu tudo o que sabe sobre a profissão.

Como me torno cabeleireiro ou cabeleireira?

O cabeleireiro pode fazer um curso de formação com certificação para ser considerado um profissional da área. Os cursos livres, oferecidos por instituições privadas, têm duração média de 400 horas. Há, ainda, formações gratuitas em escolas técnicas para cabeleireiro e assistente. Para ingresso, ambos os cursos exigem, no mínimo, a conclusão do 5º ano do Ensino Fundamental e ter 16 anos completos.

O que aprendo no curso?

No curso de cabeleireiro, os alunos entram em contato com diversas possibilidades da profissão. Aprendem desde formas de atender bem um cliente até cuidados com a saúde dos fios de cabelo, além de tratamentos químicos, hidratação, visagismo, cortes e penteados. Geralmente, os alunos que fazem essa formação buscam também cursos de maquiagem para se qualificar ainda mais no mercado de trabalho.

Desafio
• Você sabe o que é visagismo? O que faz um visagista? Pesquise. Se você gosta da área de estética, pode encontrar um lugar interessante nessa profissão.

Onde poderei trabalhar?

O cabeleireiro pode trabalhar em salões de beleza, desfiles de moda, produtoras de filmes, peças de teatro, emissoras de TV, abrindo o seu próprio negócio ou realizando atendimentos em domicílio.

111

Módulo 2

Perucas, ferros quentes, lixívia e outros balangandãs

Para os egípcios, a aparência estava ligada ao *status*. O temor de piolhos e pragas fazia com que muitos raspassem a cabeça e usassem perucas. O corte mais comum era o reto, na altura da orelha.

Na Grécia antiga, o loiro era o ideal. Para pintar as madeixas, os gregos usavam água de lixívia (um alvejante usado como água sanitária na época) ou enxaguavam a cabeça com flores amarelas ou água de macela. No penteado, figuravam os pequenos coques entre as mulheres e os cortes arredondados entre os homens. Em Creta, os cabelos crespos eram a moda. Para deixá-los mais ondulados, os cretenses usavam ferro quente.

Foi no Império Romano que surgiu o primeiro barbeiro profissional. Os romanos tinham corantes para coloração dos cabelos e remédios e loções contra a calvície (que era considerada feia por eles). Os romanos se preocupavam tanto com a arrumação dos cabelos que foi nessa época que surgiram as primeiras cabeleireiras, chamadas *cometae*.

Disponível em: <http://g1.globo.com/Sites/Especiais/Noticias/0,,MUL1369440-16107,00-EGIPCIOS+ANTIGOS+USAVAM+GORDURA+DE+RABO+DE+JACARE+PARA+AMACIAR+OS+CABELOS.html>. Acesso em: 22 nov. 2019. (Adaptado).

Cabeça de Vibia Matidia (85-165 d.C.). Idade Imperial. Escultura de mármore.

Por dentro da profissão de cabeleireiro

Vidal Sassoon, o filme, dirigido por Craig Teper, conta a história (real) do cabeleireiro que marcou a história de sua profissão. Vidal Sassoon se tornou um ícone nos anos 1960 ao criar um estilo de corte feminino que permitia que as mulheres lavassem os cabelos e saíssem de casa, sem a necessidade da produção de penteados elaborados, bastante típicos nos anos 1950. O cabeleireiro é visto como alguém que possibilitou às mulheres praticidade e liberdade. O documentário mostra a paixão, o talento e a perseverança do profissional que passou de uma criança em um orfanato de Londres a um exemplo para a sua geração.

O cabeleireiro Vidal Sassoon. Foto de 2012.

Desafio

• Você acha que um cabeleireiro precisa ter empatia? Ou é uma função mais técnica? O que a falta de empatia ocasionaria nessa profissão?

Sou psicóloga

A psicóloga Maria Lúcia da Silva. Foto sem data.

"É preciso pensar que a perspectiva da cura para quem sofre com os efeitos do racismo é psíquica e política e um atendimento clínico para essas pessoas só terá eficácia se levar esses pontos em consideração."

Disponível em: <https://revistatrip.uol.com.br/tpm/instituto-amma-psique-e-negritude-traz-a-pauta-racial-para-dentro-dos-consultorios-de-psicologia>. Acesso em: 22 nov. 2019.

Maria Lúcia da Silva é psicóloga e psicoterapeuta e fundou o Instituto Amma Psique e Negritude, uma ONG focada em saúde, educação, direitos humanos e no enfrentamento do racismo pelas vias política e psíquica. A psicóloga defende que o racismo causa sofrimento psíquico e que cada vez mais chegam ao seu consultório pessoas negras com questões ligadas a autoestima e aceitação da identidade. Além do Instituto, Maria Lúcia é coordenadora geral da Articulação Nacional de Psicólogas(os) Negras(os) e Pesquisadoras(es) de Relações Raciais e Subjetividades (ANPSINEP).

> A página do Instituto Amma está disponível na internet. Procure em *sites* de busca.

Como me torno psicólogo ou psicóloga?

O curso de Psicologia tem duração média de 5 anos. O ingresso é, na maioria das vezes, por meio de um concurso vestibular, e há faculdades públicas e privadas que oferecem esse curso. Após o término do curso, para estar habilitado a atuar em algumas áreas específicas – como o atendimento clínico –, é necessário cadastrar-se no Conselho Regional de Psicologia.

O que aprendo no curso de Psicologia?

O curso de Psicologia estuda o comportamento e os fenômenos psíquicos dos seres humanos. O aluno é apresentado a disciplinas como Teoria psicanalítica, Psicologia do desenvolvimento, Filosofia, Anatomia e Sociologia. Algumas instituições incluem na grade de formação os estágios práticos, permitindo que o aluno tenha experiência em ONGs, realize atendimentos clínicos supervisionados e tenha vivência em outras áreas de atuação ainda durante a graduação.

Onde poderei trabalhar?

O psicólogo pode atuar em consultórios, hospitais, clínicas, escolas, em organizações públicas e privadas, na análise do comportamento do consumidor, na orientação e no preparo de atletas, na área jurídica, entre outros lugares.

> No Capítulo 3 deste Módulo, você já viu o que é Psicanálise.

Módulo 2

Psicologia e arte

Nise da Silveira nasceu em Maceió, Alagoas, e foi uma das principais responsáveis pela mudança na forma como eram tratados os pacientes com transtornos mentais no Brasil. A médica psiquiatra foi a única mulher entre os homens de sua turma e teve uma forte influência no campo da Psicologia por ter dedicado parte de sua carreira à humanização do tratamento dos distúrbios psiquiátricos, opondo-se a medidas como choques elétricos, camisas de força e lobotomia. Nise, grande estudiosa da teoria de Carl Gustav Jung, fundador da teoria da Psicologia Analítica, incentivava que os pacientes psiquiátricos se expressassem por meio da arte em oficinas propícias a essa atividade. Assim, ela e outros profissionais da saúde poderiam acessar o universo interno daquelas pessoas e erradicar tratamentos vistos como violentos.

Mais de 350 mil trabalhos artísticos desses pacientes estão em exibição no Museu de Imagens do Inconsciente, no Rio de Janeiro. O Museu tem uma página na internet . Pesquise em *sites* de busca.

A médica Nise da Silveira em sua casa, no bairro do Flamengo, Rio de Janeiro. Foto de 1995.

Biblioteca cultural

O filme *Nise: o coração da loucura*, dirigido por Roberto Berliner (2016), mostra como Nise da Silveira contraria os tratamentos convencionais e inicia uma nova forma de lidar com os pacientes.

Por dentro da Psicologia

Dirigido por Selton Mello, o seriado de televisão *Sessão de Terapia* acompanha a rotina semanal de um consultório de psicanálise. A série mostra como é o trabalho de um analista, quais são os dilemas trazidos pelos pacientes e aqueles vividos pelo próprio profissional quando ele se torna um paciente.

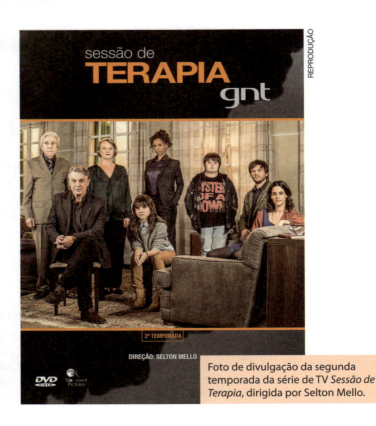

Foto de divulgação da segunda temporada da série de TV *Sessão de Terapia*, dirigida por Selton Mello.

Desafio

• Temas relacionados à saúde mental, como depressão, ainda são um tabu na sociedade. Comumente, as doenças psíquicas são vistas como algo mais controlável e simples que uma doença física. Por que você acha que boa parte da sociedade ainda resiste em reconhecer a importância que as emoções e os sentimentos têm na saúde como um todo?

Para chegar lá

Agora que você já leu sobre o futuro das profissões e conheceu diferentes trajetórias, registre algumas reflexões em seu diário de bordo com base nas perguntas a seguir.

1. Você se vê inserido em uma ou mais profissões apresentadas neste Capítulo? Por quê?

2. Você deve ter notado que as trajetórias profissionais trabalhadas neste Capítulo têm algo em comum: a necessidade de empatia. Além dos ofícios que foram apresentados, quais outros você acha que requerem de maneira especial a empatia dos profissionais?

3. Você acredita que exista alguma profissão ou profissional de sucesso que não precise de empatia? Justifique sua resposta.

Por dentro dos termos

- **Licenciatura:** grau universitário que possibilita que um profissional possa ensinar nos Anos Iniciais ou Finais do Ensino Fundamental e também no Ensino Médio.

- **Pós-graduação:** é um curso feito após a conclusão da graduação. Há duas diferentes modalidades: a *lato sensu* (especialização) e a *stricto sensu* (mestrado ou doutorado).

Que tal trazer mais empatia para a sua escola?

Falamos, ao longo dos Capítulos 3 e 4 deste Módulo, sobre a importância da empatia e sobre os impactos dela em nossos relacionamentos pessoais, na forma como nos comunicamos, na resolução de situações de conflito, na compreensão de processos históricos, na nossa conexão com o outro e, sem dúvida, na promoção da paz e diminuição da violência. Vamos agora pensar em uma realidade bem próxima de vocês, alunos. Como trazer mais empatia para a escola?

1. Coletivamente, levantem experiências vividas na escola que podem ser melhoradas se houver maior empatia.

2. Individualmente, escreva em um pedaço de papel uma ação prática que possa ser feita para que haja maior empatia em uma ou mais experiências cotidianas levantadas pelo grupo.

3. Pendure o papel em um varal instalado na sala de aula e aguarde até que todos os colegas tenham feito o mesmo. Em seguida, retire do varal um papel diferente do seu e se comprometa a praticar aquela ação por uma semana. Registre as suas impressões no seu diário de bordo.

4. Após praticar por uma semana uma forma conhecida ou inovadora de trazer mais empatia para a escola, discuta com seus colegas quais ações deveriam continuar fazendo parte da rotina da turma.

5. Individualmente, escreva em seu diário de bordo uma lista de compromissos pessoais que você vai praticar para trazer mais empatia para:

   a) o convívio em sala de aula e com as demais pessoas da escola;

   b) a sua atuação nos trabalhos em grupo.

6. Para ajudar a tornar o seu compromisso mais concreto, escolha um colega da sua turma e compartilhe com ele o que você escreveu e vice-versa. De hoje em diante, procurem relembrar um ao outro desses compromissos e conversem sobre como os estão colocando em prática.

Reprodução proibida. Art. 184 do Código Penal e Lei 9.610 de 19 de fevereiro de 1998.

115

Módulo 2

Expandindo fronteiras

No livro *Pálido ponto azul*, o astrônomo e divulgador de ciência mais popular do século XX, Carl Sagan, defende que, em algum momento, o conhecimento que temos do espaço servirá para garantir nossa sobrevivência como espécie.

Quando a astronave Voyager estava prestes a retornar de uma missão de estudos pelo Sistema Solar, a NASA solicitou que fosse tirada uma foto do planeta Terra, que estava a uma distância de 6 bilhões de quilômetros dela. O resultado pode ser visto na imagem ao lado. Carl Sagan, ao ver a foto, inspirou-se para dar o título a seu livro. Ele concluiu que o planeta Terra era apenas um pequeno ponto em meio a um vasto universo. Delicie-se com uma passagem do livro.

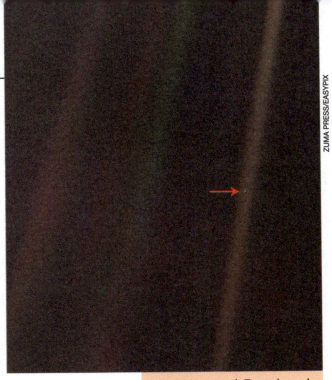

Primeira imagem da Terra, chamada de "pálido ponto azul", capturada pela sonda Voyager 1, em 1990, a 1,44 bilhão de quilômetros do nosso planeta. Foto de 2013.

NASA: Administração Nacional do Espaço e da Aeronáutica, agência estadunidense.

Plagiador: pessoa que faz cópia de algum trabalho e o apresenta como sua própria criação.

> [...] Olhe de novo para aquele pontinho. Lá é aqui. Lá é casa. Lá somos nós. Lá dentro, todas as pessoas que você ama, todas as pessoas que você conhece, todas as pessoas de quem você já ouviu falar; cada ser humano que já existiu, viveu ali a sua vida. O agregado de nossa alegria e sofrimento, milhares de religiões, ideologias e doutrinas econômicas; todo caçador e plagiador, todo herói e todo covarde, todo criador e todo destruidor da civilização, todo rei e camponês, todo jovem casal apaixonado, toda mãe e pai, todo filho esperançoso, inventor e explorador, todo professor, todo político corrupto, todo "superstar", todo "líder supremo", todo santo e pecador na história de nossa espécie, viveu lá – em uma nuvem de poeira suspensa num raio de sol.
>
> A Terra é um estágio muito pequeno em uma vasta arena cósmica. Pense nos rios de sangue derramados por todos esses generais e imperadores, para que, em glória e triunfo, eles possam se tornar mestres momentâneos de uma fração desse pontinho. Pense nas infinitas crueldades vividas pelos habitantes de um canto deste pixel e nos habitantes dificilmente distinguíveis do outro canto. Quão frequentes são seus mal-entendidos, quão ansiosos eles estão em se matar, quão fervorosos são seus ódios?
>
> Nossas posturas, nossa autoimportância imaginada, a ilusão de que temos uma posição privilegiada no Universo são desafiadas por esse pontinho de luz pálida. Nosso planeta é uma mancha solitária na grande escuridão cósmica que o envolve. Em nossa obscuridade, em toda essa vastidão, não há indícios de que a ajuda venha de outro lugar para nos salvar de nós mesmos.
>
> A Terra é o único mundo conhecido até agora para abrigar a vida. Não há nenhum outro lugar, pelo menos no futuro próximo, para o qual nossa espécie possa migrar. Visitar, sim. Resolver, ainda não. Goste ou não, no momento a Terra é onde nos posicionamos.
>
> Já foi dito que a astronomia é uma experiência humilde e de construção de caráter. Talvez não exista melhor demonstração da loucura dos conceitos humanos do que essa imagem distante do nosso pequeno mundo. Para mim, isso enfatiza nossa responsabilidade de lidarmos com mais gentileza e preservar e valorizar esse pontinho azul pálido, o único lar que já conhecemos.

SAGAN, Carl. *Pálido ponto azul:* uma visão do futuro da humanidade no espaço. São Paulo: Companhia das Letras, 1996. p. 10.

Pixel: cada um dos pontos luminosos de uma tela digital.

Obscuridade: ausência de luz, escuridão; falta de conhecimento.

Ciência que estuda o universo, os planetas e os demais corpos celestes.

QUEM?

Carl Edward Sagan, mais conhecido como **Carl Sagan**, foi um astrônomo e astrofísico estadunidense. Foi professor de algumas universidades dos Estados Unidos e atuou como consultor da NASA, orientando projetos relacionados a viagens à Lua e à fabricação das astronaves Voyager, Galileu e Pioneer. Participou da fundação da Sociedade Planetária (*The Planetary Society*), organização dedicada a projetos e pesquisas relacionados à astronomia, ciência planetária e exploração do espaço, que atua hoje em mais de 100 países ao redor do mundo. Carl Sagan publicou inúmeros artigos científicos e livros e concedeu diversas entrevistas. Por usar uma linguagem acessível ao público leigo, é considerado uma das personalidades mais importantes no trabalho de divulgação científica. Em parceria com sua então esposa, Ann Druyan, escreveu a série de televisão *Cosmos*, composta de 13 capítulos e distribuída em cerca de 60 países. Recebeu uma série de premiações por sua trajetória profissional, entre eles a Medalha NASA por Serviço Público de Destaque, o Prêmio Gerard P. Kuiper, o Pulitzer de literatura e três Emmys (o Oscar da televisão). Sagan faleceu em 1996 aos 62 anos.

- Você já pensou como seria ver o planeta Terra do espaço? Você acha que isso mudaria sua perspectiva sobre o planeta e sobre a vida humana? Como?

1. Carl Sagan apresenta uma reflexão a respeito do planeta Terra ao vê-lo de longe em uma fotografia. Quais são os principais pontos apresentados nessa reflexão?

2. O ser humano já foi capaz de chegar ao espaço e de projetar aeronaves que chegaram a outros planetas. Mesmo tendo ido tão longe, ainda lida com questões bastante complicadas, como a destruição do meio ambiente, a fome, a guerra, a desigualdade social e a violência. Você acredita que a empatia contribuiria para resolver grande parte dos problemas da humanidade?

3. Na sua opinião, quais são as consequências de um mundo sem empatia?

Profissional que estuda os astros, a origem e a estrutura do Universo. Ele faz uso de Ciências Naturais, como Física e Química, e também Matemática e Computação. No Brasil, há poucas instituições – todas públicas – que oferecem a graduação em Astronomia, que dura, em média, 4 anos.

Biblioteca cultural

A fotografia tirada pelo astronauta alemão Alexander Gerst mostra o reflexo do sol na água. O astronauta capturou esta imagem do planeta Terra quando estava no espaço em 2014 e a divulgou em sua conta pessoal em uma rede social.

Módulo 2

Mapa da Empatia

Carl Sagan, no final do trecho destacado, põe em foco a "nossa responsabilidade de lidarmos com mais gentileza e preservar e valorizar esse pontinho azul pálido, o único lar que já conhecemos". Com base nas reflexões trazidas pela leitura do texto de Carl Sagan, realize as atividades a seguir.

- Seus colegas e você deverão pesquisar diferentes histórias e trajetórias de personagens inspiradores que, por meio da empatia, procuraram valorizar o planeta Terra e cuidar dele incluindo todos os seus habitantes e ecossistemas. Você pode pensar em ganhadores do Prêmio Nobel da Paz ou personagens do cotidiano que praticam a empatia.

Construção do Mapa da Empatia

1. Agora que a pesquisa já foi feita, escreva em pequenas tiras de papel o nome da pessoa que simboliza, por seus feitos, um ato de empatia para você e seu grupo e uma breve descrição de suas ações empáticas.
2. Pregue as tiras de papel com um alfinete no mapa-múndi, disponibilizado pelo professor, inserindo cada história no local do mundo em que determinado ato ocorreu.
3. Discuta com o seu grupo e escreva em outras tiras de papel quais aspectos do mundo precisam de mais empatia para melhorar. Pregue as tiras de papel no mapa-múndi, definindo a qual lugar do planeta vocês se referem.

Módulo 2

Coletivo em cena

Inspirado em um museu de Londres (Inglaterra), o Museu da Empatia ganhou sua versão brasileira em 2017. A exposição, em formato de uma caixa de sapatos gigante, ficou em exibição por um mês no país e teve como proposta criar uma experiência que traduzisse a essência da empatia, ou seja, que permitisse que o visitante olhasse o mundo através dos olhos de outras pessoas. Cada pessoa, ao entrar no museu, era convidada a se descalçar e a escolher um calçado disponível que coubesse em seu pé. Ao calçar os novos sapatos, recebia também um fone de ouvido para escutar a história narrada pelo dono ou dona daquele par enquanto caminhava pela instalação. A intenção da escuta de histórias – similares por coincidência ou distintas das do visitante – foi propiciar mudanças de perspectivas que cada um tem não só sobre o mundo e as formas de existir, mas também sobre si mesmo. Afinal, como você já sabe, o outro é fundamental para a formação de nossa identidade.

> Conheça um pouco mais sobre o museu em: <http://www.empathymuseum.com/>. Acesso em: 23 nov. 2019. (Conteúdo em Inglês.)

O sucesso da iniciativa foi tão grande que os organizadores planejam retomar a exibição do Museu da Empatia, circulando por diversas cidades brasileiras. Fique atento!

Vamos inventar nosso próprio museu da empatia? Mas, antes, vamos realizar outra atividade.

Biblioteca cultural

Conheça o Museu da Empatia:

[...] espaço de experiências dedicado a desenvolver nossa capacidade de olhar o mundo através dos olhos de outras pessoas. Por meio de projetos participativos, situações de diálogo e conexão entre as pessoas, busca explorar como a empatia pode transformar nossas relações interpessoais, inspirar mudanças de atitude e contribuir para o enfrentamento de desafios globais como preconceito, conflitos e desigualdade.

Disponível em: <https://www.intermuseus.org.br/museu-da-empatia>.
Acesso em: 23 nov. 2019.

Etapa 1 – Rotação de estações

Organizem-se em 5 grupos, divididos pelo seu professor. Cada um dos grupos passará pelas 5 estações de trabalho propostas a seguir:

Estação 1. Depoimentos do acervo do Museu da Pessoa

Com mais de 25 anos de existência, o Museu da Pessoa é um espaço museológico virtual colaborativo brasileiro que tem em seu acervo mais de 20 mil histórias de vida. Na página do Youtube desse museu, é possível conhecer parte desse imenso e valioso acervo. Explore, individualmente, o *site* do Museu da Pessoa e escolha duas dessas histórias que há nele para ouvir. Para isso, você pode utilizar um computador da escola ou – o que seria ideal – o seu celular. Depois de ouvir os depoimentos, compartilhe suas impressões sobre o que ouviu com seus colegas.

120

Estação 2. Dicionário particular

Releia silenciosamente a passagem do romance de Valter Hugo Mãe, presente no Capítulo 3 do Módulo 1, e troque e discuta com seus colegas as definições particulares que vocês deram para "amor", "respeito", "crescimento", "felicidade" etc. Para esta estação, são necessários apenas seu livro e seu diário de bordo.

Estação 3. Autoentrevista

Bata um papo coletivo rápido sobre as perguntas a seguir para ter certeza de que as compreendeu. Depois, responda a cada uma delas individualmente em seu diário de bordo e as transforme em um texto corrido e informal – como se estivesse contando uma história para alguém que não conhece.

Foto da instalação interativa *Caminhando em seus sapatos...*, do Museu da Empatia.

Módulo 2

- Cada um de vocês deverá gravar um áudio anônimo de, aproximadamente, 8 minutos em seu celular contando sua história. Antes de gravar, escreva um texto que responda a perguntas como:

  a) Quem são as pessoas de sua família, seus pais ou tios?

  b) De onde vieram seus avós? Se não os conhece, quem são as pessoas que cuidaram de você quando criança? E hoje?

  c) E seus bisavós?

  d) Qual lembrança marcante você tem de sua infância?

  e) Quem são seus melhores amigos?

  f) Que projeto você tem para o futuro?

  g) Quais são suas maiores qualidades? E seus defeitos?

  h) Você se considera aberto a novos conhecimentos, culturas e ideias?

  i) De que forma você se relaciona com o coletivo?

  j) Qual o conceito que você tem de "amor", "respeito", "felicidade" etc.? Aproveite o texto de Hugo Mãe, que você leu no Módulo 1, e seu dicionário particular para se inspirar.

Estação 4. Empático ou simpático?

Retome o vídeo que você foi convidado a assistir no Módulo 2, Capítulo 3, *O poder da empatia*, e, agora que está em um grupo menor, procure pensar em ações que concretamente possam transformar você em uma pessoa empática – em lugar de apenas simpática.

Estação 5. Como fazer?

Procurem tutoriais de gravação de áudio com celulares para a produção de *podcasts* e os dividam com o grupo todo.

Foto da instalação interativa *Caminhando em seus sapatos…*, do Museu da Empatia.

> **Importante**
> - Todas as estações terão o mesmo tempo para a realização das tarefas, pois, enquanto um grupo trabalha na estação 1, por exemplo, outro trabalha na 2.
> - Seu professor avisará quando seu grupo terá de mudar de estação.
> - Seu professor ficará fixo em uma estação.
> - Ao final dos 5 turnos, todos terão passado por todas as estações.
> - Nenhuma das estações exige trabalho prévio.
> - Essa atividade poderá durar uma ou duas aulas, dependendo do que seu professor planejar.

Etapa 2 – A exposição

Agora, cada um de vocês deverá gravar um áudio anônimo de, aproximadamente, 8 minutos no celular, contando a sua história (use como base o texto que produziu na estação 3).

Para montar a exposição, com auxílio de seu professor, deixe um par de sapatos (que podem ou não ser seus) no chão e nele deposite um papel com o *link* de seu áudio.

Convide seus colegas da escola, as pessoas de sua família, amigos, pessoas da comunidade para participar da exposição. Cada visitante deve escolher um par de sapatos, acessar o *link* de seu próprio celular e passear pela escola ouvindo o depoimento.

Foto da instalação interativa *Caminhando em seus sapatos...*, do Museu da Empatia.

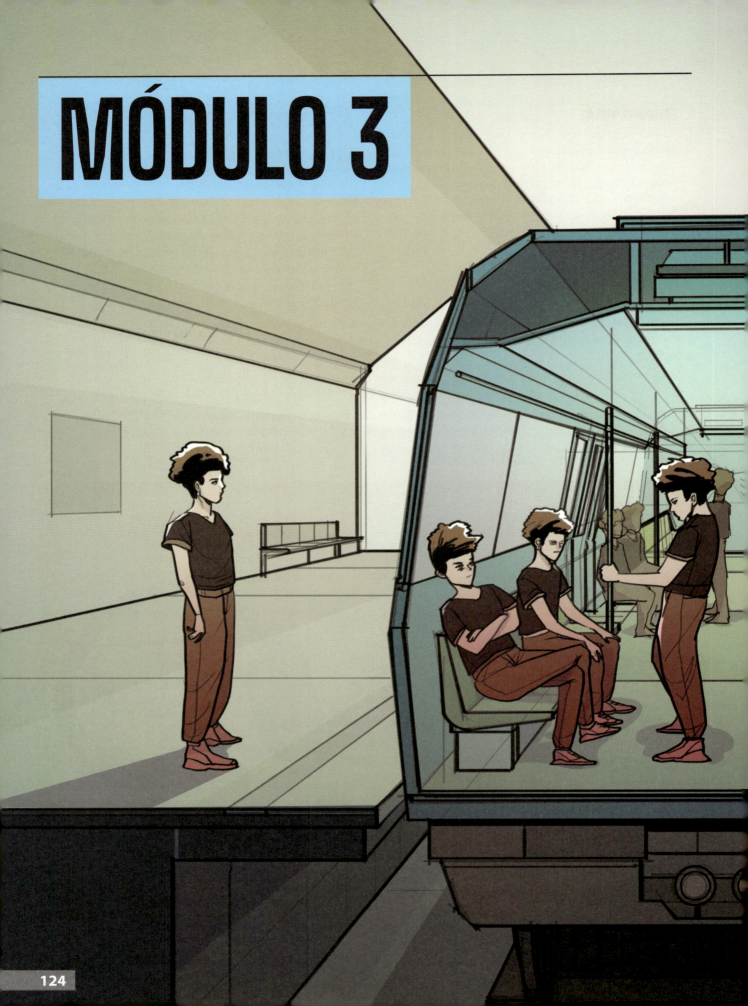

Nós *no* mundo
Nós *do* mundo

A narrativa do ser mitológico que se enamora de si mesmo nos acompanhou até o momento, ora na figura de Narciso, ora transformada no lago que também se observa através dos olhos do personagem grego e se encanta com o que vê. Investigamos quem é esse *eu* tão complexo que somos e como é nossa relação (nem sempre simples, mas necessária) com o *outro*. Veja agora como a poesia lê e relê essa mesma narrativa:

Contranarciso

em mim
eu vejo o outro
e outro
e outro
enfim dezenas
trens passando
vagões cheios de gente
centenas

o outro
que há em mim
é você
você
e você

assim como
eu estou em você
eu estou nele
em nós
e só quando
estamos em nós
estamos em paz
mesmo que estejamos a sós

LEMINSKI, Paulo. *Caprichos & relaxos*. São Paulo: Brasiliense, 1983. p. 12.

Os versos do poeta curitibano Paulo Leminski extrapolam a abordagem da relação de identificação que estabelecemos com o "outro", sempre com base no nosso olhar ("eu vejo o outro"), e da relação que esse "outro" estabelece conosco. Afinal, como nos lembra Clarice Lispector, somos o "outro" do "outro". Mas Leminski vai além. Ele introduz no mito a ideia de um múltiplo espelhamento, de um "nós", a ideia da importância da coletividade na qual estamos inseridos ("eu estou nele / em nós"). Neste terceiro e último momento, convidamos você a pensar sobre esse "nós", sobre como você se insere no mundo, sobretudo, em relação ao trabalho, e como lida com seus projetos e sonhos.

125

Módulo 3

Capítulo 1

ADOLESCENTE, OLHA!

Inspira!

Nos dois primeiros Módulos deste livro, nós o convidamos a pensar de forma livre sobre você, suas potencialidades, suas fragilidades, sua relação com seus familiares e amigos e com sua comunidade, sobre seus desejos. Você também conheceu histórias inspiradoras e algumas profissões. Chegou a hora de fazer uma pergunta difícil, mas necessária: o que você pensa fazer quando se projeta no mundo do trabalho e na vida adulta? Os textos a seguir tratam direta ou indiretamente sobre desejo, projeto e profissão. Mergulhe neles!

> Na página 199, ao final do seu livro, você encontrará os objetivos e as justificativas das atividades deste capítulo, bem como a identificação das competências gerais e específicas e das habilidades da BNCC.

Leia o poema que Francisco Alvim, poeta mineiro da cidade de Araxá, escreveu e que tem relação direta com esse seu momento de vida.

Profissões

Um circo
onde você defendesse sua tese
Maria, num picadeiro mínimo, se decidisse entre
a Faculdade de Letras e a de Comunicação
Pedro batesse fotografias
eu, esquecido do diploma,
debulhasse um sem-número de ofícios

ALVIM, Francisco. Profissões. *In*: FERRAZ, Eucanaã (org.). *Veneno antimonotonia*. Rio de Janeiro: Objetiva, 2005. p. 162.

> Trabalho acadêmico elaborado ao final de um doutorado (uma das etapas da pós-graduação).

Debulhasse um sem-número: desmanchasse em vários (sentido figurado).
Ofícios: ocupações, profissões.

QUEM?

Francisco Alvim é poeta e diplomata mineiro. Por influência da irmã, Maria Ângela Alvim, também poeta, começou a escrever muito cedo. Iniciou o curso de Direito em uma universidade pública do Rio de Janeiro, mas o abandonou para ingressar na carreira diplomática. Entre 1969 e 1971, atuou como secretário da representação do Brasil na ONU para a Educação, a Ciência e a Cultura (Unesco). Publicou vários livros e, pelo Itamaraty, atuou como cônsul-geral do Brasil em Barcelona, Espanha, e em Roterdã, Holanda, e ainda como embaixador na Costa Rica.

Você conhece as carreiras ligadas ao Ministério das Relações Exteriores (Itamaraty)? Além de diplomata, é possível trabalhar como oficial de chancelaria ou assistente de chancelaria. Para ingressar em qualquer uma dessas carreiras, é necessário prestar um concurso público. Encontre mais informações em: <http://www.itamaraty.gov.br/pt-BR/perguntas-frequentes-artigos/19363-o-ministerio-das-relacoes-exteriores-e-as-carreiras-do-servico-exterior> e também em: <http://www.itamaraty.gov.br/pt-BR/sem-categoria/187-carreiras-de-oficial-e-assistente-de-chancelaria>. Acessos em: 30 nov. 2019.

Agora, leia um poema escrito pelo gaúcho Mario Quintana e que também fala, de maneira muito direta, com você.

O adolescente

Adolescente, olha! A vida é bela!
A vida é bela... e anda nua...
Vestida apenas com o teu desejo.

QUINTANA, Mario. *O livro de haicais*. São Paulo: Globo, 2009.

QUEM?

O gaúcho de Alegrete, **Mario Quintana**, foi jornalista, tradutor e, principalmente, poeta. Ainda muito jovem, em 1919, editou seus primeiros poemas em uma revista produzida pelos alunos do Colégio Militar. Em 1929, começou a trabalhar na imprensa, no jornal *O Estado do Rio Grande*. Em 1934, iniciou a carreira de tradutor de literatura inglesa e francesa. Escreveu inúmeros livros e se tornou algo raro no Brasil: um poeta popular.

- Às vezes, uma profissão influencia outra. De que forma você acha que a atuação como jornalista influenciou o trabalho criativo do poeta Quintana? Pesquise.

O tradutor produz versões escritas de textos de uma língua para outra. O intérprete realiza tradução oral de falas públicas. Uma das formações tradicionais para atuar como tradutor/intérprete é por meio do bacharelado, que dura, em média, 4 anos.

Módulo 3

O que esses poemas contam?

1. O poema de Francisco Alvim está estruturado em torno de uma metáfora central: o circo. O que você acha que esse "circo" simboliza?
2. Que profissões os personagens desse circo escolheram seguir?
3. As carreiras escolhidas pelos personagens poderiam ser enquadradas na mesma categoria?
4. De que forma o eu lírico se diferencia dos outros personagens, incluindo o leitor ("você"), na opção que faz?
5. Pense agora no poema de Mario Quintana. Procure explicar o segundo verso: "A vida é bela... e anda nua...".
6. De que forma os dois poemas desta seção conversam entre si?

O que esses poemas contam sobre mim?

- Pense na escolha que o eu lírico do primeiro poema faz.
  a) O que essa escolha simboliza?
  b) Saia do campo da fantasia literária – onde tudo é possível – e pense na realidade concreta: o projeto de vida do eu lírico seria viável?
  c) Neste momento de sua vida, em que muitas tomadas de decisão começam a ser exigidas de você, manifesta-se um desejo de fazer o que o eu lírico faz? Que estratégias você usa para fazer uma escolha, para tomar uma decisão?

Boca no mundo

O poema de Mario Quintana se estrutura como uma espécie de convite a você, adolescente. Que convite é esse? Como você o recebe?

Conheça agora uma obra de Leonilson, pintor, desenhista, bordadeiro e escultor cearense.

• Pense nesse elefante branco, que está escondido pelo pano, como se ele fosse você. Seu trabalho será tirar esse pano. Para isso, a obra será reproduzida na lousa e você e seus colegas registrarão, ao lado dela, as respostas para as questões referenciadas em "eu amo" ou "eu odeio": "quem sou?", "o que faço?" e "pra onde vou?".

128

Sonho que se sonha só

Decidir não é fácil. Como tomamos uma decisão? Quando sabemos que é a hora correta para se fazer uma escolha? Quais elementos devem ser levados em consideração ao fazer uma escolha acertada de um curso superior ou de uma profissão a ser seguida? Será que toda decisão implica uma perda, já que se abre mão de todas as outras opções? Como saber se eu "*sou* de exatas", "de humanas", "de biológicas" ou "das artes"? Este Capítulo é um convite para pensar sobre essas e outras questões. Traga tudo aquilo que você já conhece sobre si mesmo e embarque nessa jornada.

> Primeiro romance de Conceição Evaristo, publicado em 2003. A obra narra a trajetória de Ponciá Vivêncio, desde sua infância até a idade adulta. Discute a questão da identidade racial, estabelecendo um diálogo entre o passado e o presente da protagonista.

Leia, agora, um trecho do romance *Ponciá Vicêncio*, da escritora mineira Conceição Evaristo. Em seguida, realize as atividades propostas.

> "O humano não tem força para abreviar nada e, quando insiste, colhe o fruto verde, antes de amadurar. Tudo tem o seu tempo certo. [...] A gente semeia e é preciso esquecer a vida guardada debaixo da terra, até que um dia, no momento exato, independentemente do querer de quem espalhou a semente, ela arrebenta a terra desabrochando o viver. Nada melhor que o fruto maduro, colhido e comido no tempo exato, certo [...]"
>
> EVARISTO, Conceição. *Ponciá Vicêncio*. Rio de Janeiro: Pallas, 2014. p. 91.

As questões a seguir deverão ser respondidas individualmente no seu diário de bordo.

1. O narrador criado por Conceição Evaristo defende que não há "nada melhor que o fruto maduro, colhido e comido no tempo exato, certo". Na sua opinião, o que essa passagem quer dizer?
2. Quais escolhas você já fez em sua vida para as quais foi necessário reconhecer o "tempo certo" para isso? Como você soube que era o momento de tomar uma decisão?
3. Você acredita que a adolescência é o "tempo certo" para a tomada de uma decisão como a de escolher uma trajetória profissional?
4. Retome o seguinte trecho:

   "A gente semeia e é preciso esquecer a vida guardada debaixo da terra, até que um dia, no momento exato, independentemente do querer de quem espalhou a semente, ela arrebenta a terra desabrochando o viver."

   Como você tem semeado (ou cuidado) do seu processo de escolha de uma profissão?
5. O que mais você poderia fazer para se ajudar nesse processo de escolha? Liste o máximo de ações possíveis.
6. Escreva, agora, os nomes de cinco pessoas que você admira profissionalmente. Entreviste-as e pergunte como elas escolheram a profissão que seguiram. Pergunte também a elas se sentiram que, ao tomar uma decisão, abriram mão de diversas outras possibilidades. Traga as respostas por escrito no seu diário de bordo e compartilhe-as com seus colegas.

Módulo 3

7. Em 1943, o psicólogo Abraham Maslow publicou o que chamou de "Hierarquia das necessidades". Segundo esse modelo, as necessidades humanas podem ser classificadas no formato de uma pirâmide. O estudioso estadunidense categorizou essas necessidades da seguinte forma:

a) O que têm em comum as três primeiras categorias, que estão na base da pirâmide?

b) O que têm em comum os dois últimos itens que os diferencia dos três primeiros?

c) Esse modelo de "Hierarquia das necessidades" se torna interessante se compararmos as nossas aspirações pessoais às nossas necessidades. Crie agora sua própria pirâmide de aspirações pessoais. O que é mais importante para você na escolha de uma profissão? O que é menos importante, porém ainda é um critério relevante para fazer uma escolha? Desenhe uma pirâmide em seu diário de bordo e coloque os principais fatores, que guiarão a sua escolha no topo da pirâmide invertida, e aqueles menos importantes, na parte de baixo da pirâmide.

Recalculando rota

Conceição Evaristo nasceu em 1946 em Belo Horizonte, Minas Gerais. Graduou-se em Letras em uma universidade pública no Rio de Janeiro. Mais tarde, obteve também os títulos de mestrado e doutorado em Literatura Brasileira e Literatura Comparada. Descobriu o gosto pela escrita ainda criança. Sua mãe, mesmo sem ter concluído os estudos básicos, costumava contar histórias para ela e seus irmãos, instigando a imaginação e a vontade de desbravar o universo das palavras. Ela começou a escrever na adolescência, fase de sua vida em que se sentia solitária e enfrentava questões raciais que a abalavam profundamente. Iniciou sua carreira trabalhando como empregada doméstica e manteve essa ocupação até concluir o Ensino Médio. Ingressou na universidade, foi professora da rede pública de ensino e hoje é escritora, poeta e professora em uma universidade.

Publicou os seus primeiros textos aos 44 anos de idade com o apoio do grupo Quilombhoje, coletivo literário responsável pela série *Cadernos Negros*. Já publicou mais de dez livros com foco na temática negra e no combate ao racismo no Brasil. Ganhou o prêmio Jabuti de literatura pelo livro *Olhos d'água,* publicado em 2014.

- Que outras escritoras negras brasileiras você conhece? Na sua opinião, qual é a importância de trabalhar a temática do racismo por meio da literatura?

> Fundado em 1980, o Quilombhoje *Literatura* foi criado para "discutir e aprofundar a experiência afro-brasileira na literatura". Conheça o coletivo, pesquisando em *sites* de busca da internet.

Maria da Conceição Evaristo de Brito, uma das vozes mais importantes da literatura brasileira contemporânea, homenageada na mostra Ocupação Conceição Evaristo. Maio 2017.

> A Lei Complementar nº 150, de 2015, regulamentou a Emenda Constitucional nº 72 e garantiu, entre outros, os seguintes direitos aos trabalhadores domésticos: salário mínimo; jornada de trabalho de até 44 horas semanais e, no máximo, 8 horas diárias; hora extra; banco de horas; remuneração de horas trabalhadas em viagem a serviço; intervalo para refeição e/ou descanso; adicional noturno; repouso semanal remunerado; férias remuneradas; 13º salário; licença-maternidade; FGTS. Para mais informações, consulte: <http://portal.esocial.gov.br/empregador-domestico/direitos-do-trabalhador-domestico>. Acesso em: 30 nov. 2019.

Módulo 3

O historiador Leandro Karnal publicou uma série de vídeos em seu canal oficial, *Prazer, Karnal*, dedicados ao processo de escolha de uma profissão. Confira, na transcrição a seguir, o que esse professor gaúcho fala sobre a divisão que muitas pessoas faziam (e ainda fazem) das carreiras em áreas específicas e isoladas.

#2 Humanas ou Exatas?

A ideia antiga, por exemplo, em que havia um ensino que hoje nós chamaríamos de Médio, que dividia os alunos entre humanas, ou seja, clássicas, e os alunos, em científico ou magistério, essa ideia da divisão do saber com bastante noção de fronteira, essa é uma ideia antiga. Hoje, uma das coisas que mais proporciona uma vida profissional rápida, avançada ou dinâmica é você ultrapassar essas fronteiras.

Exemplos concretos: você gosta de Filosofia? Tipicamente de humanas, mas não vamos nos esquecer que a Filosofia também nasceu com Tales de Mileto, com Protágoras, Epicuro e outros, também em diálogo com a geometria e a matemática. Então, na verdade, a geometria e a matemática estão em diálogo com o campo filosófico, a lógica formal. Definir o que é lógica, o que é inteligência é uma reflexão que vai cruzar a filosofia, a psicologia, a medicina, e a inteligência artificial é um dos grandes caminhos do futuro.

Então, se você é um médico e conseguiu fazer Administração, você passa a ocupar um campo muito preciso e com muita carência, que é a junção do administrador com a habilidade da Medicina. Se você é um advogado e conseguiu cursar Artes Cênicas e vai se especializar em um campo em que não tem essa função, que é um advogado especializado para o campo das Artes Cênicas, você vai ocupar um nicho muito importante.

Então, procure uma coisa que dialogue com o seu universo interior. Procure algo que não seja uma violência para você. Mas pare de pensar que a Matemática é um país estranho para quem gosta de humanas. Que a História é um país estranho para quem gosta de Química, porque esse é um pensamento passado, ultrapassado. Cada vez mais o saber é multifacetado. Seja muito bom em um campo. Tenha uma sólida formação específica. Não abandone um campo específico. Porém, dialogue com outros campos. Quanto mais você conseguir, melhor. Quanto mais você tiver a capacidade de aproximar mundos que não se aproximam, mais fácil de você ocupar esse espaço.

Quanto mais você for um generalista que responde a tudo aquilo que os outros já têm, já apresentam, ou já possuem você vai concorrer com muito mais gente. Então, o mercado necessita de pessoas entusiasmadas, competentes, dedicadas ao conhecimento. O mercado não precisa de alguém que apenas consiga olhar para um ponto e não consiga ver qualquer visão maior a partir disso.

Então, hoje, os grandes médicos, os grandes advogados, os grandes planejadores de empresas, os grandes estrategos – aqueles que pensam em estratégia empresarial – todos eles têm a capacidade de olhar de forma ampla, holística, como a gente chama, a mais aberta possível. Porque o mundo do futuro não é mais o mundo daquela pessoa especializada na falangeta do dedo da mão direita.

Transcrição de um vídeo do canal *Prazer, Karnal* do historiador Leandro Karnal. Disponível em: <https://www.youtube.com/watch?v=GJAy7E3jqzE>. Acesso em: 30 nov. 2019.

Clássicas: o ensino era focado em Filosofia e Línguas, incluindo Latim, Espanhol e Grego.

Científico: o foco do ensino era voltado para Ciências e Exatas.

Magistério: curso destinado a formar, em sua maioria, professoras para os primeiros anos do ensino.

Tales de Mileto: considerado o primeiro filósofo ocidental, foi também matemático, engenheiro e astrônomo da Grécia Antiga.

Protágoras: um dos grandes filósofos da Grécia Antiga.

Epicuro: filósofo grego.

Multifacetado: que tem muitas faces e diversas características.

Generalista: pessoa que tem conhecimentos e interesses em diversas áreas sem se aprofundar em nenhuma especialização.

QUEM?

Leandro Karnal nasceu em 1963 em São Leopoldo, Rio Grande do Sul. Graduou-se em História em uma universidade particular em Porto Alegre. É doutor em História por uma universidade pública de São Paulo e trabalha como professor de História da América em outra universidade paulista. É autor de diversos livros, entre eles *História na sala de aula*, *Diálogo de culturas*, *O dilema do porco-espinho* e *O que aprendi com Hamlet: porque o mundo é um teatro*. É palestrante, colunista de um jornal, curador, apresentador de um programa de rádio e possui um canal em uma plataforma de vídeos para divulgar suas ideias.

- Quem são os principais influenciadores digitais que você acompanha? Sobre quais temas eles tratam? Algum deles aborda o tema da escolha de uma profissão? A trajetória profissional de algum deles inspira você?

1. O que Leandro Karnal considera importante no processo de escolha profissional e nas profissões contemporâneas?

2. Na seção **Sonho que se sonha só**, do Capítulo 1, Módulo 1, você foi convidado a produzir uma lista com "101 coisas a fazer", inspirada na colunista e escritora mineira Bruna Vieira. Retome essa lista e releia quais eram seus sonhos, planos e projetos listados.

a) Agora, circule em sua lista apenas as "coisas a fazer" relacionadas, de forma direta ou indireta, ao campo profissional e a cursos nessa área. Transcreva essas "coisas a fazer" em seu diário de bordo, criando uma nova lista.

b) Em seguida, identifique as "coisas a fazer" relacionadas às suas atividades favoritas, não relacionadas a carreira ou profissão. Selecione, no máximo, 10 e transcreva-as em seu diário de bordo.

c) Seguindo as orientações dadas por Leandro Karnal, adicione à sua lista:

- aspectos que dialoguem com o seu "universo interior" e que não representem uma "violência" contra seu desejo. Tenha como base toda a jornada de autoconhecimento feita até aqui (que engloba a investigação do *eu* e a relação com o *outro*);
- itens que representem aquilo que deixa você "entusiasmado" ao fazer;
- "coisas" que você considera que tem "competência" para fazer;
- atividades a que você tem vontade de se "dedicar".

Ao finalizar a sua lista, destaque os itens que, possivelmente, poderão enfrentar limites econômicos, sociais ou de qualquer outra natureza para alcançá-los. Não apague ou risque nada de sua lista, mesmo que pareça impossível.

d) Você ainda gostaria de adicionar mais "coisas a fazer" à sua lista?

e) Agora que você já criou uma nova lista, incluiu outros itens e se deparou com potenciais desafios, releia-a com atenção. O que essa nova lista tem a dizer sobre seu "eu de agora"? Você enxerga nela possíveis pistas importantes sobre quais caminhos gostaria de trilhar para o seu futuro ("eu do futuro")?

133

Módulo 3

Sonho que se sonha junto

Você já pensou sobre o papel que a *autoestima* e a existência de uma *rede de apoio* podem ter para viabilizar a concretização de um objetivo e o estabelecimento de metas? Confira a reportagem feita sobre os projetos sociais "Plano feminino" e "Plano de menina", que põe em foco esses e outros temas.

Meninas superpoderosas

Nascida numa família humilde num cortiço no bairro paulistano da Freguesia do Ó, a jornalista Viviane Duarte [...] foi incentivada desde cedo pela mãe a bolar planos para obter o que deseja. "Com 13 anos, eu queria ir ao *show* do [grupo musical estadunidense] *Skid Row*, no [festival] *Hollywood Rock*. Minha mãe falou: Ótimo. Qual é o seu plano? Quantos bolos você precisa vender pra comprar os ingressos? Vendi e vi o meu ídolo da adolescência, Sebastian Bach. O mesmo acontecia quando eu queria comprar um tênis ou fazer um curso: a gente bolava um plano e fazia acontecer."

De plano em plano, Viviane tornou-se parte da primeira geração de sua família a ter diploma universitário e foi subindo na hierarquia das empresas onde trabalhou nas áreas de *marketing* e comunicação corporativa. Hoje, aos 38 anos, a jornalista está à frente da Plano feminino, consultoria especializada em estratégias de *marketing* voltadas para mulheres.

[...]

Girl power

Para ajudar outras garotas a realizarem seus planos, Viviane lançou, em fevereiro de 2016, o Plano de menina, projeto social de sua empresa voltado para "empoderar" meninas de periferia de 13 a 18 anos. Durante um ano, aos sábados, um grupo de 20 mentoras e parceiras do projeto deu aulas gratuitas de autoestima, empreendedorismo, liderança, finanças e vida digital para adolescentes do Capão Redondo e do Grajaú, zona sul [de São Paulo]. Entre as mentoras estão: Alexandra Loras, ex-consulesa da França em São Paulo; Eliane Dias, empresária do grupo [de *rap*] Racionais MC's; e Camila Costa, CEO da ID, agência de *marketing* digital. A formatura da primeira turma de 50 garotas (de 150 que passaram pelo projeto) aconteceu em janeiro deste ano, no teatro da Faculdade Cásper Líbero, na avenida Paulista.

Viviane conta que muitas dessas garotas eram "nem-nem" (nem trabalha nem estuda), tinham baixa autoestima e nenhum plano para o futuro.

"Muitas crescem num ambiente tóxico, que faz com que elas pensem não ter direito a nada. São pais, tios ou vizinhos que falam: 'não adianta sonhar, isso não é pra gente'. Só que toda menina tem direito a ter um plano. Ter uma meta é o primeiro passo para que elas se tornem protagonistas de suas histórias."

Vanessa Rocha, 19 anos, era "nem-nem" quando começou a participar do Plano de menina e mudou a visão sobre si mesma. "Me achava feia, chorava por causa do cabelo pixaim e das espinhas. No curso, a aula de autoestima mexeu comigo. Percebi que tinha que me aceitar como eu sou porque ninguém faria isso por mim. Deixei de alisar o cabelo e passei a gostar de mim assim", conta a garota moradora do Capão Redondo [bairro da periferia de São Paulo]. Vanessa começou a trabalhar como atendente num restaurante do *shopping* Ibirapuera, em Moema, e pretende prestar vestibular para pedagogia. Sua colega de curso, Marina Luz, 18 anos, sonha em ser nutricionista. "Me formei no Ensino Médio e comecei a trabalhar no McDonald's. Meu objetivo é juntar dinheiro para pagar a faculdade."

Rede de apoio

Tanto Viviane como Alexandra Loras, embaixadora do projeto, destacam a importância de ter uma rede de apoio para prosperar. "Na minha trajetória, já fui chamada de burra e de macaca por causa da minha cor. Mas também tive apoio de pessoas que acreditaram em mim e me ajudaram a desafiar a ideia de que uma negra da periferia não poderia entrar numa escola de elite como a Sciences Po, o Instituto de Estudos Políticos de Paris, onde boa parte dos presidentes da França estudaram. Eu consegui e virei a melhor aluna da turma. Hoje quero ajudar outras meninas da periferia a realizarem seus sonhos", conta a ex-consulesa, que se tornou uma referência no debate sobre igualdade racial e empoderamento da mulher negra no Brasil.

A ideia do Plano de menina é criar pontes entre meninas da periferia e mulheres inspiradoras das mais diversas áreas, como jornalismo, direito, publicidade e arquitetura. "Podemos, por exemplo, levar uma arquiteta para ensinar a fazer um currículo, se apresentar e se mostrar motivada numa entrevista de trabalho. Essa profissional também pode acionar sua rede de relações para que essa menina consiga um estágio. A ideia é ajudá-las a ingressar num mundo que parece inacessível a elas", explica Alexandra.

Este ano, além do Capão Redondo e do Grajaú, o projeto será levado para Pirituba, Brasilândia e para a Cohab da Rodovia Raposo Tavares. Numa parceria com o LinkedIn, as meninas vão aprender a fazer as páginas delas na rede social de negócios e receber dicas de como disputar vagas. Carol Sandler, do *blog* Finanças Femininas, vai ensinar a cuidar do dinheiro. Duzentas garotas estão inscritas para fazer parte da segunda turma, cujas aulas começam no início de março.

Disponível em: <https://revistatrip.uol.com.br/tpm/plano-de-menina-viviane-duarte-alexandra-loras-eliane-dias-empoderamento-movimento-negro-feminismo-empreendedorismo>. Acesso em: 30 nov. 2019.

CEO: sigla, em inglês, para *Chief Executive Officer*, que é equivalente a Diretor Executivo, ou seja, a maior autoridade dentro de uma empresa.

Módulo 3

1. Vivi Duarte considera que diversas meninas, antes de integrarem o seu projeto social, eram *nem-nem*, ou seja, *nem* trabalhavam, *nem* estudavam e tinham "baixa autoestima e nenhum plano para o futuro". Para ela, muitas dessas meninas eram levadas a acreditar que não tinham "direito a nada" e que "não adianta sonhar". Pesquise sobre as circunstâncias que levam um adolescente a estar na situação "nem-nem". Quais seriam as formas efetivas de transformar essa definição, de acordo com o texto?

2. Por que você acha que há pessoas no Brasil que são levadas a acreditar que "não adianta sonhar" e que certas conquistas "não são para elas"?

3. Uma das meninas citadas na reportagem, antes considerada *nem-nem*, era Vanessa Rocha, de 19 anos. Ela destaca que antes de integrar o Plano de menina se considerava com autoestima baixa, principalmente por causa de suas características físicas. Você considera que a percepção negativa das próprias características físicas pode impedir ou atrapalhar os planos e a construção de um projeto de vida de uma pessoa? Que impacto isso tem em você?

4. A reportagem aponta também para a importância de ter metas. Quais eram as metas de Viviane Duarte que contribuíram para o sucesso de seu projeto de vida?

5. Quais são suas metas relacionadas ao seu projeto de vida? Desenhe uma linha do tempo em seu diário de bordo com início na data de hoje e término em 10 anos. Escreva quais são as suas metas para: este mês; para o final do Ensino Médio; para daqui a 4 anos; para daqui a 8 anos e para daqui a 10 anos.

6. Releia as suas metas e verifique se cada uma delas contempla os critérios listados pelo especialista inglês **John Whitmore**. Exemplo: Quero ingressar em uma universidade pública brasileira para cursar medicina veterinária dentro de 2 anos e, para isso, estou estudando 3 horas por dia. Nesse caso, a meta é **específica**, pois define o que se pretende; é **mensurável**, pois pretende-se ingressar em um curso universitário; é **atingível**, pois a pessoa está se preparando para tal por meio do estudo diário; é **realista**, pois é um curso universitário que está disponível em universidades públicas brasileiras; e é **temporal**, pois pretende-se que aconteça dentro de 2 anos. A meta também é **positiva**, pois baseia-se em uma conquista; é **formulada de maneira compreensível**, pois apresenta clareza; é **relevante**, pois trata-se da construção de uma futura profissão, e é **ética**, pois não infringe a lei.

7. A reportagem mostra que Viviane Duarte, criadora dos projetos sociais "Plano de menina" e "Plano feminino", foi incentivada desde cedo por sua mãe a "bolar planos para obter aquilo que deseja e fazer acontecer".

    a) Quem são as pessoas que já o incentivam ou que podem incentivá-lo a fazer o mesmo? Escreva os nomes dessas pessoas no seu diário de bordo.

    b) Escreva, agora, ao lado dos nomes, como essas pessoas podem ajudar você a atingir cada uma das suas metas.

Biblioteca cultural

Um dos maiores especialistas em gestão e desenvolvimento de pessoas da atualidade, John Whitmore, criou diferentes ferramentas para auxiliar na formulação de objetivos. Com base em alguns critérios, expressos por meio de acrônimos da língua inglesa – *SMART* e *PURE* –, ele definiu aquilo que caracteriza uma meta e que deve ser seguido em sua formulação. Segundo o especialista britânico, uma meta deve ser:

Características de uma meta	Do inglês
Específica	*Specific*
Mensurável	*Measurable*
Atingível	*Achievable*
Realista	*Realistic*
Temporal	*Time-phased*

Características de uma meta	Do inglês
Positivamente definida	*Positive stated*
Entendida	*Understood*
Relevante	*Relevant*
Ética	*Ethical*

WHITMORE, John. *Coaching para aprimorar o desempenho*. São Paulo: Clio, 2012. p. 83. (Texto adaptado).

Acrônimo: palavra formada pela inicial de cada um dos termos relacionados a um conceito ou a uma ideia.

136

Os projetos sociais que você conheceu têm como um dos eixos principais a criação de *redes de apoio e proteção* para meninas da periferia. Viviane Duarte, a criadora, defende a importância dessas redes para que as pessoas possam "prosperar". Que tal criar uma rede de apoio na sua escola?

Para aquecer

1. Cada aluno deverá escrever o próprio nome completo em uma folha de papel sulfite. Essa folha circulará pela sala e cada colega, ao recebê-la, deverá escrever uma habilidade que considera que aquela pessoa possui.
2. Quando a folha de papel tiver passado por todas as pessoas da sala, ela deverá retornar a você. Leia o que escreveram a seu respeito e selecione três habilidades que considera que, de fato, possui e que poderá usar para colaborar com as metas dos seus colegas. Grife-as.
3. Após todos terem selecionado suas habilidades, é o momento de compartilhar com a turma. Leia o que você selecionou e ouça o que seus colegas têm a dizer.

Mão na massa

Com seus colegas, elaborem um material para auxiliar na concretização de seus próprios planos. Usem as perguntas a seguir como um guia para redigir o conteúdo desse material e acrescentem outras questões e informações que possam ser úteis.

1. O que você sabe hoje que o ajuda a alcançar as suas metas, mas gostaria de ter aprendido antes (no final do Ensino Fundamental ou no início do Ensino Médio) para ter tornado o processo mais simples? Registre alguns apontamentos para aqueles que estão vivendo esse mesmo momento de vida.
2. Quais são as suas principais dúvidas quanto à escolha de uma profissão? Formule todas as suas questões para conversar sobre elas com os colegas e o professor.
3. Como você pode contar com as habilidades dos seus colegas para ajudá-lo a alcançar suas metas? Lembre-se de oferecer ajuda e, desse modo, criar uma rede de apoio na sua escola.

Biblioteca cultural

O documentário *Nunca me sonharam,* do diretor Cacau Rhoden, mostra as expectativas para o futuro e o que sonham os alunos de escolas públicas ao redor do Brasil. De forma crítica, por meio dos depoimentos de alunos e de especialistas de diversas áreas, o espectador é levado a refletir a respeito das oportunidades oferecidas e qual é a responsabilidade de uma nação na construção dos sonhos desses jovens. O documentário está disponível em: <https://www.videocamp.com/pt/movies/nuncamesonharam>. Acesso em: 30 nov. 2019.

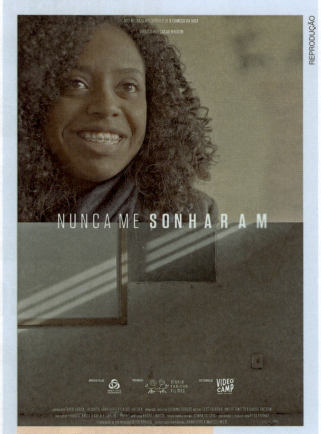

Pôster de divulgação do documentário.

Módulo 3

Capítulo 2

PROCURO-ME

Inspira!

Os cartazes reproduzidos a seguir fazem parte de uma série criada pela artista plástica e poeta paulistana Lenora de Barros. Eles foram expostos originalmente em um grande mural de lambe-lambes.

BARROS, Lenora de. *Procuro-me*. 2003. Impressão *offset* sobre papel cuchê, 38 × 29,5 cm cada.

138

BARROS, Lenora de. *Procuro-me* (detalhe). 2002. Impressão *offset* sobre papel-jornal, 28,5 × 24,5 cm cada. Col. MAM, doação Milú Vilela.

O que esses cartazes contam?

1. Descreva as imagens que compõem a obra de Lenora de Barros.
2. A obra de Lenora se parece com algum tipo de cartaz que você conhece?
3. De que forma a frase "Procuro-me" quebra a expectativa do observador em relação ao conteúdo esperado em cartazes desse tipo?
4. Por que as frases presentes no primeiro cartaz estão escritas também em Espanhol (*Me busco*), Inglês (*Wanted by myself*) e Alemão (*Suche mich*)?
5. A pessoa que aparece nas fotos é a própria Lenora de Barros. Essa informação muda sua interpretação da obra? Em quê?

As fotos de *Procuro-me* foram publicadas originalmente em um jornal, inspiradas nos cartazes afixados em Nova Iorque, Estados Unidos, após a queda das Torres Gêmeas em 11 de setembro de 2001. Depois, *Procuro-me* transformou-se em uma série de cartazes de lambe-lambe e em vídeos que foram expostos ao longo dos anos e em vários lugares diferentes.

QUEM?

Lenora de Barros formou-se em Linguística por uma faculdade pública de São Paulo. Foi bastante influenciada pelo pai, o artista concretista Geraldo de Barros (1923-1998). Lenora iniciou sua vida de artista criando poemas visuais, alguns dos quais foram expostos na 17ª Bienal Internacional de São Paulo. Viveu na Itália por um tempo e, de volta ao Brasil, trabalhou como colaboradora do *Jornal da Tarde*, assinando uma coluna sobre Arte. Passou a atuar como editora de fotografia no jornal *Folha de S.Paulo* e diretora de arte da revista *Placar*. Em 2000, recebeu o Prêmio Multicultural do jornal *O Estado de S. Paulo*. Em 2002, desenvolveu o projeto do livro-objeto *Para ver em voz alta*.

Na página 200, ao final do seu livro, você encontrará os objetivos e as justificativas das atividades deste capítulo, bem como a identificação das competências gerais e específicas e das habilidades da BNCC.

Uma das áreas da faculdade de Letras, que se dedica ao estudo científico da linguagem. Em um curso de Letras, o aluno pode escolher se aprofundar em Espanhol, Inglês, Francês, Alemão ou Linguística, por exemplo.

Módulo 3

O que esses cartazes contam sobre mim?

Além de expor em galerias e museus, Lenora apresentou seus cartazes – ou autorretratos – em uma movimentada estação de metrô na cidade de São Paulo. Leia o que o curador dessa exposição disse sobre o evento:

> [...] ao invés de estar em busca de outra pessoa, Lenora procura a si mesma. Em meio à multidão, nos esquecemos de nós, sobretudo no fluxo diário do ir e vir. A artista nos convida a lembrarmos que mudamos o tempo todo e às vezes nem percebemos: conhece-te a ti mesmo ou a ti mesma.
>
> Disponível em: <https://mam.org.br/exposicao/procurar-se-pela-cidade/>.
> Acesso em: 30 nov. 2019.

1. Você concorda com a opinião do curador? Mudamos mesmo o tempo todo sem perceber?

2. Agora, aceite a interpretação do curador sobre o convite que Lenora de Barros nos faz com sua obra e leve em consideração o início de sua adolescência, quando tinha 13 ou 14 anos, divida sua vida em fases e aponte o que mudou de lá até agora. Você pode escrever e desenhar para mostrar seus gostos e eventuais mudanças de aparência ao longo desses anos.

Boca no mundo

Além dos lambe-lambes contendo seus autorretratos em várias versões, Lenora de Barros colou no espelho de alguns banheiros públicos o trabalho ao lado. Essa *ação artística* é uma provocação ligada a uma ideia que Lenora defende, segundo a qual uma obra de arte deve *romper barreiras entre ela e quem a contempla*. Sinta-se provocado! Quebre essa barreira e procure-se!

- Quem é você neste momento em que está finalizando o Ensino Básico? Que interesses você tem? Quais são seus sonhos e projetos? Que profissão(ões) combina(m) com seu *eu de agora*? Você poderá tirar, a exemplo do que fez Lenora, *selfies*, autorretratos, com diferentes feições e acessórios e inserir nelas frases que sintetizem tudo o que tem pensado sobre você e sobre seu *eu do futuro* desde que começou a refletir sobre isso, no Capítulo 1 do Módulo 1 deste livro. Monte seu próprio *Procuro-me* e exponha o trabalho com seus colegas, seguindo as orientações do professor.

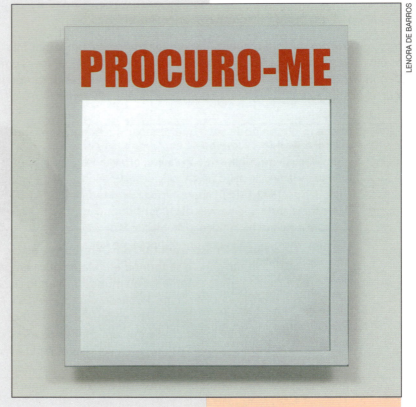

BARROS, Lenora de. *Procuro-me*. 2001. Adesivo sobre espelho, 26 × 22 cm.

Sonho que se sonha só

Qual caminho devo seguir?

Como você já viu neste livro, em certa passagem do clássico romance *Alice no País das Maravilhas*, de Lewis Carroll, a personagem central resolve seguir um coelho branco que passa por ela correndo bastante apressado. O animal, angustiado com as horas indicadas em seu relógio, entra em uma toca e Alice faz o mesmo, sem sequer pensar em como vai sair de lá. Ao adentrar a toca, Alice se depara com um universo bastante diferente daquele a que está acostumada: o País das Maravilhas, que dá título ao romance. Ali, ela vive experiências inusitadas e conhece seres bastante excêntricos, como o Gato de Cheshire, conhecido também como Gato Risonho.

Alice, ao se ver perdida em uma floresta e se deparar com o Gato, inicia o seguinte diálogo com ele:

– Poderia me dizer, por favor, qual caminho devo seguir?
– Isso depende muito de onde você quer chegar – respondeu o Gato.
– Não me importo muito com onde... – falou Alice.
– Então pode seguir qualquer um – falou o Gato.

CARROLL, Lewis. *Alice no País das Maravilhas*. São Paulo: Autêntica, 2017. p. 77.

Diácono: uma das funções dentro da estrutura religiosa.

QUEM?

Lewis Carroll nasceu em 1832 em Deresbury, Inglaterra. Lewis era diácono da igreja e se formou em Matemática em uma das universidades mais renomadas do mundo, iniciando sua carreira como professor universitário. Publicou seus primeiros textos em revistas literárias. Trabalhou também como pintor e fotógrafo. Uma das meninas que fotografou e que era conhecida de sua família serviu de inspiração para o autor escrever suas obras literárias mais conhecidas: *Alice através do espelho* e *Alice no País das Maravilhas*. À primeira vista, essas obras parecem destinadas unicamente ao público infantil. Entretanto, são repletas de questionamentos filosóficos, simbologias enigmáticas e problemas lógico-matemáticos.

Módulo 3

O diálogo entre Alice e o Gato é bastante conhecido. Há, na internet, inúmeras reproduções dele. Responda, com base nesse diálogo, às questões a seguir no seu diário de bordo.

1. Pense nesse diálogo como uma metáfora da vida. O que ele pode significar?
2. Imagine que o Gato esteja se referindo objetivamente a uma profissão a ser escolhida por Alice. O que a resposta que ele deu a ela passa a significar?
3. Qual orientação está implícita na fala do Gato?
4. O que você responderia ao Gato se ele perguntasse aonde você quer chegar neste momento de sua vida, depois de todas as reflexões que foram propostas neste livro?

Biblioteca cultural

Após mais de 150 anos de sua primeira publicação, a história de *Alice no País das Maravilhas* foi relançada em diversas edições. A Editora Zahar, por exemplo, produziu uma versão do livro em capa dura e com ilustrações originais de John Tenniel. A edição apresenta a continuação da história em *Alice através do espelho e o que Alice encontrou por lá*.

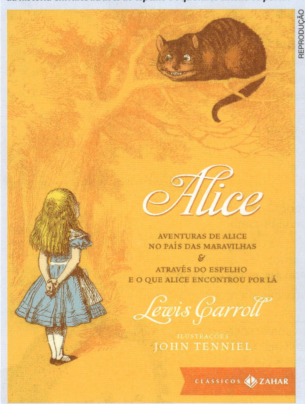

Com adaptação para o cinema, o diretor estadunidense Tim Burton produziu a sua versão de *Alice no País das Maravilhas*. Mesclando atores reais e personagens virtuais, o diretor utilizou técnicas avançadas de computação gráfica para conferir o seu estilo ao clássico, agora filmado em 3-D.

Não é só Alice que tem dúvidas sobre aonde quer chegar, assim como não são apenas os adolescentes que se sentem confusos em relação à profissão que desejam seguir. Desafios relacionados à escolha profissional estarão presentes em várias fases da vida, porque somos pessoas diferentes a cada momento. Podemos ter um projeto com 20 anos que não faça mais sentido aos 40 e ter um projeto aos 50 que não teríamos aos 30 por não termos vivido determinadas experiências, por exemplo.

Como vimos até aqui, são inúmeras as opções de profissão que podem ser escolhidas em um mundo que se modifica em um ritmo cada vez mais veloz – porque não é só você que se transforma, o mundo também muda. Algumas carreiras parecem mais simples de se chegar até elas. Outras são tão desafiadoras que parecem inalcançáveis, seja porque os cursos são caros demais, longos demais, seja porque eles exigem que se mude de cidade ou até mesmo de país.

Mas não há como fugir de fazer uma escolha. Que tal parar agora para pensar e se aprofundar nas suas opções de carreira? Ou, quem sabe, conhecer outras trajetórias que ainda não estavam no seu radar? Lembre-se: para fazer uma escolha, ter informações detalhadas é muito importante.

Etapa 1

1. Liste no seu diário de bordo quais são as suas disciplinas preferidas na escola. Isso poderá aproximá-lo das carreiras que têm afinidade com essas disciplinas. Por exemplo: Literatura, Gramática, Produção de texto, História, Filosofia são disciplinas próximas das carreiras de Letras, Jornalismo e Artes cênicas; Matemática e Física têm afinidade com Engenharia ou Programação de *games*.

2. Depois, observe com atenção a lista de profissões que está reproduzida nas próximas páginas.

a) Primeiro, copie em seu diário de bordo as opções que parecem mais atraentes para você.

b) Depois, faça uma lista com aquelas que chamam sua atenção por terem proximidade com as opções da lista anterior.

c) Por fim, liste as profissões que poderiam ser o seu "Plano B" (em outras palavras, as suas opções caso seja preciso – por alguma circunstância da vida – considerar outras alternativas além das selecionadas anteriormente. Lembre-se das histórias que conheceu na seção **Recalculando rota**).

Etapa 2

3. Faça uma pesquisa sobre cada uma das opções listadas por você. Na sua pesquisa, inclua os seguintes aspectos e faça anotações no seu diário de bordo.

a) Como se tornar um profissional dessa carreira: há cursos técnicos? Cursos livres? EAD? Bacharelados? Licenciaturas? Esse curso é oferecido em instituições públicas ou privadas? Qual é a duração média do curso? Caso seja um curso em estabelecimento privado, qual é o valor médio da mensalidade?

b) O que você vai aprender no curso: quais são as disciplinas oferecidas? Há disciplinas eletivas (que podem ser escolhidas pelo aluno)? Há estágios obrigatórios? Quantas horas de estágio? O curso é dado em período integral?

c) Onde poderei trabalhar? Quais as possibilidades de atuação na área? Como é a rotina das diferentes atividades nessa profissão?

d) Curiosidades sobre a profissão: há algo que chamou a sua atenção nessa carreira? Há algum profissional que se destaca nela e por quem você tenha admiração?

> Confira algumas opções de financiamento estudantil no Capítulo 4 deste Módulo.

Dica

Confira alguns *sites* nos quais você pode realizar sua pesquisa:

<https://vestibular.mundoeducacao.bol.uol.com.br/>. Acesso em: 20 jan. 2020.

<https://guiadoestudante.abril.com.br/>. Acesso em: 20 jan. 2020.

<https://www.guiadacarreira.com.br/>. Acesso em: 20 jan. 2020.

<https://www.mundovestibular.com.br/>. Acesso em: 20 jan. 2020.

Existem aplicativos gratuitos que permitem conhecer a trajetória de profissionais de diferentes áreas, sua experiência ao longo da universidade e como ingressaram no mercado de trabalho.

Módulo 3

Lista de profissões

Administração, Negócios e Serviços

- Administração
- Administração Pública
- Agronegócios e Agropecuária
- Ciências Aeronáuticas
- Ciências Atuariais
- Ciências Contábeis
- Ciências Econômicas
- Comércio Exterior
- Defesa e Gestão Estratégica Internacional
- Gastronomia
- Gestão Comercial
- Gestão de Recursos Humanos
- Gestão de Segurança Privada
- Gestão de Seguros
- Gestão de Turismo
- Gestão Financeira
- Gestão Pública
- Hotelaria
- Logística
- *Marketing*
- Negócios Imobiliários
- Pilotagem Profissional de Aeronaves
- Processos Gerenciais
- Segurança Pública
- Turismo

Ciências Biológicas e da Terra

- Agroecologia
- Agronomia
- Alimentos
- Biocombustíveis
- Biotecnologia
- Biotecnologia e Bioquímica
- Ciência e Tecnologia de Alimentos
- Ciências Agrárias
- Ciências Biológicas
- Ciências Naturais e Exatas
- Ecologia
- Geofísica
- Geologia
- Gestão Ambiental
- Medicina Veterinária
- Meteorologia
- Oceanografia
- Produção de Bebidas
- Produção Sucroalcooleira
- Rochas Ornamentais
- Zootecnia

Ciências Sociais e Humanas

- Arqueologia
- Ciências do Consumo
- Ciências Humanas
- Ciências Sociais
- Cooperativismo
- Direito
- Escrita Criativa
- Estudos de Gênero e Diversidade
- Filosofia
- Geografia
- Gestão de Cooperativas
- História
- Letras
- Libras
- Linguística
- Museologia
- Pedagogia
- Psicopedagogia
- Relações Internacionais
- Serviço Social
- Serviços Judiciários e Notariais
- Teologia
- Tradutor e Intérprete

Artes e *Design*

- Animação
- Arquitetura e Urbanismo
- Artes Visuais
- Comunicação das Artes do Corpo
- Conservação e Restauro
- Dança
- *Design*
- *Design* de *Games*
- *Design* de Interiores
- *Design* de Moda
- Fotografia
- História da Arte
- Jogos Digitais
- Luteria
- Música
- Produção Cênica
- Produção Fonográfica
- Teatro

Ciências Exatas e Informática

- Análise e Desenvolvimento de Sistemas
- Astronomia
- Banco de Dados
- Ciência da Computação
- Ciência e Tecnologia
- Computação
- Estatística
- Física
- Gestão da Tecnologia da Informação
- Informática Biomédica
- Matemática
- Nanotecnologia
- Química
- Redes de Computadores
- Segurança da Informação
- Sistemas de Informação
- Sistemas para Internet

Outras

- Artes
- Biossistemas
- Ciência da Terra
- Ciência e Economia
- Ciência e Tecnologia das Águas/ do Mar
- Ciências da Natureza e suas Tecnologias
- Cultura, Linguagens e Tecnologias Aplicadas
- Energia e Sustentabilidade
- Humanidades
- Linguagens e Códigos e suas Tecnologias
- Matemática e Computação e suas Tecnologias
- Saúde
- Tecnologia da Informação

Reprodução proibida. Art. 184 do Código Penal e Lei 9.610 de 19 de fevereiro de 1998.

Comunicação e Informação

- Arquivologia
- Biblioteconomia
- Cinema e Audiovisual
- Comunicação em Mídias Digitais
- Comunicação Institucional
- Comunicação Organizacional
- Educomunicação
- Estudos de Mídia
- Eventos
- Gestão da Informação
- Jornalismo
- Produção Audiovisual
- Produção Cultural
- Produção Editorial
- Produção Multimídia
- Produção Publicitária
- Publicidade e Propaganda
- Rádio, TV e Internet
- Relações Públicas
- Secretariado
- Secretariado Executivo

Saúde e Bem-Estar

- Biomedicina
- Educação Física
- Enfermagem
- Esporte
- Estética e Cosmética
- Farmácia
- Fisioterapia
- Fonoaudiologia
- Gerontologia
- Gestão Desportiva e de Lazer
- Gestão em Saúde
- Gestão Hospitalar
- Medicina
- Musicoterapia
- Naturologia
- Nutrição
- Obstetrícia
- Odontologia
- Oftalmologia
- Optometria
- Psicologia
- Quiropraxia
- Radiologia
- Saúde Coletiva
- Terapia Ocupacional

Engenharia e Produção

- Agrimensura
- Aquicultura
- Automação Industrial
- Construção Civil
- Construção Naval
- Eletrônica Industrial
- Eletrotécnica Industrial
- Energias Renováveis
- Engenharia Acústica
- Engenharia Aeronáutica
- Engenharia Agrícola
- Engenharia Ambiental e Sanitária
- Engenharia Biomédica
- Engenharia Bioquímica, de Bioprocessos e Biotecnologia
- Engenharia Cartográfica e de Agrimensura
- Engenharia Civil
- Engenharia da Computação
- Engenharia de Alimentos
- Engenharia de Biossistemas
- Engenharia de Controle e Automação
- Engenharia de Energia
- Engenharia de Inovação
- Engenharia de Materiais
- Engenharia de Minas
- Engenharia de Pesca
- Engenharia de Petróleo
- Engenharia de Produção
- Engenharia de Segurança no Trabalho
- Engenharia de Sistemas
- Engenharia de *Software*
- Engenharia de Telecomunicações
- Engenharia de Transporte e da Mobilidade
- Engenharia Elétrica
- Engenharia Eletrônica
- Engenharia Física
- Engenharia Florestal
- Engenharia Hídrica
- Engenharia Industrial Madeireira
- Engenharia Mecânica
- Engenharia Mecatrônica
- Engenharia Metalúrgica
- Engenharia Naval
- Engenharia Nuclear
- Engenharia Química
- Engenharia Têxtil
- Fabricação Mecânica
- Geoprocessamento
- Gestão da Produção Industrial
- Gestão da Qualidade
- Irrigação e Drenagem
- Manutenção de Aeronaves
- Manutenção Industrial (T/L)
- Materiais
- Mecatrônica Industrial
- Mineração
- Papel e Celulose
- Petróleo e Gás
- Processos Metalúrgicos
- Processos Químicos
- Produção Têxtil
- Saneamento Ambiental
- Segurança no Trabalho
- Silvicultura
- Sistemas Biomédicos
- Sistemas de Telecomunicações
- Sistemas Elétricos
- Sistemas Embarcados
- Transporte

Disponível em: <https://guiadoestudante.abril.com.br/profissoes/>.
Acesso em: 30 nov. 2019.

Módulo 3

Encruzilhada

Vendo tantas possibilidades de percurso profissional, você se sente em uma encruzilhada? Talvez todos nós já tenhamos vivido momentos de encruzilhada, quando nos perguntamos qual caminho devemos seguir, como a personagem Alice. O "Modelo da Encruzilhada", proposto pelo comunicador suíço Roman Tschappeler e pelo repórter e editor finlandês Mikael Krogerus, pode ajudar você a encontrar uma direção que faça sentido. Retome o que você tem pensado sobre uma profissão que corresponda aos seus anseios nesta etapa de sua vida, responda às questões a seguir e, com base em suas respostas, preencha o esquema ao final desta seção.

Abaixo de cada pergunta há questões relacionadas, apontamentos ou referências. Use esse conteúdo para ampliar sua reflexão.

1. Tome nota das palavras-chave que melhor respondam a cada pergunta e registre-as no seu diário de bordo.

1. De onde você veio?

Como você se tornou quem é? Quais foram as decisões mais importantes que você já tomou? Quais os eventos que mais o marcaram e os obstáculos que você precisou enfrentar? Quais pessoas foram as suas principais influências? Considere a educação que recebeu até hoje, em sua casa, no seu bairro e na sua cidade.

2. O que é realmente importante para você?

Escreva no seu diário de bordo as três primeiras coisas que vierem à sua cabeça. Você não precisa entrar em detalhes sobre elas.

Quais são os seus principais valores? No que você acredita? Quais princípios são importantes para você? Quando tudo parece dar errado, o que dá suporte a você?

3. Quais pessoas são importantes para você?

Você deve pensar naquelas pessoas cujas opiniões você leva em consideração, nas que influenciam as suas decisões, bem como naquelas que são afetadas por suas escolhas. Pense também nas pessoas de quem você gosta e nas que, por algum motivo, você teme.

4. O que está impedindo você?

Quais aspectos da sua vida o impedem de pensar naquilo que realmente importa? Quais prazos você tem em mente? O que você precisa fazer e quando?

5. Do que você tem medo?

Liste todas as coisas, circunstâncias e pessoas que causam preocupação e que fazem com que você se sinta diminuído.

146

2. Agora, olhe criticamente para as suas respostas. Você acha que há algum elemento faltando nelas? O que você escreveu é suficiente para narrar a história de como você se tornou quem é hoje? Caso ache necessário, escreva no seu diário de bordo outras palavras-chave e perguntas que ocorreram a você ao pensar na sua escolha de carreira profissional. Verifique se elas são respondidas conforme você realiza a próxima etapa desta atividade.

3. Desenhe o modelo a seguir em seu diário de bordo e faça o preenchimento dele.

Atividade inspirada em: KROGERUS, Mikael; TSCHAPPELER, Roman. *The decision book*. New York: W. W. Norton & Company, 2017. p. 78.

Módulo 3

Observe que, no esquema proposto por Roman Tschappeler e Mikael Krogerus, há diferentes opções de caminhos que podem ser percorridos:

- Aquele no qual você já se sentiu seguro (*O caminho de volta*).
- O caminho que é mais conhecido (*O caminho familiar*).
- O caminho jamais considerado e que de modo algum foi trilhado (*O caminho nunca percorrido*).
- O caminho que parece mais atrativo e virtuoso, ligado aos seus sentimentos mais íntimos, o que você sempre quis tentar (*O caminho mais atraente*).
- O caminho imaginado nos maiores sonhos, nas utopias, independentemente de ele ser alcançável ou não (*O caminho dos sonhos*).
- O caminho que parece mais sensato. Aquele que pessoas que são sua referência sugeririam que você seguisse (*O caminho sensato*).

4. Retome a sua pesquisa feita sobre as profissões e escreva as respostas para as perguntas a seguir no seu diário de bordo.

a) Em qual dos caminhos você encaixaria cada uma das opções profissionais levantadas na pesquisa? Você pode associar mais de uma profissão a cada caminho e, aos poucos, ir pensando sobre a sua escolha e pesquisando ainda mais sobre ela.

b) As suas disciplinas preferidas na escola estão contempladas de alguma forma nos cursos que você escolheu?

c) As possibilidades de atuação profissional e rotinas pesquisadas estão alinhadas com o que você gosta de fazer?

d) Ter feito a pesquisa e inserido algumas profissões no esquema proposto pelos especialistas em comunicação está contribuindo para seu processo de escolha? De que forma?

Recalculando rota

A Oncologia é uma especialidade médica que estuda e trata diversos tipos de câncer.

Simone Mozzili se formou em Publicidade e Propaganda e seguiu na profissão como proprietária de uma produtora de vídeos até completar 34 anos de idade. Há alguns anos, ela já era voluntária em um hospital oncológico, brincando com as crianças que estavam internadas para tratamento de algum tipo de câncer. Até que um dia, ao realizar uma cirurgia para retirada de um cisto de ovário, recebeu o diagnóstico de que estava com a mesma doença que as crianças de quem cuidava e que suas chances de sobrevivência, por causa da gravidade do tumor, eram inferiores a 30%. Impactada por sua condição e pela falta de informações confiáveis na internet relacionadas à doença, resolveu pensar em uma solução que pudesse auxiliar pacientes oncológicos, principalmente crianças e adolescentes. Tendo aprendido que a informação tem papel transformador na adesão a um tratamento médico, ela criou o Beaba, uma Organização Não Governamental (ONG) que tem como objetivo aumentar o engajamento dos pacientes no tratamento oncológico por meio de esclarecimento de termos médicos e procedimentos de saúde. Nesse percurso, ela criou um jogo para abordar o tema e organiza acampamentos para pacientes e seus familiares. Simone passou por tratamento médico e se curou, o que acabou alterando também a sua trajetória profissional. Ela transformou sua atividade de voluntariado em uma profissão e se dedica exclusivamente à ONG.

- Como você se informa sobre temas relacionados à saúde e suas formas de tratamento? Como você sabe se as informações de determinado *site* são confiáveis ou não?

Sonho que se sonha junto

Quando você para a fim de se autoanalisar, que características positivas enxerga? Você se sente alguém aberto a novas experiências? É amigável? Resiliente? Empático? Nesta seção, você vai conhecer um chefe de cozinha que usou essas e outras competências pessoais para criar um projeto inovador e de alto impacto social e vai entrar em contato com uma linha da Psicologia que estuda os comportamentos representativos das características de personalidade que uma pessoa pode ter. Chegou a hora de falarmos das competências socioemocionais!

Tempero motivador

Chef de cozinha corre o mundo para descobrir no Brasil sua receita favorita: ajudar jovens a pilotar a vida

O *chef* David Hertz na universidade privada em que foi professor de Gastronomia. São Paulo, ago. 2013.

Nascido em uma tradicional família judaica de Curitiba, David Hertz [...] passou grande parte da juventude em busca de uma receita para sua vida.

Cresceu acompanhando o pai em sua loja de armarinhos. "Minha família é conservadora e o mais provável era que eu seguisse o mesmo rumo", lembra.

A escola, o movimento juvenil e os eventos sociais da adolescência também eram dentro da comunidade judaica local.

Aos 18 anos, porém, foi para Israel, onde viveu num *kibutz*. "Tive ali a primeira visão de que havia um mundo maior e de que poderia buscar a minha história, seja lá qual fosse ela."

O que era para ser uma viagem de um ano transformou-se em sete. Entre idas e vindas, visitou Tailândia, China, Vietnã, Índia, Inglaterra, Canadá.

Na Tailândia, fez seu primeiro curso de culinária. Na Índia, descobriu o lado ritualístico da Gastronomia e, no contato com os ingredientes, um meio de sentir a essência das pessoas.

Mas foi em Toronto, onde trabalhou como entregador de comida, que pensou pela primeira vez em se tornar *chef*.

"Aos 25, vi que não estava sendo inteiro. Eu era conhecido como aquele que sempre falava que queria fazer uma coisa, mas nunca fazia. E isso me incomodava. Quando me aceitei, tudo começou a acontecer."

Mudou-se para São Paulo, cursou a faculdade de Gastronomia e logo tornou-se *chef* de um recém-aberto café [...].

O sabor que buscava, entretanto, só encontrou em 2004, quando foi convidado a desenhar um projeto de cozinha dentro da favela do Jaguaré.

"Ao pisar na cozinha, vi um novo mundo, no qual descobri ser possível colocar todos os meus aprendizados na prática: superação de desafios, contatos pessoais, olhar positivo e, sobretudo, continuar minha busca pela troca de aprendizado."

Surgiu, assim, o Cozinheiro Cidadão, que ensinava gastronomia a jovens do entorno.

Mais fermento

Daí em diante, a receita de sua vida, por anos incerta, ficou mais que definida. Com o tempero da gastronomia, selecionou ingredientes como empreendedorismo, protagonismo juvenil, educação, inclusão.

Em um mês, conheceu a [...] rede de apoio a negócios sociais que impulsionou seu projeto.

Kibutz: comunidade israelense economicamente independente, que tem como base o trabalho agrícola e colaborativo, organizada de modo igualitário e democrático.

Módulo 3

"Estavam procurando jovens com a ideia de montar um negócio social."

Acompanhado da aprendiz Urideia Costa, que conhecera no Cozinheiro Cidadão, decidiu, em 2005, criar um bufê-escola com formação profissional na prática, geração de renda e replicação de negócios sociais. Saía do forno a Gastromotiva.

"Pela primeira vez, após procurar tanto o que queria fazer da vida, eu estava muito em paz [com a busca]. As coisas vêm na hora em que têm de acontecer."

Hoje, com uma equipe fixa de dez pessoas e 66 aprendizes formados em dois anos, o incansável David ri quando lembra os "32 nãos" que levou – e que continua ouvindo.

Mas não deixa de focar na autossustentabilidade e em adicionar fermento a seu impacto social.

"Adoraria inspirar outros negócios a virarem sociais. Ao ajudar as pessoas a encontrar seu caminho, eu me encontrei. Sinto-me muito empoderado."

> Disponível em: <https://www1.folha.uol.com.br/empreendedorsocial/finalistas/2009-david-hertz-gastromotiva.shtml>. Acesso em: 30 nov. 2019.

1. David Hertz menciona no texto que "procurou muito o que queria fazer da vida". Ao fundar a Gastromotiva e sentir-se realizado, concluiu que "as coisas vêm na hora em que têm de acontecer". Quais foram os passos dados por David para que ele pudesse reconhecer a hora certa de iniciar uma nova atividade profissional?

2. David afirma que descobriu, por meio da profissão, ser "possível colocar todos os seus aprendizados na prática: superação de desafios, contatos pessoais, olhar positivo e, sobretudo, continuar sua busca pela troca de aprendizado". Quais são os aprendizados que você gostaria de colocar em prática por meio de uma profissão para construir uma carreira significativa e que impacte as pessoas, como fez David?

O que são as Competências Socioemocionais?

Entre os psicólogos, tem crescido o reconhecimento de que é possível analisar a personalidade humana em cinco dimensões, conhecidas como *Big Five*: abertura a novas experiências, extroversão, amabilidade, consciência (também traduzida como consciensiosidade, do inglês *conscientiousness*) e estabilidade emocional (em inglês, usualmente identificada na carga de instabilidade emocional, ou *neuroticism*). Os *Big Five* são resultado de uma análise das respostas de questionários sobre comportamentos representativos de todas as características de personalidade que um indivíduo pode ter. Quando aplicados a pessoas de diferentes culturas e em diferentes momentos do tempo, as respostas a esses questionários demonstraram ter a mesma estrutura, o que deu origem à hipótese de que os traços de personalidade dos seres humanos se agrupam efetivamente em torno de cinco grandes domínios.

[...]

Domínios dos *Big Five*

[...]

Abertura a novas experiências: tendência a ser aberto a novas experiências estéticas, culturais e intelectuais. O indivíduo aberto a novas experiências caracteriza-se como imaginativo, artístico, excitável, curioso, não convencional e com amplos interesses.

Consciência [ou Autogestão]: inclinação a ser organizado, esforçado e responsável. O indivíduo consciente é caracterizado como eficiente, organizado, autônomo, disciplinado, não impulsivo e orientado para seus objetivos (batalhador).

Extroversão [ou Engajamento com os Outros]: orientação de interesses e energia em direção ao mundo externo e pessoas e coisas (ao invés do mundo interno da experiência subjetiva). O indivíduo extrovertido é caracterizado como amigável, sociável, autoconfiante, energético, aventureiro e entusiasmado.

Amabilidade: tendência a agir de modo cooperativo e não egoísta. O indivíduo amável ou cooperativo se caracteriza como tolerante, altruísta, modesto, simpático, não teimoso e objetivo (direto quando se dirige a alguém).

Estabilidade Emocional [ou Resiliência Emocional]: previsibilidade e consistência de reações emocionais, sem mudanças bruscas de humor. Em sua carga inversa, o indivíduo emocionalmente instável é caracterizado como preocupado, irritadiço, introspectivo, impulsivo, e não autoconfiante.

Disponível em: <https://porvir.org/especiais/socioemocionais/>. Acesso em: 30 nov. 2019.

O Instituto Ayrton Senna disponibilizou a definição dos *Big Five* por meio de uma imagem que contempla as cinco macrocompetências (Autogestão, Engajamento com os outros, Amabilidade, Resiliência emocional e Abertura ao novo) e as 17 competências socioemocionais que compõem cada uma delas:

1. Após conhecer as chamadas competências socioemocionais, quais delas você considera que precisaria desenvolver ainda mais para contribuir com a sua vida profissional?
2. Quais competências socioemocionais você considera que David Hertz precisou usar e desenvolver para chegar aonde está?
3. Reúnam-se em grupos de até cinco alunos e retomem a lista de profissões presente na seção **Sonho que se sonha só**. Cada um deverá selecionar três profissões das pesquisadas e associar a cada uma delas as competências socioemocionais relacionadas à rotina profissional.

Módulo 3

Capítulo 3

REMOVA-SE! MOVA-SE!

Inspira!

É bem possível que você já tenha ouvido inúmeras vezes – da boca de sua mãe, de seu pai, seus avós, professores, tutores, da boca dos adultos que o cercam – falas como: "*No meu tempo* não era assim" ou "*No meu tempo* tudo era melhor" ou ainda "*No meu tempo* as pessoas se falavam mais". O que significa, afinal, a expressão *no meu tempo*? Já parou para pensar sobre o que caracteriza *seu tempo*, o mundo em que você vive hoje, o tempo presente?

Os artistas cujas obras estão reproduzidas nesta seção vão nos ajudar a refletir sobre uma faceta disso que chamamos *agora*. Veja algumas fotos da série *Removed* criada por Eric Pickersgill.

Biblioteca cultural

Você pode ver as fotos da série produzida por Pickersgill, entre 2014 e 2019, em lugares como Indonésia, Estados Unidos e Índia. Elas estão disponíveis em: <https://www.removed.social>. Acesso em: 30 nov. 2019.

Jimmy and Michele [Jimmy e Michele]. 2014. EUA.

Na página 201, ao final do seu livro, você encontrará os objetivos e as justificativas das atividades deste capítulo, bem como a identificação das competências gerais e específicas e das habilidades da BNCC.

Módulo 3

Ashley's Neighbors (Vizinhas de Ashley). 2014. EUA.

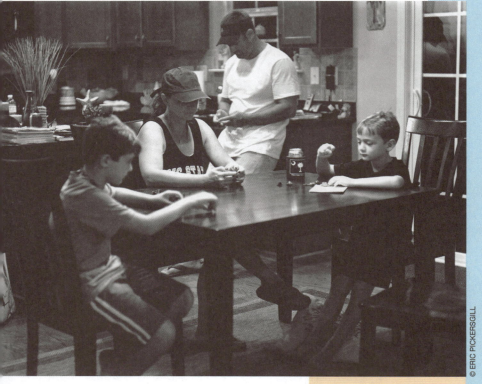

Wendy, Brian, Hunter, Harper. 2014. EUA.

QUEM?

O estadunidense **Eric Pickersgill** nasceu em 1986 e se apresenta como "artista, marido e pai em período integral". Ele é bacharel em Artes, com especialização em Fotografia, por uma universidade de Chicago, e mestre em Belas Artes, por uma faculdade da Carolina do Norte, ambas nos Estados Unidos. Entre 2011 e 2013, Pickersgill trabalhou como professor do Ensino Médio. Suas obras já foram expostas em museus, galerias e feiras de arte em várias partes do mundo.

Você já parou para pensar que ser mãe e pai também faz parte de um projeto de vida? A tarefa de educar um ser humano e prepará-lo para viver e transformar o mundo é uma das grandes responsabilidades que alguém pode assumir. Faz parte de seu projeto de vida ser mãe ou pai?

A estrutura de ensino nos Estados Unidos é diferente da encontrada no Brasil. Os cursos de bacharelado em Artes são bastante abrangentes e, durante o curso, o aluno escolhe em que área quer se especializar.

Gostou das fotos? Agora, conheça outro projeto, o *Art × Smart*, do ilustrador coreano Kim Dong-Kyu.

QUEM?

Nascido e criado na Coreia do Sul, **Kim Dong-Kyu** é bacharel em *Design* de Moda por uma universidade de Seul, na Coreia do Sul. Ele já atuou como diretor de arte e moda em seu país, no México, na China e nos Estados Unidos. Seus trabalhos investigam o impacto do capitalismo nos valores, ambições e desejos humanos. Kim já expôs em museus e galerias nos Estados Unidos e na Coreia do Sul, além de ser popular na internet.

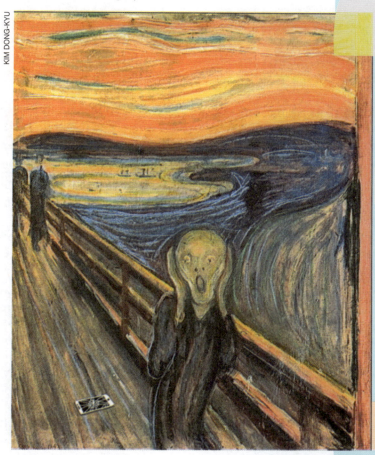

The scream (O grito), Com base em *O grito* (1893), de Edvard Munch. 2013.

Always in my hand (Sempre em minha mão). Com base em *No conservatório* (1878-1879), de Édouard Manet. 2013.

Módulo 3

O que essas fotos e interferências em pinturas contam?

1. Que elemento, mesmo ausente nas fotos, causa estranhamento? Por que é tão fácil identificar essa "ausência"? De que forma as fotos se comunicam com o nome que Pickersgill deu à série que criou, *Removed* (removido)?

2. Para produzir as fotos, Pickersgill monta as cenas com os celulares e depois retira os aparelhos das mãos dos modelos, segundos antes de registrar as imagens.

   a) Pensando nos recursos tecnológicos disponíveis atualmente, o que há de incomum nesse procedimento?

   b) Por que você acha que Pickersgill utiliza esse procedimento e não outro para produzir suas fotos?

3. Pickersgill não escolhe cenas ao acaso.

   a) Que critérios você acha que ele usou para montar especificamente as cenas das fotos?

   b) Que sensação essas cenas causam em você?

4. A série *Removed* viralizou na internet e tornou o trabalho de Pickersgill bastante popular no mundo todo. Esse sucesso poderia ser visto como uma contradição em relação ao que o artista critica. Explique.

5. Reveja as fotos que compõem a série *Art × Smart*. Que elemento Kim Dong-Kyu insere nos quadros considerados clássicos, pintados por grandes artistas?

6. Analise cada um dos quadros famosos, nos quais o coreano faz interferências. Observe as cenas retratadas, os títulos originais das obras, os atribuídos por Kim Dong-Kyu e os objetos inseridos nas telas. Comente suas conclusões.

7. O que as obras do coreano e as do estadunidense têm em comum?

O que essas fotos e interferências em pinturas contam sobre mim?

- Escolha apenas uma das fotos ou uma das pinturas reproduzidas no livro e escreva em seu diário de bordo o que ela diz sobre o mundo em que você vive e suas relações pessoais.

Biblioteca cultural

Você pode acessar e se divertir com as obras da série *Art × Smart*, do ilustrador coreano Kim Dong-Kyu. Elas estão disponíveis em *sites* de busca na internet.

Assista ao que o próprio Pickersgill fala sobre as alterações do comportamento humano após a disseminação dos dispositivos celulares. Em pesquisa na internet, você encontrará o vídeo da TEDx, em inglês.

Boca no mundo

Em uma palestra proferida no evento TED, Pickersgill nos lembra que os celulares têm, eventualmente, o poder de conectar pessoas que estão distantes, mas também podem nos desconectar de quem está fisicamente perto de nós.

Um estudo realizado em 2018 pela *Kaspersky Lab* com usuários brasileiros mostrou que:

- 95% utilizam seus celulares para se distrair.

- 79% admitem que usam o celular para evitar falar com outras pessoas.

- 37% não conseguem mais se distrair sem um celular por perto.

- 18% afirmaram que não sabem fingir que estão ocupados se não tiverem um celular à mão.

Em diálogo com Pickersgill, o artista Kim Dong-Kyu defende que "celulares enfatizam a conexão e a comunicação, mas, na realidade, parece que apenas a indiferença e a superficialidade permanecem". (Disponível em: <http://artxsmart.dong-kyu.com/artworks>. Acesso em: 30 nov. 2019.)

- O celular talvez seja apenas a ponta de algo maior, de um *iceberg* complexo que é o século XXI. O que você pensa sobre isso? O que o modo como esse aparelho é usado conta sobre o *seu tempo*?

TED (acrônimo de *Technology, Entertainment, Design*, ou seja, Tecnologia, Entretenimento, Planejamento) é uma organização sem fins lucrativos que se dedica a disseminar "ideias que merecem ser compartilhadas". Começou há mais de duas décadas como uma conferência na Califórnia, Estados Unidos.

Sonho que se sonha só

O mundo é a forma como fomos capazes de imaginá-lo

Qual é o papel que o poder de imaginar desempenha na construção do mundo e de sua trajetória? Conheça o que um escritor colombiano e um cartunista argentino têm a dizer sobre isso.

O texto a seguir, de Gabriel García Márquez, é uma passagem do discurso de abertura do *Seminário América Latina e Caribe diante do novo milênio*, proferido em 1999, em Paris (França). Nesse discurso, o autor dá um recado a todos aqueles que são capazes de sonhar em relação aos desafios do século XXI, que estava para começar. Leia um trecho dessa fala:

> [...] A vocês, sonhadores com menos de quarenta anos, corresponde a tarefa histórica de arrumar essas desarrumações descomunais. Lembrem que as coisas deste mundo, dos transplantes de coração aos quartetos de Beethoven, estiveram na mente de seus criadores antes de estar na realidade. Não esperem nada do século XXI, pois é o século XXI que espera tudo de vocês. Um século que não veio pronto de fábrica, veio pronto pra ser forjado por vocês à nossa imagem e semelhança, e que só será tão pacífico e nosso como vocês forem capazes de imaginá-lo.
>
> MÁRQUEZ, Gabriel García. *Eu não vim fazer um discurso*. Rio de Janeiro: Record, 2011. p. 104.

Descomunais: imensos, de proporções gigantescas.

QUEM?

Gabriel García Márquez (1927-2014) é um escritor colombiano. Na juventude, Gabo – como era conhecido –, mudou-se para Bogotá para estudar Ciências Políticas e Direito. Entretanto, não concluiu essas graduações. Mudou-se para uma cidade menor, onde começou a trabalhar como jornalista. Ao longo de sua carreira, foi repórter e correspondente internacional. O gosto pela literatura surgiu por influência das histórias contadas pela avó durante sua infância e do grupo de escritores que ele frequentava em Barranquilla (norte da Colômbia). Apaixonado por cinema, Gabo chegou a fundar uma escola internacional de cinema e televisão em Cuba e foi diretor e roteirista. Porém, sua principal atividade profissional foi a de escritor. Entre os seus principais livros, destacam-se *O amor nos tempos do cólera*, *Cem anos de solidão* e *Crônica de uma morte anunciada*. Recebeu o prêmio Nobel de Literatura em 1982 e o Prêmio Internacional Neustadt de Literatura em 1972.

> Repórter contratado para viver em um país estrangeiro a fim de produzir matérias sobre ele e seus arredores. Já o enviado especial é um repórter convidado a viajar e cobrir um tema específico para um veículo. Ambos precisam dominar o idioma do país para onde estão indo ou falar Inglês fluentemente.

- Frequentemente, quando as pessoas falam sobre suas profissões, citam familiares ou conhecidos que as inspiraram a seguir determinada área de atuação. Pergunte a profissionais que você admira e respeita quem foram os familiares que os inspiraram.

157

Módulo 3

Responda às perguntas a seguir em seu diário de bordo.

1. Que recado você acha que Gabriel García Márquez dá em seu discurso?
2. Por que você acha que García Márquez se dirige especialmente aos "sonhadores" e que tenham "menos de quarenta anos"?
3. Duas décadas se passaram desde que García Márquez proferiu o discurso que foi reproduzido. Olhando para o século XXI, você acha que esses sonhadores com menos de quarenta anos conseguiram, de alguma forma, "arrumar essas desarrumações descomunais" e tornar nosso mundo "pacífico"?
4. Provavelmente, quando o escritor proferiu essa fala, você nem havia nascido, ou era bem pequeno. Imagine que ele tenha se dirigido a você, sonhador "com menos de quarenta anos". Que arrumação você sonharia fazer neste século XXI? Que coisas estão na sua mente criadora e que gostaria que se transformassem em realidade (como o transplante de coração e os quartetos de Beethoven)? Como você forjaria esse novo mundo? O que você faria para transformar esse sonho em realidade?

Biblioteca cultural

Assista ao Quarteto de Cordas da Universidade Federal Fluminense interpretando o "Quarteto de cordas em sol maior, op. 18, número 2, *Scherzo*: *Allegro*", de Beethoven (1770-1827), citado por Gabo. O vídeo "Quarteto de Cordas da UFF interpreta Beethoven" está disponível na internet e pode ser localizado por meio de *sites* de busca.

Agora, vamos à tira do argentino Liniers:

LINIERS

QUEM?

Ricardo Liniers Siri, mais conhecido como Liniers, é um cartunista nascido em Buenos Aires, Argentina. Formado em Publicidade, largou a profissão para se tornar desenhista. Ele publica suas tirinhas em jornais argentinos. Além disso, tem mais de 10 livros com seus personagens, sendo *Macanudo* o mais famoso deles. A marca registrada do desenhista é a união de ironia, humor, leveza e simplicidade.

- Você gosta de desenhar? Se fosse um cartunista, quais seriam os temas centrais das suas tiras? Quais personagens você criaria?

1. Como você interpreta a tira do argentino Liniers?
2. Experimente ser um cartunista por um instante. Transforme o discurso de Gabriel García Márquez em uma tira, como a de Liniers.

158

Futuro profissional e imaginação

Que tal usar a sua criatividade sem medo para imaginar possibilidades para o seu futuro profissional? Siga os passos a seguir e divirta-se, porque imaginar é muito bom. Não tenha medo!

Passo 1

Escreva quais são os pensamentos que, neste momento de sua vida, estão limitando (**pensamentos limitantes**) a sua escolha profissional. Exemplos: "Eu não gosto de nada"; "Eu gosto de tudo e por isso não sei o que fazer"; "Eu não sei de qual área eu sou"; "Não adianta eu escolher esse curso porque não tenho chances de passar no vestibular"; "Ninguém na minha família fez um curso superior, então é provável que eu siga pelo mesmo caminho"; "Na minha família todo mundo é bem-sucedido em tudo o que escolhe fazer, então tenho medo de não conseguir o mesmo"; "Se eu escolher esse curso, vou me arrepender dessa opção no futuro"; "Todo mundo passará no vestibular, menos eu"; "Gosto dessa profissão, mas ela não dá dinheiro"; "Acho que isso nem é uma profissão" etc.

Passo 2

Agora, parta para a imaginação: invente o máximo possível de ideias (**soluções**) que possam ajudá-lo a superar esses pensamentos limitantes que você elencou. Não se acanhe: tente chegar a 20, 30 soluções e escreva tudo aquilo que vier à sua mente, mesmo que pareça, em princípio, impossível ou sem lógica. Exemplos de solução: "Vou me dedicar mais às matérias em que tenho dificuldade pedindo ajuda a um amigo que as domina mais do que eu"; "Gosto muito de animais e das aulas de Biologia, então vou pesquisar nesta semana profissões relacionadas a isso"; "Procurarei saber o máximo possível sobre o curso de meu interesse para diminuir as chances de errar na escolha"; "Vou me tornar o primeiro da minha família a fazer um curso superior e servir de exemplo para as próximas gerações"; "Conversarei com meus pais neste final de semana sobre meu medo de não ser tão bem-sucedido em uma profissão quanto eles"; "Falarei amanhã com minha mãe que não desejo cursar o que ela acha melhor para o meu futuro"; "Vou parar de me comparar com os outros e traçarei metas semanais realistas que eu possa cumprir"; "Listarei tudo aquilo que me orgulho de ter feito até hoje para aumentar a minha autoconfiança"; "Perguntarei ao filho da amiga de minha mãe como ele fez para conseguir um crédito educativo que o ajudou a pagar a faculdade"; "Tentarei fazer um curso *on-line* para melhorar meu inglês porque quero tentar uma bolsa de estudos fora do país"; "Entrarei no *site* do MEC para entender se tenho direito às cotas"; "Vou estudar uma hora por dia as matérias que tenho dificuldade"; "Tentarei um estágio remunerado assim que iniciar a faculdade para ajudar a pagar a mensalidade" etc.

Módulo 3

Passo 3

Observe as soluções imaginadas por você. Agora, marque com um asterisco (*) aquelas que você considera as mais **criativas** e circule aquelas que você julga serem as mais **práticas**. Exemplos: uma ideia criativa seria "listar tudo aquilo de que me orgulho de ter feito para aumentar a minha autoconfiança" e uma ideia prática poderia ser "parar de me comparar com os outros e traçar metas semanais que eu possa cumprir de verdade".

Passo 4

Agora, selecione quais ideias práticas e quais soluções criativas você começará a colocar em prática a partir de hoje – ou já começou a pôr em prática. Semanalmente, revisite a sua seleção para que possa, aos poucos, incorporar à seleção ou ao seu dia a dia novas soluções práticas e criativas imaginadas por você.

Passo 5

Agora, imagine-se no futuro por alguns instantes ("eu do futuro"). Com o que você se vê trabalhando? Qual é o seu grande **objetivo no momento**? Exemplo: "Me vejo trabalhando com algo relacionado a saúde, em um ambiente urbano. Meu grande objetivo é fazer pesquisas que possam contribuir com o tratamento de crianças com câncer".

Passo 6

Torne esse projeto de atividade profissional e esse grande objetivo mais **concretos**. Pesquise e reúna mais **informações** que possam auxiliá-lo a compreender quais são as várias possibilidades para chegar a esse sonho. Quais outras informações, além das que você já tem, podem ser úteis? Exemplos: "Posso pesquisar quais outras carreiras, além de Medicina, permitirão que eu trabalhe com pesquisa sobre o câncer. Verificarei quais são as disciplinas das grades curriculares dessas carreiras que me ajudariam a trabalhar nesse tipo de pesquisa: Biologia, Farmácia, Bioquímica e Enfermagem. Depois, pesquisarei esses cursos superiores e as formas de ingresso neles".

Um biografado bem importante

Imagine que, no futuro, será lançado um livro contendo a sua biografia em uma grande livraria. A obra narra a sua história de vida, com foco, principalmente, na sua trajetória profissional e nas conquistas que o seu trabalho trouxe a você e ao seu entorno. Seu editor precisará de um título para sua biografia e necessitará que você escreva a quarta capa e a orelha do livro. Vamos ajudá-lo? Observe as explicações a seguir e elabore os textos em seu diário de bordo.

Embora não seja necessário realizar um curso específico para se tornar editor, há faculdades que oferecem graduação em Produção Editorial. O curso dura, em média, quatro anos.

O editor é responsável pela produção e publicação de obras impressas e eletrônicas. Geralmente, ele coordena uma equipe com vários profissionais envolvidos na elaboração do projeto e pode cuidar, diretamente, da edição do texto, da elaboração do projeto visual, da área de *marketing*, entre outras atividades. Este livro, por exemplo, foi escrito por autores e editado por uma editora.

Quarta capa: a parte de trás do livro onde se encontra uma sinopse, ou seja, um resumo da obra.

Orelha: a parte da capa que é dobrada para dentro do livro. Geralmente traz informações sobre o autor ou detalhes sobre a obra e pode ser usada como marca-páginas.

TÍTULO
O TÍTULO DA SUA BIOGRAFIA DEVERÁ DESPERTAR O INTERESSE DO LEITOR E APRESENTAR A ELE, DE FORMA BEM SUCINTA, O QUE A OBRA CONTA.

QUARTA-CAPA
ESSA PARTE DEVE CONTER UMA SINOPSE (TEXTO-SÍNTESE) DA OBRA.

ORELHA
DEVE CONTER UMA BREVE BIOGRAFIA SUA, APRESENTANDO, DE FORMA BASTANTE RESUMIDA, OS ASPECTOS MAIS MARCANTES DA SUA VIDA E AS SUAS CONTRIBUIÇÕES PROFISSIONAIS.

(SE ESTIVER SEM IDEIAS, CONSULTE OS BOXES QUEM?, QUE FORAM LIDOS NOS CAPÍTULOS ANTERIORES.)

Módulo 3

Recalculando rota

O paulista Vicente José de Oliveira Muniz, mais conhecido como Vik Muniz, é um artista plástico. Nascido em 1961, Vik iniciou um curso de Psicologia, mas não o terminou. Para sobreviver, trabalhou na área de Publicidade. Aos 19 anos, parou para separar uma briga, mas a vítima o confundiu com o agressor e atirou nele. Para compensar isso, essa pessoa custeou seu tratamento em um hospital e uma sonhada passagem para estudar arte nos Estados Unidos, onde ele vive há 30 anos. Vik ficou conhecido principalmente por recriar obras famosas como a clássica *Monalisa*, de Leonardo da Vinci, usando materiais inusitados como açúcar, molho de tomate, chocolate, arame e lixo. Além desse prestigiado trabalho, Vik é o idealizador e diretor da Escola Vidigal, localizada no Vidigal, comunidade do Rio de Janeiro. Aberta em 2015, a escola une educação, arte e tecnologia para auxiliar no processo de alfabetização de crianças de baixa renda. Conheça mais sobre o artista e sobre suas criações em: <http://vikmuniz.net/pt/>. Acesso em: 30 nov. 2019.

- Você já experimentou recriar obras artísticas famosas utilizando materiais que não são comumente explorados para tal como faz Vik? Que obra você recriaria?

O artista Vik Muniz. São Paulo, abril de 2017.

162

Sonho que se sonha junto

XXI: que século complicado (e fascinante)!

Ao longo deste livro você foi convidado a pensar em projetos para resolver os principais problemas da sua comunidade e até mesmo do país. Vamos pensar além! Quais são os principais problemas presentes no mundo neste século XXI? E quais competências socioemocionais são necessárias, a seu ver, para ajudar a resolvê-los? Algumas pessoas e organizações se dedicam a pensar sobre esse assunto complexo. Vamos conhecer jovens brasileiros, como você, que se ocupam com criar soluções bem concretas para nosso mundo e um historiador israelense, Yuval Noah Harari, que adora pensar sobre o *nosso tempo* e o futuro.

Grupo Biotinga. Estudantes de Mossoró, vencedores das Olimpíadas do Futuro. Novembro de 2019.

Cinco estudantes de Mossoró, no Oeste potiguar, foram os vencedores das Olimpíadas do Futuro, que focam em iniciativas ligadas a problemas enfrentados no século XXI. Eles desenvolveram um canudo comestível e biodegradável à base de mandioca e cera de carnaúba. [...]

Desenvolvido pelo grupo Biotinga, formado por cinco alunos do Ensino Médio de uma escola da cidade, o canudo biodegradável demorou cerca de dois meses até chegar à forma final, que conta com mandioca e cera de carnaúba como principais ingredientes, matérias-primas nativas e abundantes na região Nordeste.

Comestível, o produto pode ter vários sabores, que são definidos na hora de fazer a massa. Os canudos podem ser de chocolate, uva, chiclete, menta, maracujá, baunilha e neutro, que não tem sabor. O processo de fabricação dura até seis horas. De acordo com o grupo, foram dois meses pesquisando, procurando ideias e fazendo testes até chegar ao produto final.

A estudante Ana Beatriz Oliveira, que participou do projeto, disse que o grupo inteiro ficou muito emocionado na hora do anúncio. "A gente se sentiu muito feliz ao ver nosso trabalho reconhecido. Não só pelo primeiro lugar, mas pelas respostas que nos deram sobre o projeto", lembrou.

Mandioca: raiz comestível, também conhecida como aipim, macaxeira, maniveira, pão-de-pobre, entre outros termos.

Cera de carnaúba: cera produzida com folhas de uma palmeira nativa do Brasil, típica dos estados do Ceará, Piauí e Rio Grande do Norte.

163

Módulo 3

A estudante apontou que o próximo passo é melhorar o processo de fabricação, para aumentar o volume e diminuir o tempo. "Assim vamos conseguir difundir a ideia [do canudo comestível]", projetou.

Segundo João Victor Andrade, um dos participantes do projeto, a equipe recebeu vários contatos nas redes sociais de pessoas interessadas no produto. "A gente sempre fala 'calma, que o estamos disponibilizando para venda'. Quem sabe para o Brasil inteiro", disse.

De acordo com a estudante Hellen Medeiros, que também participou do projeto, agora a próxima etapa é produzir os canudos em maior quantidade. "A gente tá tentando ver a **logística** do local para fazer os canudos, comprar materiais para produzir e colocar a ideia para frente", adiantou.

[...]

A competição

A Olimpíada foi composta por duas fases *on-line* com questões de múltipla escolha e prova discursiva baseadas nos 17 Objetivos de Desenvolvimento Sustentável da ONU. As provas também conectaram as disciplinas curriculares com habilidades e competências atuais e ligadas ao século XXI, como Economia, Sustentabilidade, Direito, Linguística, e a vertente STEAM, sigla em inglês para Ciência, Tecnologia, Engenharia, Artes e Matemática.

Foram mais de 3 mil inscritos. Na terceira fase, os 21 líderes das equipes tiveram acesso a um programa de mentoria com equipe multidisciplinar para aprimorar os projetos.

Disponível em: <https://g1.globo.com/rn/rio-grande-do-norte/noticia/2019/11/19/estudantes-de-mossoro-desenvolvem-canudo-biodegradavel-e-comestivel-e-ganham-medalha-de-ouro-nas-olimpiadas-do-futuro.ghtml>. Acesso em: 20 nov. 2019.

Mentoria: orientação ou aconselhamento, geralmente, na área profissional.

- Os estudantes vencedores das Olimpíadas do Futuro relataram que demoraram dois meses para desenvolver o canudo comestível e biodegradável feito à base de mandioca e cera de carnaúba. Na sua opinião, quais foram as habilidades necessárias à criação desse produto? Retome a seguir o quadro que trata das *habilidades socioemocionais* para responder a essa pergunta.

Canudos desenvolvidos pelos estudantes de Mossoró, vencedores das Olimpíadas do Futuro.

Disponível em: <https://institutoayrtonsenna.org.br/pt-br/BNCC/desenvolvimento.html>. Acesso em: 30 nov. 2019.

Como você viu, as Olimpíadas do Futuro contaram também com uma prova discursiva baseada nos 17 Objetivos de Desenvolvimento Sustentável da Organização das Nações Unidas (ONU). Tais objetivos foram definidos em 2015 em Nova York, Estados Unidos, na sede da ONU, com a presença de mais de 150 líderes mundiais. Juntos, os participantes adotaram formalmente uma agenda de desenvolvimento sustentável que deverá ser implementada em todo o mundo até 2030. Portanto, todos nós temos um papel importante nessa tarefa. Conheça os 17 Objetivos de Desenvolvimento Sustentável (ODS):

Disponível em: <https://nacoesunidas.org/pos2015/>. Acesso em: 20 nov. 2019.

Módulo 3

Biblioteca cultural

Confira os vídeos produzidos pelos finalistas das Olimpíadas do Futuro sobre seus projetos na página do evento usando um *site* de busca.

1. Escolha apenas um dos 17 Objetivos de Desenvolvimento Sustentável da ONU com o qual você se identifique. Que projeto você proporia para contribuir com o mundo? Solte sua imaginação como fizeram os jovens do Rio Grande do Norte, recorra às suas habilidades socioemocionais e... invente! Mire-se no que diz Gabriel García Márquez: "as coisas deste mundo, dos transplantes de coração aos quartetos de Beethoven, estiveram na mente de seus criadores antes de estar na realidade". O que está na sua mente?

2. Pesquise quais foram os outros projetos finalistas das Olimpíadas do Futuro em 2019.

O historiador **Yuval Noah Harari**, em uma entrevista que concedeu sobre o lançamento do seu livro *21 lições para o século 21*, falou a respeito das questões que inquietam a sociedade atualmente quando pensamos nos principais obstáculos relacionados às rápidas transformações que estão ocorrendo e que ocorrerão neste século.

Almeja: pensa em ter.

[...] Mesmo que você não se interesse por política e ciência almeja um emprego, não? Mas em 2050 muitos empregos desaparecerão porque os computadores serão melhores do que os humanos na confecção de roupas, condução de caminhões, diagnóstico de doenças e mesmo no ensino da História. Novos tipos de emprego surgirão, mas você terá de ter as habilidades e a flexibilidade mental para mudar de profissão. Em 1920, um trabalhador rural demitido por causa da mecanização da agricultura conseguia encontrar trabalho em uma fábrica de produção de tratores. Em 1980, um trabalhador de fábrica que perdia seu emprego poderia trabalhar como caixa de um supermercado. Essas mudanças de função eram possíveis porque elas não exigiam muita qualificação. Mas, em 2050, um caixa de mercado e um operário da indústria têxtil que perderem seu emprego para uma Inteligência Artificial não terão para onde ir porque os novos empregos exigirão um alto nível de competência, criatividade e iniciativa.

Disponível em: <https://cultura.estadao.com.br/noticias/literatura,yuval-noah-harari-autor-de-sapiens-investiga-o-presente-em-21-licoes-para-o-seculo-21,70002459643>. Acesso em: 2 dez. 2019.

QUEM?

Yuval Noah Harari é um historiador, pesquisador e professor israelense. Nascido em 1976 em Qiryat Atta, cidade do distrito de Haifa, é autor dos *best-sellers Sapiens: história breve da humanidade*, *Homo Deus: história breve do amanhã* e *21 lições para o século 21*. Foi vencedor do Prêmio Polonsky por Criatividade e Originalidade nas disciplinas de Humanidades. É doutor em História por uma universidade da Inglaterra e especialista em História Mundial.

- Yuval Noah Harari defende que, em um futuro próximo, muitos empregos desaparecerão porque os computadores serão muito mais capazes do que são hoje de realizar o que os seres humanos fazem em diversas atividades profissionais.

  a) Para resolver esse problema, ele aponta duas soluções principais. Quais são elas?

  b) O que você pensa sobre a opinião do historiador a respeito dos principais desafios do século XXI? A visão de que muitos empregos desaparecerão impacta a sua escolha profissional? Como?

  c) Olhando para seu *eu de agora*, você diria que tem "flexibilidade mental", "criatividade" e "iniciativa"?

Biblioteca cultural

O documentário nacional *Jovens Inventores* (2013), dirigido por Estela Renner, mostra uma série de histórias de jovens de várias partes do Brasil que usam a criatividade para transformar a realidade e inovar em soluções para suas comunidades. O documentário foi produzido com base em uma série na televisão aberta que teve grande audiência.

Nosso projeto para os principais desafios do século XXI?

1. Retome sua proposta individual, produzida a partir dos 17 Objetivos da ONU, apresente-a em seu grupo e, inspirados pelo invento vencedor das Olimpíadas do Futuro, elaborem um projeto coletivo que atenda a um dos 17 Objetivos de Desenvolvimento Sustentável, defendidos pela ONU. Escolham um dos projetos individuais e o aperfeiçoem.

2. Os grupos deverão se organizar de acordo com os interesses profissionais de cada um: Engenharia e Produção; Ciências Sociais e Humanas; Administração, Negócios e Serviços; Artes e *Design*; Ciências Biológicas e da Terra; Ciências Exatas e Informática; Saúde e Bem-Estar; e Comunicação e Informação.

3. Discuta com o seu grupo qual dos 17 Objetivos de Desenvolvimento Sustentável vocês focarão, baseando-se nos projetos individuais já apresentados. Estude como a sua futura profissão poderá contribuir com essa iniciativa.

4. Quando o projeto estiver finalizado, o grupo deverá ser capaz de apresentar a ideia em até 5 minutos para o restante da sala. Imagine que você e seu grupo estão se apresentando para um financiador que poderá ou não apostar na solução proposta por vocês.

5. Cada grupo poderá utilizar recursos de apoio para a apresentação, como *slides*, maquetes, cartazes, desenhos, materiais recicláveis, vídeos etc.

6. Ao elaborar o projeto em grupo, leve em consideração as dicas de Yuval Noah Harari sobre a importância de recorrer à "criatividade", "iniciativa" e "flexibilidade mental". Releia também o boxe **As habilidades socioemocionais** e procure colocá-las em prática.

Módulo 3

Capítulo 4
PÉS NO CHÃO, PÉS NAS NUVENS

Inspira!

Que profissão alguém que estudou História, *Design*, Cinema, Telecomunicações Interativas, História da Arte, Relações Internacionais e Diplomacia pode exercer? Conheça o multiprofissional Marcello Dantas.

" Marcello começou estudando Diplomacia, depois migrou para História da Arte e, na sequência, para o Audiovisual. A carreira de mais de três décadas que se construiu *a posteriori* envolve uma trajetória multifacetada de um artista que se considera curioso. Curiosidade esta que culminou com a idealização do Museu da Língua Portuguesa e do Museu Catavento, que ocupam o topo do *ranking* brasileiro no que se refere a interatividade e inovação. "O não saber me motiva. Meu desejo na vida sempre foi o de contribuir criando linguagens. Eu sempre me interessei em estar em lugares cujos parâmetros de linguagem não estivessem criados", conta Dantas, que já foi curador de exposições bastante diversas – de Ai Weiwei a Bill Viola, passando pela popular Hebe Camargo (...). "Estou sempre movido a me meter em territórios desconhecidos, e, se eu não sei como resolver as equações, elas provavelmente valem a pena serem investigadas." Por essa razão é que, apesar de parecerem diametralmente opostas, Hebe Camargo e Ai Weiwei não deixam de ter um caráter político: o chinês, com sua retórica sobre a pecha excludente da própria arte contemporânea, e a apresentadora, que, a sua maneira, conseguia questionar preconceitos sociais em um veículo de mídia de massa. Se com Hebe ele espera atrair um público que costumeiramente não vai a uma exposição e com Ai Weiwei a ideia é produzir uma linguagem mais inclusiva, para Dantas o que muda de um para o outro é a forma de contar; afinal, ele se considera um contador de histórias: "Eu só conto histórias, eu não sei inventar nada. Você me dá uma história e eu arrumo um jeito de contá-la para um público que não a conhecia". "

Disponível em: <https://glamurama.uol.com.br/depois-de-hebe-camargo-e-ai-weiwei-marcello-dantas-se-prepara-para-projeto-gigante-no-rock-in-rio/>. Acesso em: 2 dez. 2019.

A posteriori: em seguida.
Diametralmente: em sentido figurado, totalmente.
Retórica: discurso elaborado.
Pecha excludente: extravagância que omite ou anula algum outro tipo de manifestação.
Inclusiva: que engloba e envolve manifestações diversas.

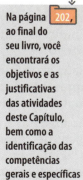

Na página 202, ao final do seu livro, você encontrará os objetivos e as justificativas das atividades deste Capítulo, bem como a identificação das competências gerais e específicas e das habilidades da BNCC.

168

Marcello Dantas, diretor da Japan House, centro cultural patrocinado pelo governo japonês, cujo desenho arquitetônico é de Kengo Kuma. São Paulo, 2017.

QUEM?

Formado em Cinema e Televisão nos Estados Unidos e pós-graduado em Telecomunicações Interativas no mesmo país, o carioca **Marcello Dantas**, nascido em 1968, estudou ainda História da Arte e Teoria de Cinema, em Florença, na Itália, e Relações Internacionais e Diplomacia, em Brasília. Em sua trajetória, recebeu prêmios importantes. Nas artes cênicas, realizou *Como chegamos aqui: a história do Brasil segundo Ernesto Varela*, a ópera *O cientista* e outros projetos premiados. Entre suas megaexposições históricas, destacam-se *Paisagem carioca*, *De volta à luz*, *A escrita da memória*, *Mano a mano*, *Ai Weiwei*, *Bill Viola* e *Hebe Camargo*. Em 2006, Dantas inaugurou o Museu da Língua Portuguesa, em São Paulo, como diretor artístico da instituição. Hoje ele segue criando museus pelo mundo e exposições importantes.

Módulo 3

E eu com isso?

1. No texto que você leu, Marcello Dantas fala em *motivação*.
   a) O que motiva Marcello Dantas como profissional?
   b) De que forma essa motivação se transforma objetivamente em exposições, museus, filmes, peças de teatro e outras produções?
   c) E o que motiva você?
   d) Se você pudesse transformar sua motivação em algo concreto, em um projeto, uma profissão, como fez Marcello Dantas, o que seria?

2. Marcello Dantas afirma: "Estou sempre movido a me meter em territórios desconhecidos, e, se eu não sei como resolver as equações, elas provavelmente valem a pena serem investigadas".
   a) O que você acha que Marcello quer dizer com "equações" que não se sabe resolver?
   b) Que "equações" você não sabe resolver e que "vale a pena serem investigadas"?
   c) De que forma essas "equações" que você não sabe resolver poderiam se transformar em profissões?

3. Marcello Dantas ficou conhecido no meio museológico por ser um curador que transforma temas difíceis, em geral, inacessíveis ao público, em espaços de aprendizagem apaixonantes e imersivos. São famosas as filas que se formam na frente dos museus que abrigam as exposições organizadas por Marcello. Ele chama essa competência de "saber contar histórias". Que *história* você gostaria de *contar* a "um público que não a conhecia"? Que profissão poderia possibilitar *contar essa história*?

Biblioteca cultural

Conheça o trabalho de um dos maiores artistas da contemporaneidade, o chinês Ai Weiwei, em: <https://www.aiweiwei.com/>. Acesso em: 2 dez. 2019.

O artista e ativista político Ai Weiwei. Alemanha, 2019.

Biblioteca cultural

Em mais de uma década de funcionamento, o Museu da Língua Portuguesa recebeu 3.931.040 visitantes. Conheça esse museu, que está sendo reconstruído após ter passado por um grande incêndio: <http://museudalinguaportuguesa.org.br/>. Acesso em: 2 dez. 2019.

Estação da Luz, na capital paulista, local que abriga o Museu da Língua Portuguesa. Foto sem data.

4. Leia o que respondeu Marcello Dantas em uma entrevista concedida a uma revista.

RM – Você é historiador, *designer*, cineasta, fez pós-graduação em Telecomunicações Interativas, estudou História da Arte, Relações Internacionais e Diplomacia. De que maneira essas áreas do conhecimento contribuíram para sua atividade atual?

Marcello Dantas – Fiz isso tudo, mas confesso que o conhecimento que me é mais útil no dia a dia é o adquirido na diplomacia. Não basta ser criativo, ter referências históricas nem conhecer bem a técnica. É necessário que se tenha pragmatismo, capacidade de liderança e habilidade política para conseguir fazer as coisas acontecerem. Um pouco de tudo o que estudei é fundamental no meu cotidiano. Eu faria tudo igual ao que fiz antes, apenas teria estudado Arquitetura e Música também, que me fazem falta.

Disponível em: <http://www.escolamobile.com.br/wp-content/uploads/2016/10/2008.pdf>. Acesso em: 2 dez. 2019.

Pragmatismo: objetividade, praticidade.

a) De certa forma, Marcello fala na entrevista sobre algumas competências socioemocionais importantes para "fazer as coisas acontecerem", embora ele use termos diferentes para se referir a elas. Quais são essas competências?

b) Você acha que tem alguma dessas competências que Marcello reconhece em si mesmo?

c) Por que você acha que Marcello Dantas considera importante ter essas competências? De que forma ele, por meio delas, "tira seus pés das nuvens e os coloca no chão"?

d) Marcello confessa que "teria estudado Arquitetura e Música também", saberes que, segundo ele, "fazem falta" em seu cotidiano profissional. Entreviste dois profissionais que você admira e pergunte a eles o que teriam feito de diferente se pudessem refazer suas carreiras.

Módulo 3
Preparando o terreno

Conheça a seguir quatro trajetórias de profissionais bastante diversos.

Sou pesquisador em tecnologia

Paulo Blikstein. São Paulo, 2015.

"Não foi surpresa chegar aos 17 anos sem saber o que fazer: Cinema, Economia, Engenharia ou nenhuma das anteriores? Até os 14, estudei numa escola fundada pela filha do educador Paulo Freire. Não tinha provas, aprendi a gostar de aprender. Na época, tracei meu primeiro e modestíssimo plano de carreira: ser cientista e descobrir a fórmula da imortalidade."

Disponível em: <https://educacao.estadao.com.br/noticias/geral,coisas-que-eu-queria-saber-aos-21,777909>. Acesso em: 2 dez. 2019.

Paulo Blikstein é professor, engenheiro, cineasta e pesquisador de como novas tecnologias podem transformar a educação pública, especialmente a aprendizagem de Matemática, Computação, Engenharia e Ciências Naturais. Nascido e criado em São Paulo, ele foi diretor do laboratório de inovação da faculdade de Educação de uma das universidades estadunidenses mais renomadas da atualidade e hoje é professor de Comunicação, Mídia e *Design* de Tecnologias para o Aprendizado em outra universidade estrangeira de ponta. O paulistano desenvolveu os primeiros *fablabs* e espaços *makers* do mundo, que são pequenas oficinas ou laboratórios dirigidos ao desenvolvimento de criatividade, inovação, construção de projetos e fabricação digital.

Formado em Engenharia por uma universidade pública de São Paulo, fez também faculdade de Cinema e, ao se formar, fundou uma empresa de produtos voltados para EAD, foi roteirista de um seriado e de dois documentários, deu aulas em uma universidade e foi até apresentador de televisão.

Paulo foi fazer mestrado e doutorado nos Estados Unidos após concluir o seu primeiro mestrado no Brasil. Lá, recebeu o *Early Career Award*, premiação da Fundação Nacional das Ciências do governo daquele país, e o *Jan Hawkins Early Career Award*, pela Associação Americana de Pesquisa Educacional, ambos de reconhecimento para pessoas que se destacam no início de suas carreiras. Paulo desenvolveu projetos em escolas da periferia de São Paulo em parceria com laboratórios de tecnologia nos Estados Unidos, que hoje estão presentes em mais de 15 países.

Como faço para estudar no exterior?

Para fazer graduação, mestrado ou doutorado no exterior, é preciso passar por um complexo processo de ingresso (ou de "aplicação", como é mais conhecido). Nos Estados Unidos, para ser aceito em um curso de graduação, o candidato precisa fazer uma prova de proficiência em língua inglesa, enviar cartas de recomendação, escrever uma carta de interesse e/ou uma produção que trate de um tema estabelecido pela instituição, enviar o histórico escolar brasileiro traduzido e obter a documentação necessária, como visto de entrada no país e passaporte. Na graduação e para a maioria dos cursos de mestrado e doutorado, também é necessário realizar uma prova de Matemática e, para alguns, há entrevistas com os candidatos. O que diferencia o processo seletivo brasileiro do estrangeiro é que a história de vida e a trajetória do candidato são consideradas, principalmente o desempenho acadêmico, a participação em atividades extracurriculares e as competências pessoais. Algumas universidades europeias têm o processo seletivo similar ao estadunidense e outras aceitam a nota do Enem como forma de ingresso. No Brasil, há algumas instituições que oferecem bolsas de estudos por mérito ou por questões financeiras para brasileiros que queiram estudar no exterior. É possível ainda tentar uma bolsa de estudos com a própria universidade. Além disso, diversas universidades no Brasil, públicas e privadas, têm convênio com as estrangeiras, o que permite que o aluno passe por um processo seletivo e curse parte da graduação ou da pós-graduação no exterior.

O que vou aprender em universidades estrangeiras?

As universidades estadunidenses permitem que o aluno de graduação escolha qual curso vai seguir após a conclusão de um ciclo básico de disciplinas, oferecido nos dois primeiros anos. Após esse período, o aluno escolhe sua carreira e cursa disciplinas obrigatórias e eletivas. O estudante terá de optar por uma habilitação *Major* (seria o equivalente ao bacharelado), e outra *Minor*, com matérias eletivas secundárias que podem ser de outra área de interesse. Antes de ingressar no mercado de trabalho, a maioria dos estudantes faz mestrado e/ou doutorado para qualificação.

> **eletivas**: Disciplinas que são escolhidas pelo aluno dentro de um conjunto de possibilidades oferecidas.

Onde poderei trabalhar se eu cursar universidade no exterior?

Cada país possui as próprias regras para a contratação de estrangeiros. Entretanto, cursar graduação, mestrado ou doutorado fora do país não garante que o estudante terá um visto de trabalho para construir sua carreira fora. Como o Brasil não possui nenhum acordo de revalidação ou reconhecimento automático de diplomas de nível superior com outro país, caso o estudante opte por retornar ao Brasil após se formar e queira revalidar o seu diploma, deverá entrar com um pedido oficial no Ministério da Educação.

Uma universidade muito antiga

A Universidade de Bolonha, na Itália, é considerada a mais antiga do mundo. Fundada em 1088, possui mais de 84 mil alunos e está entre as 200 melhores universidades do mundo. Ali, já se formaram três papas e diversos políticos italianos famosos.

Por dentro da graduação no exterior

Todos os anos, o *site* Estudar Fora publica uma lista com as melhores universidades do mundo, de acordo com a classificação estrangeira publicada pelo QS World University Rankings. Confira em: <https://www.estudarfora.org.br/melhores-universidades-do-mundo/>. Acesso em: 2 dez. 2019.

Desafio
- Você já pensou em estudar no exterior? Como você imagina que seria essa experiência?

A Universidade de Bolonha (*Alma Mater Studiorum*) no centro da foto. Foto sem data.

Módulo 3

Sou físico

Marcelo Sousa, 2019.

"Eu frequentemente comento que nasci para ser cientista. Desde criança, eu gosto de fazer pesquisa. Na época do colégio, as aulas de prática experimental eram onde eu me dava melhor."

Disponível em: <http://www.alumni.usp.br/alumni-em-destaque-marcelo-sousa/>. Acesso em: 2 dez. 2019.

Marcelo Victor Pires de Sousa é cearense e se formou em Física em uma universidade de seu estado. Uniu a ciência ao empreendedorismo para desenvolver uma solução em fotomedicina e mostrou que a Física é uma área do conhecimento que interage com diversos outros saberes. Por meio da fotobiomodulação, Marcelo encontrou uma forma de utilizar a luz para redução ou bloqueio da dor. Após concluir sua pesquisa, fundou a *startup* Bright Photomedicine para expandir os benefícios dos seus achados. Parte do dinheiro arrecadado pela empresa é direcionado para incentivar pesquisas em universidades públicas, expandindo as contribuições da ciência. O físico fez mestrado em uma universidade pública de São Paulo e parte do seu doutorado como bolsista em uma das mais renomadas universidades estadunidenses.

Como me torno físico ou física?

O curso de Física é oferecido em grau de bacharelado e licenciatura em universidades públicas e particulares, com duração média de 4 anos.

O que aprenderei no curso de Física?

A Física é uma ciência que se dedica a compreender os fenômenos da natureza, desenvolvendo teorias e modelos de compreensão dos fenômenos já conhecidos e também métodos experimentais para validar o que já foi descoberto. Ao longo do curso, o aluno tem disciplinas como Cálculo, Geometria Analítica, Eletromagnetismo, Mecânica Quântica, Biofísica, Física Quântica e Física Nuclear. O início do curso é dedicado às disciplinas mais básicas e, a partir do terceiro semestre, começam as aulas experimentais em laboratórios e as disciplinas mais avançadas.

Onde poderei trabalhar?

Profissionais formados em Física podem trabalhar, entre outras opções, como professores dessa disciplina no Ensino Básico, na área acadêmica como pesquisadores, podem se especializar em Física Médica auxiliando no diagnóstico e tratamento de diversas doenças e, ainda, atuar no mercado financeiro (bancos, por exemplo) com análise de risco e estatística.

Um físico muito popular

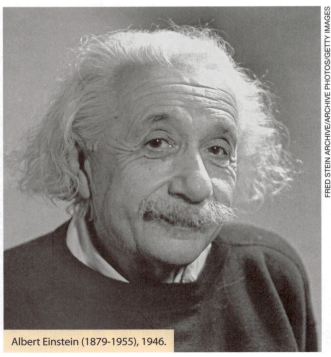

Albert Einstein (1879-1955), 1946.

Albert Einstein, que concebeu a Teoria da Relatividade, é um dos físicos mais importantes da história. Apesar de ter sido pacifista e defendido a paz e a união entre os povos, para sua tristeza, teve seu nome e trabalho envolvidos no desenvolvimento de novas armas de combate durante a Segunda Guerra Mundial. Ainda que não tenha atuado diretamente, sua contribuição científica sobre o conceito de massa e energia (a famosa fórmula $E = mc^2$) possibilitou a construção da bomba nuclear (ou atômica). Einstein, na época, enviou uma carta ao então presidente dos Estados Unidos, Franklin Roosevelt, alertando-o sobre a possibilidade de a Alemanha desenvolver uma bomba nuclear, porém não fez parte do Projeto Manhattan, grupo estadunidense de cientistas e militares que se reuniu para elaborar formas de desenvolver a bomba atômica.

Por dentro da física

Cena do filme *A Teoria de tudo*, de 2014.

O filme *A Teoria de tudo*, do diretor James Marsh, é baseado na biografia do astrofísico britânico Stephen Hawking. Lançado em 2014, o filme narra a vida de um dos cientistas mais conhecidos da história, que aprofundou temas como a origem do universo, os buracos negros e a singularidade do espaço-tempo. Hawking também se tornou um símbolo de superação pelo fato de ter sido diagnosticado com a doença Esclerose Lateral Amiotrófica (ELA) quando tinha 21 anos de idade. Ainda que os médicos suspeitassem de que ele teria poucos anos de vida, sobreviveu à doença por décadas. Mesmo quando só era capaz de mover os olhos e um dedo, seguiu no campo da ciência trazendo contribuições únicas para a Física.

Módulo 3

Sou político (ou quase)

Wellington Trindade, fundador do programa ProLíder. Foto sem data.

"Para o futuro, eu quero empreender mais, criar outros negócios. Em algum momento, gostaria de ter uma experiência maior de estudo fora do país. E, a longo prazo, quero entrar para a política brasileira, porque acredito que o cidadão tem, de alguma forma, que pensar em ajudar o meio político, seja trabalhando em uma secretaria, apoiando alguém."

Disponível em: <https://fundacaolemann.org.br/juntos/historias/a-vida-me-ensinou-que-nao-e-facil-mas-a-gente-pode-vencer>. Acesso em: 2 dez. 2019.

Wellington Trindade nasceu em São Gonçalo, Rio de Janeiro. Após a escola, ele costumava vender picolé para ajudar o seu pai. Em certo momento, obteve autorização para vender em frente ao Batalhão da Polícia Militar, desde que mostrasse o seu boletim escolar ao comandante-geral no término de cada semestre letivo. Wellington chegou a cogitar construir sua carreira na força militar e, quem sabe, tornar-se Secretário de Segurança do Rio de Janeiro. Entretanto, acabou trilhando trajetória diferente. Recebeu uma bolsa de estudos para cursar o Ensino Médio em uma escola particular. Nessa escola, ofereceu-se para trabalhar como monitor, ajudava na limpeza, foi representante de sala e membro do grêmio estudantil. Ao se formar, conseguiu uma bolsa integral para o curso de Administração de Empresas em uma universidade particular no Rio de Janeiro. Enquanto era estudante, fundou o programa ProLíder, curso gratuito que tem como objetivo formar futuras lideranças públicas por meio de discussões e aulas sobre o cenário brasileiro nas principais áreas. O programa, hoje sob a responsabilidade do Instituto Four, conta com mentores renomados para auxiliar os jovens a desenvolver seus projetos de impacto social. Enquanto alimenta o sonho de ser presidente do Brasil, Wellington continua empreendendo e formando jovens lideranças.

> Algumas universidades oferecem bolsa de estudos parcial ou integral para alguns estudantes. Os critérios variam em cada instituição, podendo ser por mérito, aprovação no vestibular ou necessidade financeira. Há ainda opções de financiamento de cursos em universidades particulares.

Como me torno político ou política?

Não há um curso específico para atuar na carreira política. Entretanto, formações como Ciências Sociais e Administração Pública fornecem uma boa base para essa atuação. O curso de Administração de Empresas forma profissionais para gerenciar diversas áreas e também pode ser um caminho de entrada na política. Para ingressar nessa área, é necessário filiar-se a um partido político oficial e, então, formalizar a candidatura aos cargos possíveis para concorrer a eleições.

O que aprenderei nos cursos de Ciências Sociais, Administração Pública e Administração de Empresas?

O curso de Ciências Sociais estuda as formas de organização da sociedade desde as suas origens até o momento atual. O graduado nesse curso se torna um cientista social e é capaz de analisar os hábitos e costumes de diferentes grupos, bem como fenômenos pertinentes à sociedade, como conflitos políticos, sociais e imigratórios. As disciplinas que compõem o curso são divididas em três áreas principais: Sociologia, Antropologia e Ciência Política. A duração total do curso é de cerca de 4 anos.

O aluno pode ainda se especializar em Ciências Políticas para ter mais ferramentas para atuar na política.

O curso de Administração Pública forma profissionais capazes de gerenciar de forma ética e eficiente as organizações públicas. Pode atuar, por exemplo, em áreas como Educação, Cultura e Saúde. As principais áreas de atuação do administrador público estão relacionadas às políticas públicas em ministérios, secretarias e órgãos públicos. No setor privado, é possível trabalhar em ONGs ou com iniciativas relacionadas à responsabilidade social. Ao longo do curso, o aluno estuda disciplinas como Matemática, Economia, Psicologia, Contabilidade, Ciências Sociais e Direito. O curso tem duração média de 4 anos.

O curso de Administração de Empresas forma o profissional para atuar em diversas áreas, tanto do setor público como do privado. O campo de atuação é amplo, sendo possível ao profissional trabalhar em áreas como recursos humanos, vendas, finanças e *marketing*. A principal função de um administrador é planejar, organizar e gerenciar os recursos de uma organização para otimizar seu desempenho. Ao longo da graduação, o aluno tem contato com disciplinas mais básicas, como Matemática, Direito e Sociologia, e outras mais específicas, como Finanças, *Marketing* e Logística.

O curso tem duração de cerca de 4 anos.

Onde poderei trabalhar?

O trabalho na política é relacionado a tudo o que está vinculado ao Estado e tem como objetivo administrar o patrimônio e o bem público. Os cargos disponíveis para o poder executivo são: presidente, governadores e prefeitos; já no poder legislativo, os cargos são: senadores, deputados federais, deputados estaduais e vereadores.

Conservadores e liberais

Atualmente, o Brasil tem 32 partidos políticos reconhecidos pelo Tribunal Superior Eleitoral (TSE). Entre os primeiros partidos políticos fundados no país estão o Partido Conservador, fundado em 1836, e o Partido Liberal, fundado em 1837. Na época, o voto era censitário, o que significa que somente os homens com alto poder aquisitivo podiam votar para eleger seus representantes.

Por dentro da política

O livro *A construção política do Brasil*, de Luiz Carlos Bresser-Pereira (São Paulo: Editora 34, 2015), apresenta uma visão do país desde a Independência até os governos atuais.

O autor, formado em Direito e Administração de Empresas, já exerceu cargos nos setores público e privado em diferentes instituições e construiu sua carreira acadêmica nas áreas de Economia e Ciências Sociais.

Desafio

- Você já pensou em atuar na área política? Quais seriam os principais nortes da sua plataforma? Há algum partido com o qual você se identifica e ao qual se filiaria?

Módulo 3

Sou atriz

Grace Passô no Festival de Brasília do Cinema Brasileiro, 2018.

"Realmente, estou apaixonada por essa janela que o cinema está abrindo para mim, ainda mais por continuar trabalhando com as mesmas ferramentas que venho usando há tanto tempo, porém em um sistema radicalmente diferente. É um outro universo. Tudo que aprendi no teatro continua, segue comigo, principalmente essa relação crítica quanto ao que estou fazendo, o meu olhar artístico. Isso é indissociável."

Disponível em: <https://www.papodecinema.com.br/entrevistas/temporada-entrevista-exclusiva-com-grace-passo/>. Acesso em: 2 dez. 2019.

Grace Passô estudou Teatro no Centro de Formação Artística da Fundação Clóvis Salgado, em sua cidade natal, Belo Horizonte, Minas Gerais. Trabalhou por dez anos com um grupo de teatro formado por ela, o Espanca!, tendo atuado em diversos espetáculos. Além disso, dirigiu peças como *Contrações*, do Grupo 3 de Teatro, *Os bem-intencionados*, do grupo Lume, entre outras. Como atriz de cinema, participou de filmes como *Elon não acredita na morte*, de Ricardo Alves Júnior, *Praça Paris*, de Lúcia Murat, que rendeu a ela o troféu de Melhor Atriz no Festival do Rio, além de *Temporada*, de André Novais Oliveira. Já recebeu inúmeros prêmios importantes, como o Shell de Teatro, APCA e o Cesgranrio.

Como me torno ator ou atriz?

É preciso buscar um curso de formação profissionalizante (técnico ou superior) e obter o registro na Delegacia Regional do Trabalho (DRT). O curso é oferecido em instituições públicas e privadas e muitos deles são reconhecidos pelo MEC.

O curso técnico em Arte Dramática tem a duração média de um ano. Já o bacharelado tem a duração média de 4 anos e é necessário fazer um estágio e um Trabalho de Conclusão do Curso (TCC) para se formar. O ingresso no bacharelado ocorre por meio de vestibular, com uma prova teórica e outra prática, nas quais o candidato será avaliado por suas aptidões. Caso o aluno queira se tornar professor de Educação Básica, deverá cursar a licenciatura ao longo da graduação.

Durante a formação, é importante criar um portfólio – uma seleção dos seus trabalhos e produções já realizados – para utilizar na busca por oportunidades na área artística.

> TCC é um trabalho que o aluno universitário faz ao final de sua formação para que possa obter o diploma. Ele pode ter formato de monografia ou de artigo e, em geral, é obrigatório.

178

O que aprenderei no curso de Artes Cênicas?

No curso técnico em Arte Dramática são ensinadas técnicas de concepção de personagens, improvisação, atuação e expressão corporal. No bacharelado, há disciplinas voltadas para interpretação, produção e direção de teatro, como Antropologia e Cultura Brasileira, Comunicação e Expressão, Estética do Espetáculo e Expressão Vocal. Há também cursos de licenciatura que possibilitam ao estudante ser professor no Ensino Básico.

Onde poderei trabalhar?

O mercado de trabalho é bastante competitivo; entretanto, o teatro, o cinema e a televisão não são as únicas possibilidades de atuação. É possível trabalhar com criação de espetáculos, montagem, direção, iluminação, figurino, dando aulas em escolas e em cursos livres e, ainda, organizando vivências em empresas.

Hollywood, Bollywood ou Nollywood?

Fotomontagem com cartazes de filmes indianos.

Muitos pensam que os Estados Unidos são o país que mais produz filmes. Entretanto, a Índia tem uma longa tradição no cinema e já superou o número de produções estadunidenses. Bollywood, termo utilizado para se referir ao cinema indiano, já conta com mais de 1 200 produções cinematográficas anuais; estima-se um número ainda maior considerando as pequenas produções feitas no país. A Nigéria, país do continente africano, é a segunda maior indústria cinematográfica do mundo. Apelidada de Nollywood, produz cerca de 1000 filmes por ano com foco principal nas questões sociais e na vida cotidiana dos seus habitantes.

Módulo 3

Por dentro das Artes Cênicas

O livro *A arte secreta do ator*, escrito por Eugenio Barba e Nicola Savarese (São Paulo: Realizações, 2012), é uma obra completa sobre as Artes Cênicas ao redor do mundo. Por meio da análise do que torna algo um "espetáculo", os autores apresentam diferentes aspectos que compõem a atuação, como os elementos sociais, estéticos e comunicativos de diversos comportamentos cênicos.

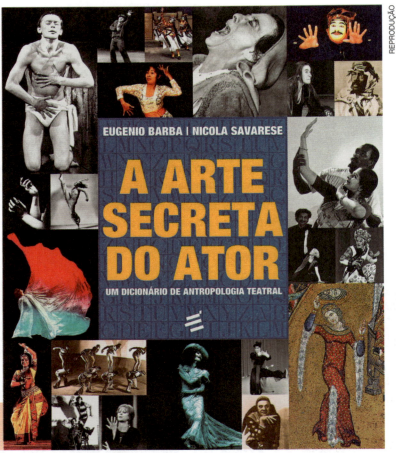

Reprodução da capa do livro *A arte secreta do ator*, de Eugenio Barba e Nicola Savarese.

Desafio

- Você já interpretou algum personagem ou participou da produção de um espetáculo teatral em sua escola ou em outro lugar? Se sim, como foi a sua preparação? Como você se sentiu no palco?

- Você conheceu até aqui diferentes trajetórias profissionais. Alguma delas faz sentido para seu projeto de vida? Inspire-se, reúna-se em duplas e escolha uma profissão do seu interesse que não esteja contemplada neste Capítulo ou nos outros. Produza um cartão informativo sobre ela. A ideia é que cada dupla escolha uma profissão diferente para que possa compartilhar com os colegas as informações. Siga a estrutura com a qual você já entrou em contato nos capítulos 4 de cada um dos módulos deste livro.

Depois de definir qual será a profissão a ser pesquisada ("Sou..."):

a) pesquise uma trajetória interessante de alguém que seguiu essa profissão.

b) sua pesquisa deve responder às seguintes questões: "Como me torno...?"; "O que aprenderei no curso de...?"; "Onde poderei trabalhar?".

c) apresente uma curiosidade sobre essa profissão (crie um título para esse trecho).

d) por fim, indique um filme ou um livro que possa ilustrar a carreira que você está pesquisando ("Por dentro...").

Personalidade e ambiente de trabalho

O professor **John Holland** dedicou seus estudos a compreender como se dá uma escolha profissional. Para esse psicólogo estadunidense, há seis principais dimensões de interesses profissionais. Elas resultam não só da expressão da personalidade, mas também do ambiente de trabalho de uma pessoa. Portanto, para ele, uma escolha profissional satisfatória seria a consequência da combinação das características individuais com o tipo de ambiente de trabalho de uma pessoa.

Holland definiu, após diversos estudos científicos, que as **seis grandes dimensões de interesses e de ambientes de trabalho** – Empreendedora, Convencional, Realista, Investigativa, Artística e Social – podem ser assim esquematizadas:

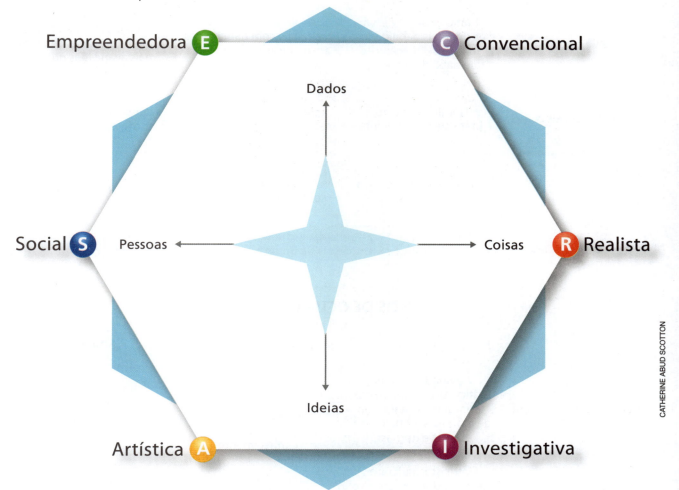

Segundo essa teoria, as pessoas buscam ambientes adequados nos quais possam exercitar suas habilidades e assumir papéis e desafios relacionados aos seus interesses. Holland reconhece que todas as pessoas apresentam características das seis dimensões; entretanto, ele defende que algumas características são mais predominantes do que as outras. A essa predominância ele nomeou **tipos de personalidade**.

Módulo 3

A tabela a seguir sintetiza os conceitos e as teorias de John Holland:

TIPOS DE INTERESSE			
	Realista	**Investigativa**	**Artística**
Gosta de atividades e de ocupações que envolvam	O uso de máquinas e de ferramentas e o trabalho em áreas externas	Explorar e compreender as coisas e os eventos	Leitura, atividades musicais ou artísticas e escrita
Valores	Recompensa financeira por realizações observáveis, honestidade, senso comum	Conhecimento, aprendizado, conquistas e independência	Criatividade, auto-expressão e estética
Se vê como	Prático, conservador, e com mais habilidades manuais e mecânicas que habilidades sociais	Analítico, inteligente, racional e com habilidades acadêmicas melhores que suas habilidades sociais	Aberto a experiências, imaginativo, intelectual e com habilidades criativas mais avançadas que as administrativas
É visto pelos outros como	Humilde, sincero, prático e perseverante	Inteligente, introvertido, estudioso e independente	Expressivo, desorganizado, criativo e original
Evita	A interação com outras pessoas	Ter que convencer o outro ou vender coisas	Rotina fixa e regras

TIPOS DE OCUPAÇÃO			
	Realista	**Investigativa**	**Artística**
Ocupações que envolvam	Atividade física ou prática, uso de máquinas, ferramentas, manuseio de materiais, trabalho em áreas externas	Análise de dados ou atividade intelectual voltada à resolução de problemas ou criação de soluções via conhecimento	Trabalho criativo em música, escrita, *performances*, artes visuais, criações intelectuais
Exemplos de profissões	Eletricista, agricultor, pesquisador, engenheiro mecânico, controlador de aeronave	Químico, farmacêutico, geólogo, físico, biólogo, técnico de laboratório	Ator, compositor, músico, *designer*, decorador, dançarino

Social	Empreendedora	Convencional
Ajuda, ensino, aconselhamento ou servir aos outros	Persuasão ou direcionamento	Rotina e regras claras
Serviços sociais, justiça, compreensão	Sucesso social e financeiro, lealdade, correr riscos e responsabilidade	Precisão, retorno financeiro e parcimônia; poder nos negócios e nos relacionamentos sociais
Empático, paciente e com mais habilidades sociais que técnicas	Confiante, sociável e com mais habilidades de vendas e de persuasão que científicas	Meticuloso, prático e com mais habilidades técnicas em negócios e produções que artísticas
Prestativo, agradável, paciente e sociável	Enérgico, extrovertido e ambicioso	Cuidadoso, regrado, eficiente e organizado
Temas técnicos e mecânicos	Temas científicos, intelectuais ou complicados de entender	Atividades que não tenham instruções claras

Social	Empreendedora	Convencional
Lidar com o outro na forma de ajuda ou de facilitação	Compra, venda e persuasão para atingir metas pessoais ou organizacionais	Trabalho com objetos, números ou máquinas com objetivos claros a serem atingidos
Professor, psicólogo clínico, assistente social, fonoaudiólogo, enfermeiro	Advogado, empresário, executivo, vendedor, agente de viagens, gerente	Programador de computador, contador, analista financeiro, caixa, recepcionista, banqueiro

Adaptado de: GOTTFREDSON, Gary; HOLLAND, John. *Dictionary of Holland Occupational Codes*. Lutz: PAR, 1996; CLARK, Tim. *Business model you*: o modelo de negócios pessoal: o método de uma página para reinventar sua carreira. Rio de Janeiro: Alta Books, 2013. p. 113.

Módulo 3

As questões a seguir devem ser respondidas individualmente e depois debatidas pelo grupo na classe.

1. Não é incomum encontrarmos pessoas que não estão felizes com o que fazem. Você conhece alguém que está insatisfeito com sua profissão? Arrisque uma leitura da personalidade e do ambiente de trabalho dessa pessoa com base na teoria de John Holland e veja se há alguma incompatibilidade entre esses aspectos. Compartilhe a sua visão com os seus colegas.

2. Os profissionais apresentados nesta seção demonstram satisfação em relação a suas escolhas. Considerando as informações disponibilizadas sobre eles e, se necessário, uma pesquisa a ser feita na internet, avalie qual é o perfil de cada um com base na teoria de John Holland. Escreva suas respostas no seu diário de bordo e depois debata com os colegas.

3. Um dos caminhos para chegar a uma definição mais precisa do tipo de personalidade seria responder aos testes criados por Holland durante os anos de estudos. Isso não será feito, mas podemos usar as categorias como referência para fazer uma autoanálise. Avaliando os seis tipos definidos por Holland, quais você acha que melhor o representam neste momento de vida? Escreva suas respostas no seu diário de bordo.

4. Pense nas principais escolhas de carreira que você considerou fazer até este momento. A quais tipos de personalidade essas profissões poderiam estar relacionadas (a pessoa pode ter uma mistura de tipos de personalidade)?

Expandindo fronteiras

Como temos discutido, tomar uma decisão importante como a escolha de uma profissão não é algo simples. Confira a história de Ana, uma adolescente de 17 anos que está passando por esse processo e, em seguida, realize a atividade proposta.

Ana é uma adolescente que está no último ano do Ensino Médio. Ela adora ler, gosta de estar cercada por outras pessoas e se interessa por compreender a história de vida daqueles que atravessam seu caminho. Ela se considera empática, paciente e acha que tem boas habilidades sociais e de comunicação. Suas matérias preferidas são Biologia, Literatura e História. Ana costuma deixar tudo para a última hora e tem dificuldades de se organizar. Gostaria de ser mais prática e de lidar melhor com prazos. Ela ainda não se decidiu quanto à sua escolha profissional. Acha que será psicóloga ou médica pelo que já pesquisou até o momento sobre essas profissões, porém, como não se dedicou a olhar outras carreiras similares ou na mesma área, ainda não está certa do que fará. Sabe quais são as matérias básicas do curso de Psicologia e se interessou principalmente por Anatomia, Psicanálise e Sociologia. Em Medicina, gostou de Genética Humana e Fisiologia. Entretanto, ainda não verificou quais são as matérias eletivas e as mais avançadas de ambos os cursos. Quanto ao mercado de trabalho, sabe que, como psicóloga, poderá atuar em um consultório atendendo pacientes ou em uma empresa na área de gestão de pessoas, porém desconhece outras possibilidades de trabalho. Em Medicina, sabe que terá de fazer residência para escolher uma especialização. Está em dúvida se há outras possibilidades além de abrir um consultório ou de trabalhar em um hospital.

Ana já pesquisou intensamente quais são as melhores opções de faculdade de Psicologia e de Medicina para ela. Quer cursar uma universidade pública na cidade onde mora, pois não quer sair da casa dos seus pais tão cedo e prefere estudar em uma instituição pública por questões financeiras. Procurou a médica do posto de saúde de seu bairro para conversar sobre a profissão, porém ficou com vergonha de fazer muitas perguntas e acabou deixando para uma próxima oportunidade. Caso não seja aprovada em uma universidade pública em sua cidade, seu Plano B é tentar um financiamento estudantil em uma particular que esteja bem ranqueada. Ainda não conhece quais são as formas de financiamento estudantil e não conversou com os responsáveis sobre a possibilidade de ajuda financeira nessa etapa de sua vida. Conhece uma universidade particular que é boa em Psicologia, mas ainda não pesquisou sobre as possibilidades em Medicina.

Confira a seguir o gráfico que representa o momento de escolha profissional de Ana. Quanto mais preenchida cada fatia do gráfico segundo Ana, mais perto ela chegou de cumprir determinada etapa.

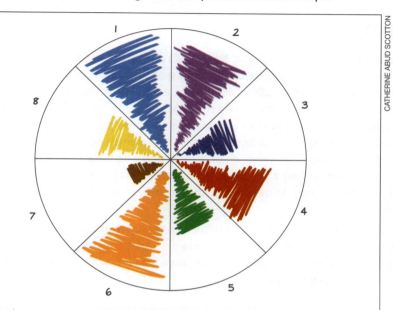

1. Conheço bem os aspectos predominantes da minha personalidade (minhas habilidades socioemocionais, por exemplo).
2. Conheço os pontos a desenvolver da minha personalidade.
3. Já pesquisei a fundo sobre todas as profissões do meu interesse.
4. Sei quais disciplinas vou estudar nos cursos de meu interesse.
5. Sei como está o mercado de trabalho das profissões do meu interesse.
6. Tenho clareza do tipo de processo de ingresso nos cursos superiores de meu interesse.
7. Já conheci, conversei ou entrevistei profissionais dos cursos a que pretendo me candidatar.
8. Tenho um Plano B caso o que estou planejando para o meu futuro neste momento não ocorra conforme o desejado.

Considerando o gráfico e a história de Ana, faça o que se pede.

1. Há um ou mais pontos parecidos entre a história de Ana e a sua? Se sim, quais? Registre no seu diário de bordo.
2. Quais atitudes Ana deve tomar para que todas as fatias do gráfico fiquem totalmente preenchidas e ela consiga tomar uma decisão mais segura quanto à sua escolha de carreira? Discuta isso em duplas e depois debata com a classe.
3. Agora chegou a sua vez! Faça um gráfico que represente o quanto você cumpriu em cada uma das etapas para a sua escolha de carreira. Use a mesma legenda que Ana utilizou no gráfico dela.
4. Para ajudar no seu processo de tomada de decisão, sintetize no seu diário de bordo alguns dos aprendizados relacionados aos principais temas discutidos nas atividades deste livro.
   a) As suas principais habilidades acadêmicas e socioemocionais.
   b) As características das pessoas que você mais admira.
   c) Como é o seu ambiente ideal de trabalho.
   d) Os principais desafios da atualidade que você gostaria de ajudar a solucionar por meio do seu trabalho.
   e) Os temas da atualidade que mais chamam a sua atenção.

Módulo 3

Pés no chão

O que vem por aí

Você percorreu um longo caminho até aqui. Na jornada proposta por este livro, teve a oportunidade de investigar quem você é, de conhecer as suas principais características e de pensar no seu lugar no mundo. Foi convidado, além disso, a olhar para o outro como parte importante e como elemento fundamental para a sua construção identitária. Paralelamente a tudo isso, foi estimulado a perceber quais são as principais questões da atualidade que estão moldando o mundo de hoje e do futuro próximo, diante de diferentes possibilidades de atuação na sua futura profissão. A tudo isso, podemos chamar de **Projeto de Vida**. Gerir a própria história, fazer escolhas, ter e planejar objetivos e apropriar-se das verdadeiras experiências compõem esse Projeto, que, afinal, sinaliza o seu modo de ação no mundo, movimento que está em constante construção e reformulação.

A jornada relacionada ao ingresso em um curso técnico ou superior e ao mercado de trabalho é uma parte importante desse **Projeto de Vida** e é repleta de opções e pontos a serem percorridos. Reveja cada uma dessas etapas até a chegada a esta nova fase da sua vida e utilize este mapa para auxiliá-lo nessa trajetória.

1. **Quem sou eu?** Qual é a minha história de vida? Quais são as atividades que gosto de fazer? Quais são as minhas matérias preferidas na escola? Quem são as pessoas que mais influenciaram quem eu sou hoje? Quais são as minhas principais habilidades e pontos a serem desenvolvidos?

2. **Como é o mundo em que eu vivo?** Quais são os principais desafios e convites do meu mundo e do mundo atual?

3. **Quais são as minhas responsabilidades e inspirações para agir no mundo?** O que tenho vontade de fazer? O que me motiva? Como posso agir com cidadania e responsabilidade?

4. **Quais são as opções existentes de profissão?** Quais são as opções de carreira que estão mais alinhadas comigo? Qual é o meu Plano B?

5. **Que conversas podem me ajudar no processo de escolha de minha profissão?** Quais foram os passos dados por outros profissionais? Como faço para alcançar meu sonho? Como é o dia a dia da profissão que escolhi? Como é o curso superior que estou pensando em fazer?

6. **Quais instituições visitar?** Como é esse lugar onde quero estudar? O que ele oferece? Quais são os principais aspectos positivos e negativos?

7. **Escolha do curso:** vou fazer um curso superior nesse momento da minha vida? Penso em estudar em uma faculdade, universidade ou curso técnico? Universidade pública ou particular? Há matérias eletivas? Aulas práticas? Há estágio obrigatório? Qual é o período das aulas? Qual é a mensalidade? Quais são as opções de financiamento? Quero estudar fora do Brasil?

8. **Processo de ingresso:** como é o vestibular para ingressar nesse curso? Há provas prática e teórica? Como posso usar o Enem para ingressar em um curso superior? Quais são as etapas para ser aprovado em uma universidade estrangeira?

9. **Curso:** quais opções existem nesse curso para que eu me torne o profissional que sonhei?

10. **Trabalho:** em quais ocupações posso usar as minhas habilidades e conhecimentos? Onde quero trabalhar caso não faça um curso superior?

11. **Futuro:** aonde esse caminho me leva?

- Em dupla, discuta com um colega como você se sente em relação a cada um dos pontos desse percurso. Para onde acha que a placa Futuro vai levar você?

Sites recomendados para consulta

- Ministério da Educação: <http://portal.mec.gov.br/>.
- Portal de Educação da UOL: <https://educacao.uol.com.br/>.
- Guia do Estudante: <https://guiadoestudante.abril.com.br/>.
- Exame Nacional do Ensino Médio (Enem): <https://enem.inep.gov.br/>.
- Estudar Fora: <https://www.estudarfora.org.br/>.

Acessos em: 26 dez. 2019.

Módulo 3

Pés nas nuvens

A *Make-a-Wish* (Faça um desejo) é uma ONG estadunidense que hoje está presente em 37 países. Conheça o trabalho dessa organização e como tem atuado para realizar os sonhos de crianças e adolescentes com câncer.

Você tem um conhecido, amigo, filho, neto, irmão que tem um sonho e gostaria de realizá-lo? A *Make-a-Wish*, ONG presente em 37 países do mundo, pode ajudar. A organização realiza sonhos de crianças e adolescentes enfermos e busca levar esperança, força e alegria, transformando a vida dos que são beneficiados por suas ações.

A instituição, que em 30 anos realizou mais de 250 mil desejos por todo o mundo, tem um foco de atuação muito específico. Podem se inscrever crianças portadoras de doenças de 3 a 18 anos incompletos. "Normalmente, quem faz a inscrição é a criança através de uma cartinha ou pelo nosso *site*. Também é muito comum que o pedido seja feito pela família ou pela equipe médica", explica Célia Rodrigues, coordenadora de sonhos da *Make-a-Wish* no Brasil.

"Nos hospitais, como já nos tornamos conhecidos, temos algumas pessoas que são nosso contato. As crianças procuram essas pessoas, que por sua vez nos encaminham as cartinhas, ou colocam as crianças em contato conosco por telefone", completa Célia.

Não há regras para o tipo de sonho a ser enviado, que podem ser de ter, de ser, de visitar um lugar e de conhecer alguém. De acordo com Célia, no entanto, os sonhos mais comuns são os de ter. "O que mais chega pra gente são sonhos de coisas muito concretas, como o pedido de um *notebook*, de uma bicicleta ou de um *videogame*. Temos percebido que as crianças não sabem que podem sonhar. Quando você dá a elas a oportunidade de colher o grande sonho, elas ficam sem saber o que pedir. Acham que é impossível, dizem 'eu quero um *notebook* mesmo'. O sonho de ter, por isso, é o mais comum. Quando você faz a entrevista com as crianças, você percebe que o sonho dela é outro", conta.

A *Make-a-Wish* não faz seleção de pedidos, o único critério, de acordo com a coordenadora de sonhos, é que a criança esteja dentro do quadro de doenças graves, elegíveis pela organização. "Isso é definido pelo médico. Organizamos os pedidos por data de entrada. Tentamos atender tudo em no máximo dois meses. Priorizamos a data de entrada, mas, se houver a oportunidade de realizar um sonho mais recente, nós realizamos. A dificuldade com o trabalho de voluntários é grande e dificulta nosso trabalho", finaliza.

Disponível em: <http://redeglobo.globo.com/acao/noticia/2012/12/saiba-o-que-e-preciso-e-como-enviar-um-sonho-para-make-wish-realizar.html>. Acesso em: 2 dez. 2019.

1. Os sonhos enviados à *Make-a-Wish* podem ser relacionados a *ser, ter, visitar um lugar* ou *conhecer alguém*. Segundo o texto, a maioria dos sonhos que chegam à ONG são relacionados a *ter*. Quais são as principais conquistas materiais que você gostaria de ter ao longo da vida?

2. Se você pudesse *ser* alguém por um dia, quem você seria? Por quê?

3. Se o seu grande sonho a ser realizado fosse visitar um lugar, para onde você escolheria ir? Por quê?

4. Se você pudesse conhecer qualquer pessoa, quem seria? Por quê?

5. O texto afirma que "as crianças não sabem que podem sonhar. Quando você dá a elas a oportunidade de colher o grande sonho, elas ficam sem saber o que pedir. Acham que é impossível, dizem 'eu quero um *notebook* mesmo'". Você acha que a maioria das pessoas tem dificuldade em sonhar? E você?

Coletivo em cena

Para finalizar nosso trabalho com **Projeto de vida** dentro do Ensino Médio, vamos organizar uma grande *Feira de sonhos (reais)* na escola e ajudar os alunos de outros anos a pensar naquilo que eles planejam em relação ao futuro e à profissão que pretendem seguir.

Para que essa feira seja bem-sucedida e possa cumprir sua função, você deverá seguir as etapas descritas a seguir. Lembre-se: na viagem proposta por este livro, você enfrentou vários desafios – desafiou-se pensando em quem você é (Módulo 1), aventurou-se na complexa tarefa de se relacionar com o outro (Módulo 2), pesquisou profissões e refletiu sobre o mundo do trabalho hoje e no futuro (Módulo 3). Está na hora de contribuir com sua comunidade.

Etapa 1 – *Design Thinking* também funciona na escola!

Você sabe o que é *Design Thinking*? É uma metodologia originada no universo empresarial que busca inovação na criação de produtos e serviços destinados ao mercado. Muitos educadores viram nessa estratégia um grande potencial também para a sala de aula.

Antes de organizarmos a nossa feira, vamos pensar sobre como transformar sonhos em realidade utilizando a metodologia de trabalho do *Design Thinking*. Pode ser?

1. Escreva um sonho na folha de um bloco de notas adesivas. Não se identifique nem se preocupe em avaliar se seu sonho é bom ou ruim, se é certo ou errado, se é possível ou impossível.

2. Sob orientação de seu professor, cole seu sonho na lousa.

3. Depois, coletivamente, supervisionado pelo seu professor, agrupe esses sonhos por critérios elaborados pela turma (sonho profissional, sonho de consumo, sonho para a sociedade etc.). Esses critérios de agrupamento podem ser temáticos, mas podem surgir outras categorias, como "sonhos individuais", "sonhos coletivos" (lembra das seções **Sonhos que se sonha só** e **Sonho que se sonha junto?**).

4. Com a orientação de seu professor, organizem-se em grupos de – no máximo – cinco alunos. Cada grupo receberá um conjunto de sonhos retirados da lousa. Ao ler (respeitosamente) cada um dos sonhos, os grupos deverão conversar sobre quais são as possíveis motivações dessas pessoas para escreverem esse sonho: o que elas desejam? Quais expectativas elas têm de futuro? Por qual motivo elas definem o que escreveram como um sonho? De que forma esses sonhos poderiam se tornar realidade? Lembre-se: exercitar a empatia nesta etapa é fundamental. Coloque-se no lugar das pessoas que escreveram esses sonhos e busque entender o contexto delas, sem julgá-las. Sonho é sonho! Caso algum aluno do grupo tenha escrito um dos sonhos recebidos, ele pode, se se sentir à vontade, ser consultado para falar mais sobre seu sonho.

Módulo 3

5. Em seguida, após analisarem todos os sonhos coletados, seu grupo deverá elaborar uma síntese que contemple todos eles. Essa síntese deverá ser transformada em um título a ser escrito em um cartaz, que deverá ser colado na lousa no momento das apresentações (ver item 10).

6. Depois, seu grupo deverá escolher apenas um sonho. O problema do grupo estará definido: como transformar esse sonho em realidade.

7. Na etapa seguinte, seu grupo apresentará ideias para que a pessoa transforme o sonho dela em realidade. Essas ideias devem ser livres, ou seja, não existe ideia boa ou ruim, quanto mais ideias houver, melhor será. Cada componente do grupo poderá, individualmente, listar em uma folha quais seriam as formas de transformar o sonho escolhido em realidade: com quem a pessoa poderia aprender mais sobre o tema? Onde ela poderia encontrar mais informações sobre o seu projeto? Quais seriam as etapas de planejamento para realizar esse sonho? Quais podem ser os problemas e dificuldades de realização desse sonho?

8. Depois desse momento individual, cada componente deverá ler suas ideias para o grupo. As ideias apresentadas poderão ser aprimoradas a partir das novas sugestões dadas pelo grupo.

9. Por fim, seu grupo selecionará as ideias que considerar mais aplicáveis. Vocês poderão escolher algumas e refiná-las ainda mais. Façam um cartaz com essas ideias escritas em formato de esquemas, tópicos, diagramas, desenhos etc. Seu grupo deverá decidir qual é a melhor maneira de representar e comunicar as ideias levantadas para toda a classe. Esta etapa de *prototipagem* é muito relevante na estratégia de *Design Thinking*, pois é com base nessa comunicação que o grupo receberá *feedback* dos demais colegas, inclusive de quem escreveu o sonho que inspirou o trabalho da equipe.

10. Apresente o sonho e as estratégias de transformação dele em realidade para toda a classe, incluindo, claro, o sonhador. Essa apresentação deverá ser curta, clara e objetiva.

11. Seu grupo deverá anotar as contribuições dos seus colegas e aperfeiçoar a sua proposta.

Etapa 2 – Inspiração: "Gente, espelho de estrelas"

Nesta etapa do trabalho, você e seus colegas vão se organizar em quartetos. Cada grupo deverá fazer um levantamento de quatro nomes de profissionais que gostariam de convidar para compor as mesas da feira. Usem como critérios para isso:

1. Profissionais ligados a áreas que interessem aos componentes do grupo.

2. Profissionais com diferentes experiências (com mais anos de atuação no mercado, em início de carreira, ainda em fase de formação).

3. Profissionais com formação universitária, técnica, em cursos livres etc.

Depois, façam uma pesquisa dos contatos desses profissionais e dividam entre os componentes do grupo as tarefas de se comunicar com eles e conferir as disponibilidades de suas agendas. Entrem em contato com essas pessoas pessoalmente, por telefone ou *e-mail* ou outro meio digital. Sejam formais nesse contato e expliquem a esses profissionais que estão sendo convidados a compor uma mesa de profissões com a estrutura exemplificada abaixo:

Mesa de saúde

- Profissionais convidados: técnico de Enfermagem, médico, enfermeiro etc.
- Tempo de fala de cada profissional: 15 minutos.
- Abordagem da fala: como faço/fiz para me tornar médico, enfermeiro etc.? Onde trabalho? Como é meu cotidiano? Que desafios enfrento? Por que escolhi ser médico, técnico etc.? Quanto é a remuneração média em minha área? Que conselhos gostaria de ter ouvido e não ouvi?
- Tempo para responder às perguntas da plateia: 30 minutos.

Dependendo dos profissionais confirmados, poderá haver mesas de Arte, Educação, Humanidades, Ciências etc. As mesas ocorrerão ao longo de uma manhã (ou tarde) e os alunos da escola deverão se inscrever previamente para poder participar delas.

Etapa 3 – Árvore de possibilidades

Você sabe o que é *A árvore da vida*?

KLIMT, Gustav. *A árvore da vida*. Óleo sobre tela. 1905-1909. (Detalhe.)

A árvore da vida, obra do pintor Gustav Klimt, feita em 1909, está entre as mais conhecidas criações desse artista. O quadro possui diversas interpretações. Há quem diga que significa a conexão entre o céu e a terra. Alguns dizem que os galhos ondulados e espiralados da árvore são uma expressão da complexidade da vida. Para outros, a pintura retrata a união entre as maiores virtudes humanas, que seriam a força, a sabedoria e a beleza. A árvore, que alcança o céu, seria um símbolo da busca humana pelo seu eterno crescimento e desenvolvimento.

Na obra, predominam os tons claros e o dourado e há inúmeros elementos que podem ser descobertos e redescobertos ao se olhar a pintura. Você notou que há na árvore um pássaro? A presença desse único pássaro pode ser vista como lembrete de que tudo tem um começo, mas também um fim, já que esses animais são símbolo da morte em muitas culturas.

1. Inspirado na ideia de que o pássaro presente na pintura de Gustav Klimt sinaliza que tudo tem um *começo* e também um *fim*, reflita: como é para você pensar no *término* do Ensino Médio?
2. Como você imagina que será o seu *começo* após o *término* do Ensino Médio?
3. A pintura simboliza também a busca do homem pelo seu *eterno crescimento e desenvolvimento*. O que, no Ensino Médio, mais trouxe esses aspectos para você?
4. *A árvore da vida* apresenta diversos elementos, entre eles as maiores *virtudes da humanidade*. Quais são as maiores *virtudes* que você quer manter e continuar a desenvolver em seu novo *começo*?

Na semana da *Feira de sonhos (reais)* – e no dia dela – vamos colocar no pátio da escola uma *Árvore de possibilidades*. Use a obra de Klimt como inspiração para compor essa árvore. Permita que todos aqueles que frequentam a escola – pais, mães, alunos, alunas, funcionários e funcionárias – e os visitantes da feira parem para pensar em quais são os maiores sonhos deles para o futuro.

Módulo 3

Use sua criatividade na elaboração da árvore! Ela poderá ser feita de madeira, de papelão, de galhos secos, de estêncil aplicado na parede, poderá ainda ser adaptada a partir de uma árvore bonita que já exista na escola. Peça ajuda a seu professor de Arte e aos seus colegas para confeccioná-la. A *Árvore de possibilidades* é um trabalho cooperativo. Depois de pronta, coloque folhas adesivas ao lado dela para que a comunidade escolar possa escrever seus sonhos – assim como você e seus colegas fizeram na lousa. Observe, com respeito, que tipo de conteúdo surge quando as pessoas são convidadas a pensar naquilo que elas mais gostariam de ter, ser, fazer, conhecer e ver acontecer.

QUEM?

Gustav Klimt foi um pintor nascido em 1862 em Baumgarten, Áustria. Estudou artes em uma universidade de Viena e começou sua carreira desenhando e vendendo retratos com base em fotografias. Klimt se uniu a outros artistas e fundou uma associação de profissionais que se opunham à arte tradicional do país. Suas obras se caracterizam, principalmente, pelo uso da cor dourada, pela presença de espirais e por figuras femininas. É considerado um dos maiores artistas do Simbolismo e um dos precursores do *Art Nouveau*, estilo ornamental voltado ao *design* e à arquitetura e que também influenciou as artes plásticas. Caracteriza-se pelo uso de linhas longas e assimétricas, com elementos que se assemelham às formas da natureza.

Etapa 4 – A Feira de sonhos (reais)

Sob supervisão de seu professor, dividam-se em grupos para organizar a feira:
- Um grupo cuida da organização física das mesas no dia do evento (colocação das cadeiras, limpeza das salas, disposição das mesas e carteiras, produção dos crachás/prismas dos palestrantes etc.).
- Um grupo cuida da recepção dos convidados e da condução deles às mesas.
- Um grupo se responsabiliza pela mediação nas mesas.
- Um grupo circula pela feira para ver se tudo está funcionando.
- Um grupo cuida da produção e da manutenção da *Árvore de possibilidades*.
- Um grupo produz cartazes indicando quando, onde e com quem serão as mesas.
- Um grupo produz um cartaz de agradecimento aos participantes.

Após a realização da feira, façam uma reunião para fazer um balanço geral do que funcionou e do que precisa ser aprimorado em um próximo evento.

Fim (desta parte) da viagem

Chegamos ao final de uma jornada complexa e cheia de desafios nem sempre comuns de serem pensados na escola. Vamos agora nos despedir de você usando dois versos do poema "Tempo", escrito pela poeta mineira Adélia Prado. Nele, o eu lírico afirma: "Não quero faca, nem queijo/Quero a fome".

Que este livro tenha servido a você para reforçar a ideia de que é muito importante que a "fome" não se esgote. É essencial que você não pare nunca de desejar, porque só assim a "faca" e o "queijo", citados pela poeta, farão realmente sentido.

Bom futuro para você, mas sem perder de vista que ele só se constrói com um presente bem vivido.

Sonhe! Deseje! Planeje! E não se esqueça de se divertir muito nesse percurso!

Objetivos e justificativas das atividades deste livro e identificação das competências gerais e específicas e das habilidades da BNCC

As competências gerais e as competências específicas (CE) trabalhadas neste livro estão apontadas pelo número a elas correspondente, de acordo com a BNCC, e as habilidades, por seus códigos. Ao final do quadro, essas competências e habilidades são apresentadas com texto integral.

> BNCC – Base Nacional Comum Curricular – é o documento de referência para a construção dos currículos de todas as escolas do país. Nele estão definidas as aprendizagens essenciais que os estudantes devem desenvolver desde a Educação Infantil até o final do Ensino Médio.

MÓDULO 1: Só eu sou eu

Capítulo 1 – Se eu fosse eu			
Seção	**Inspira!**	**Sonho que se sonha só**	**Sonho que se sonha junto**
Atividade	"Se eu fosse eu"	"Lista: 101 coisas em 1001 dias"	"4 maneiras de tornar o mundo melhor" e apresentação da Organização Não Governamental (ONG) Atados
Objetivo(s)	• Investigar sobre si mesmo por meio de vivências (práticas individuais e coletivas) com enfoque nos sonhos, interesses e motivações dos estudantes no âmbito individual e na interação com os demais. • Aprender a se aceitar. • Identificar os próprios interesses e necessidades.	• Desenvolver uma lista contendo sonhos, planos e projetos com base em diferentes categorias propostas. • Estabelecer objetivos e metas para a própria vida. • Olhar para o futuro sem medo. • Perceber que é possível mudar de planos ao longo de uma carreira.	• Reconhecer interesses pessoais. • Identificar elementos da própria história de vida (práticas individuais e coletivas) que se relacionem à promoção de mudanças no mundo. • Reconhecer pessoas de referência, que sirvam de inspiração para promover tais mudanças. • Vivenciar, refletir e dialogar sobre as maneiras de se relacionar com o outro e com o bem comum.
Justificativa(s)	A crônica de Clarice Lispector é um convite a uma autorreflexão sobre os desejos sem as amarras sociais; permite que os alunos entrem em contato com seus interesses, ainda sem ter de pensar sobre os obstáculos para realizá-los.	A lista desenvolvida pela colunista e escritora Bruna Vieira é um estímulo a estabelecer objetivos e a sonhar com aquilo que se gostaria de alcançar, sem considerar possíveis limites econômicos, sociais ou de outra natureza. O boxe "Recalculando rota" apresenta uma história de mudança completa de trajetória profissional para que os alunos entendam que é possível que isso ocorra em uma carreira.	Por meio do conhecimento das ações da ONG Atados e da leitura do texto "4 maneiras de tornar o mundo melhor", os alunos são levados a pensar em ações de impacto social que gostariam de propor e a compartilhar se já fizeram parte de alguma atividade de voluntariado. São convidados também a refletir sobre quais são os aspectos que mais os incomodam no mundo em que vivemos, quem são as pessoas que mais admiram e que já foram capazes de trazer mudanças significativas à humanidade e, por fim, a pensar sobre uma possível ocupação que poderia trazer contribuições à sociedade.
Competências gerais e competências específicas (CE) e habilidades	Competências gerais: 1, 6 e 7 Habilidades: Inspira! - EM13LGG602 (CE 6) Quem? - EM13LP01 (CE 2) Boca no mundo - EM13LGG604 (CE 6) Sonho que se sonha junto - EM13LP24 (CE 1)		

Capítulo 2 – O que nos passa, nos acontece, nos toca			
Seção	**Inspira!**	**Sonho que se sonha só**	**Sonho que se sonha junto**
Atividade	"Notas sobre a experiência e o saber de experiência"	"Daniel"	"O arquiteto que ergueu pontes entre as pessoas"
Objetivo(s)	• Definir o conceito de experiência. • Estabelecer significado às experiências na escola e fora dela. • Ser aberto a novas culturas, pessoas e ideias.	• Estabelecer significado às experiências na escola e fora dela. • Identificar os próprios interesses e necessidades. • Perceber que é possível mudar de planos ao longo de uma carreira.	• Refletir sobre o conceito de "talento". • Refletir sobre o impacto de ações sobre a coletividade. • Reconhecer pessoas que podem contribuir para atingir objetivos. • Reconhecer as próprias forças e apoiar-se nelas, reconhecendo também a importância do convívio com o outro. • Vivenciar, refletir e dialogar sobre as maneiras de se relacionar com o outro e com o bem comum. • Conhecer os conceitos de "Garra" (*Grit*) e "Fluxo" (*Flow*). • Reconhecer interesses pessoais.

193

Capítulo 2 – O que nos passa, nos acontece, nos toca

Seção	Inspira!	Sonho que se sonha só	Sonho que se sonha junto
Justificativa(s)	Com base no conceito de "experiência" proposto por Larrosa, os alunos são levados a examinar a última experiência que foi sentida por eles como "verdadeira" e de que forma tal vivência contribuiu para o próprio desenvolvimento pessoal. Os alunos são estimulados também a pensar de que forma a escola contribui para esse cenário tanto no âmbito pessoal como no coletivo, assim como a pensar em formas de ampliar as possibilidades de experiência estando abertos e disponíveis ao novo.	A crônica de Antonio Prata é um elemento disparador para que os alunos componham um diálogo com eles mesmos. Ao escrever um texto de mesmo gênero literário, os alunos devem considerar a própria experiência de vida dentro da escola e fora dela, nomear os próprios interesses e demais informações que poderiam ajudá-los a viver de forma ainda mais significativa. O boxe "Recalculando rota" apresenta uma história de mudança completa de trajetória profissional para que os alunos entendam que é possível que isso ocorra em uma carreira.	A partir da leitura do texto "O arquiteto que ergueu pontes entre as pessoas", os alunos são estimulados a refletir sobre o conceito de "talento" e como tal força poderia contribuir com o coletivo, incluindo quais mudanças gostariam de trazer e quem são as pessoas que poderiam ajudá-los. Além disso, são convidados a pensar em quais são as experiências que os fazem se sentir tão envolvidos ao realizá-las que nem percebem o tempo passar. Tais questionamentos são baseados nas teorias de "Garra" (*Grit*, em inglês), de Angela Duckworth, e de "Fluxo" (*Flow*, em inglês), de Mihaly Csikszentmihalyi.
Competências gerais e competências específicas (CE) e habilidades	Competências gerais: 1, 6 e 7 Habilidade: Boca no mundo - EM13LGG702 (CE 7)		

Capítulo 3 – Eu quero o outro

Seção	Inspira!	Sonho que se sonha só	Sonho que se sonha junto
Atividade	"O outro" "Só vim te ver para lembrar quem sou"	"O paraíso são os outros" "O outro (I)" e "O outro (II)"	"Doutores da Alegria falam sobre bom humor"
Objetivo(s)	• Reconhecer que é o contato com o outro que permite que nos conheçamos verdadeiramente. • Refletir sobre a importância do outro na construção de quem somos. • Vivenciar, refletir e dialogar sobre as maneiras de se relacionar com o outro e com o bem comum. • Reconhecer as próprias forças e apoiar-se nelas, reconhecendo também a importância do convívio com o outro.	• Refletir sobre o significado de relacionar-se com alguém. • Refletir sobre a importância das relações humanas. • Identificar quem foram as pessoas que mais marcaram cada fase da própria vida. • Vivenciar, refletir e dialogar sobre as maneiras de se relacionar com o outro e com o bem comum. • Conhecer-se, compreendendo as próprias emoções e como lidar com elas. • Perceber que é possível mudar de planos ao longo de uma carreira.	• Expandir o conceito de atuação profissional na área da saúde. • Vivenciar, refletir e dialogar sobre as maneiras como se relaciona com o outro e com o bem comum.
Justificativa(s)	O poema escrito por Chacal explicita aos alunos que é no contato com o outro, com o diferente, que descobrimos quem somos. A intervenção poética realizada pelo Coletivo Transverso estimula os alunos a refletir sobre a importância do outro na construção da própria identidade para que, em seguida, produzam um estêncil que simbolize a compreensão sobre o tema. Os alunos são convidados a pensar nas próprias características que os definem como "o outro dos outros", tanto na forma de inspiração como na reflexão sobre quem eles são.	Por meio da leitura do texto de Valter Hugo Mãe e dos poemas de Gonçalo M. Tavares, os alunos são instigados a refletir sobre as relações humanas e a identificar e simbolizar quem foram as pessoas que mais marcaram cada fase de suas vidas. Os poemas e o trecho do texto também são um convite a compreender as próprias emoções, já que a partir das definições de "medo" e "amor", por exemplo, os alunos devem criar suas descrições particulares e pensar em formas de lidar com elas. O boxe "Recalculando rota" apresenta uma história de mudança completa de trajetória profissional para que os alunos entendam que é possível que isso ocorra em uma carreira.	O trecho da entrevista com o fundador do Doutores da Alegria demonstra o significado de "humanização hospitalar" e a importância das relações humanas nos cuidados com a saúde.
Competências gerais e competências específicas (CE) e habilidades	Competências gerais: 1, 3, 4, 6 e 7 Habilidades: Sonho que se sonha só - EM13LGG401 (CE 4) Biblioteca cultural - EM13LGG703 (CE 7)		

Reprodução proibida. Art. 184 do Código Penal e Lei 9.610 de 19 de fevereiro de 1998.

194

Capítulo 4 – Pés no chão, pés nas nuvens			
Seção	**Inspira!**	**Preparando o terreno**	**Expandindo fronteiras**
Atividade	Depoimento sobre empreendedorismo de Ana Paula Xongani	Textos contendo diferentes trajetórias profissionais e informações sobre profissões	Pesquisa sobre diferentes profissões Texto: pesquisa de Hal Hershfield sobre o *eu do futuro* Trecho de *Alice no País das Maravilhas*
Objetivo(s)	• Introduzir o conceito de empreendedorismo. • Conhecer uma personalidade inspiradora no campo do empreendedorismo. • Problematizar a questão do racismo no Brasil. • Identificar os próprios interesses e necessidades.	• Estabelecer objetivos e metas, entendendo a necessidade da persistência para alcançá-los. • Identificar os próprios interesses e necessidades. • Apresentar termos relacionados à escolha de curso universitário. • Olhar para o futuro sem medo. • Conhecer as profissões de médico, programador de jogos digitais, advogado e engenheiro e profissionais inspiradores. • Identificar caminhos e estratégias para superar as dificuldades e alicerçar a busca da realização dos sonhos.	• Estabelecer objetivos e metas, entendendo a necessidade da persistência para alcançá-los. • Identificar os próprios interesses e necessidades. • Olhar para o futuro sem medo. • Projetar o *eu do futuro* a partir do *eu de agora*.
Justificativa(s)	O texto que trata do trabalho de Ana Paula Xongani introduz o conceito de "empreendedorismo" como forma de atuação no mundo do trabalho e apresenta a questão do racismo no Brasil.	Os alunos são apresentados a quatro personagens e aos desafios enfrentados por eles em suas trajetórias profissionais em diferentes áreas de ocupação, assim como às características de determinados cursos universitários, mercado de trabalho e curiosidades sobre as profissões. Os alunos são instigados também a pensar sobre o significado que a profissão tem para cada um dos personagens e, com base nessa reflexão, pontuar aquilo que faz sentido em suas vidas e considerar se têm objetivos que gostariam de alcançar. Apresenta-se aos alunos a possibilidade de elaborar um plano de ação para esse momento de vida. Ainda nessa seção, os alunos são provocados a responder sobre os aspectos que definem a identidade, além de conhecer a teoria de Carol Dweck sobre os dois tipos de mentalidade, o que pode influenciar a busca por um objetivo.	Após serem apresentados a diferentes profissões, os alunos são encorajados a conhecer mais sobre eles mesmos em relação a tais opções e a pesquisar de forma mais aprofundada sobre a rotina dos profissionais de determinadas áreas. São estimulados também a pesquisar sobre outras opções de cursos que têm proximidade com aquelas que foram apresentadas anteriormente. O trecho do livro *Alice no País das Maravilhas* aponta para a importância de saber aonde se quer chegar, para a escolha de qual caminho seguir. Já a pesquisa de Hal Hershfield serve de base para a atividade proposta aos alunos de escrever uma carta para si mesmos no futuro, o que inclui também estabelecer objetivos e metas (pessoais e coletivas), desenvolver habilidades, refletir sobre o papel da escola na construção desse cenário e pensar na relação com possíveis profissões.
Competências gerais e competências específicas (CE) e habilidades	Competências gerais: 1, 6, 7 e 8 Habilidades: Inspira! - EM13LGG202 (CE 2) Expandindo fronteiras - EM13LP22 (CE 3)		

Coletivo em cena	
Atividade	*Mulheres inspiradoras*, projeto de Gina Vieira
Objetivos	• Convidar a comunidade escolar a participar de uma vivência coletiva. • Possibilitar a "escutatória" dos estudantes. • Trabalhar metodologias ativas (painel integrado e sala de aula invertida). • Pesquisar trajetórias de mulheres (personalidades) bem-sucedidas e inspiradoras. • Investigar trajetórias de mulheres inspiradoras da própria comunidade. • Trabalhar cooperativamente. • Produzir um *podcast*.
Justificativa	O projeto da professora Gina Vieira é inspirador para um processo de pesquisa e produção de *podcasts*.
Competências gerais e competências específicas (CE) e habilidades	Competências gerais: 1, 4, 5, 6, 7, 9 e 10 Habilidades: EM13LGG703 (CE 7), EM13LP45 (CE 1, 3)

195

MÓDULO 2: Me vejo no que vejo

Capítulo 1 – Uns para com os outros

Seção	Inspira!	Sonho que se sonha só	Sonho que se sonha junto
Atividade	Trechos da *Declaração Universal dos Direitos Humanos* Ilustrações do Mutirão, coletivo recifense de arte	"A cultura do terror" Tirinha "Mafalda"	Trecho do *Estatuto da Criança e do Adolescente* "Estatuto da Criança e do Adolescente" (leitura poética) "Crianças invisíveis"
Objetivo(s)	• Conhecer a *Declaração Universal dos Direitos Humanos*. • Conhecer e compreender direitos e deveres perante si mesmo e a sociedade. • Refletir sobre a dimensão cidadã. • Identificar a necessidade do bem comum (princípios éticos necessários à construção da cidadania) e de questões relacionadas à coexistência e à atuação coletiva (convívio social republicano).	• Refletir e dialogar sobre as maneiras como vivenciam o compromisso com o outro e com o bem comum, buscando soluções concretas para problemas existentes por meio de princípios éticos necessários à construção da cidadania. • Refletir sobre a dimensão cidadã. • Perceber que é possível mudar de planos ao longo de uma carreira.	• Conhecer *o Estatuto da Criança e do Adolescente*. • Perceber-se como cidadão que integra a construção da vida familiar, escolar, comunitária, nacional e internacional e é capaz de ampliar seus horizontes e perspectivas em relação a oportunidades de inserção no mundo do trabalho.
Justificativa(s)	Ao entrar em contato com a *Declaração Universal dos Direitos Humanos* por meio de diferentes linguagens, os alunos são incentivados a refletir sobre o que cada artigo significa e a expressar o conteúdo por meio de ilustrações, o que permite que manifestem de maneira particular a compreensão sobre o tema e pensem sobre as formas como os direitos humanos têm sido ou não respeitados no Brasil.	O texto de Eduardo Galeano e a tirinha da personagem Mafalda instigam os alunos a refletir sobre diferentes formas de garantir os direitos e deveres humanos, incluindo o ambiente familiar e a sociedade. O boxe "Recalculando rota" apresenta uma história de mudança completa de trajetória profissional para que os alunos entendam que é possível que isso ocorra em uma carreira.	O *Estatuto da Criança e do Adolescente* é um convite aos alunos à compreensão das leis que garantem direitos aos menores de idade no Brasil. Compreender-se como cidadão implica também tomar conhecimento dos próprios direitos e possibilitar que outras pessoas façam o mesmo. Por isso os alunos têm a oportunidade de se apropriar do documento e de preparar uma apresentação à comunidade escolar. Os alunos são apresentados também a um documentário que explicita a situação de invisibilidade e abandono em que vivem algumas crianças ao redor do mundo, as quais não usufruem do direito à infância. Ainda nessa seção, os alunos conhecem a trajetória profissional do poeta, cantor, escritor e professor de Filosofia e Literatura Indígena que se dedica a abordar temas como liberdade e direitos humanos por meio de sua atuação no mundo do trabalho.
Competências gerais e competências específicas (CE) e habilidades	Competências gerais: 1, 4, 6, 7 e 9 Habilidades: Abertura do Módulo - EM13LP03 (CE 1) Inspira! - EM13LP26 (CE 1), EM13LGG104 (CE 1) Sonho que se sonha só - EM13LP26 (CE 1), EM13LGG104 (CE 1) Sonho que se sonha junto - EM13LP26 (CE 1), EM13LGG101 (CE 1), EM13LGG104 (CE 1), EM13LGG201 (CE 2), EM13LGG301 (CE 3)		

Capítulo 2 – Somos o que somos: inclassificáveis

Seção	Inspira!	Sonho que se sonha só	Sonho que se sonha junto
Atividade	"Inclassificáveis" "Família Cruz"	"Brasileiro que nem eu" "Forças de Caráter" "O mundo"	"Edu Lyra: troque de amigos, mas não troque de sonhos"
Objetivo(s)	• Refletir sobre o que significa ser brasileiro e quais são as características desse povo. • Ilustrar a compreensão de si como parte de um coletivo e como parte interdependente de redes locais e virtuais, considerando o *status* planetário no qual estamos todos inseridos.	• Conhecer as trajetórias de diferentes personalidades brasileiras. • Apropriar-se da teoria das "Forças de Caráter", de Martin Seligman. • Refletir sobre como as forças pessoais influenciam nas escolhas e na trajetória profissional. • Refletir sobre quais são as próprias forças pessoais. • Reconhecer as forças pessoais dos próprios familiares. • Perceber que é possível mudar de planos ao longo de uma carreira.	• Definir sonhos coletivos para o Brasil. • Agir com empatia, sendo capaz de assumir a perspectiva dos outros, compreendendo as necessidades e os sentimentos alheios, construindo relacionamentos baseados no compartilhamento e na abertura para o convívio social republicano. • Refletir e dialogar sobre as maneiras como vivenciam o compromisso com o outro e com o bem comum, buscando soluções concretas para problemas existentes por meio de princípios éticos necessários à construção da cidadania.

Reprodução proibida. Art. 184 do Código Penal e Lei 9.610 de 19 de fevereiro de 1998.

196

Capítulo 2 – Somos o que somos: inclassificáveis			
Seção	**Inspira!**	**Sonho que se sonha só**	**Sonho que se sonha junto**
Justificativa(s)	A letra de canção composta por Arnaldo Antunes é repleta de neologismos e outros recursos que representam a formação do povo brasileiro, que é, segundo o artista, *inclassificável*. O trabalho de Fifi Tong explicita que a identidade brasileira é composta de diferentes rostos, não possuindo características uniformes. Os alunos são instigados a opinar sobre tais pontos de vista e a apresentar quais características nos fortalecem e nos enfraquecem enquanto povo brasileiro.	Por meio da apresentação de diferentes personalidades brasileiras conhecidas, os alunos são estimulados a pesquisar com seus familiares quem eles consideram que são os grandes brasileiros. Em seguida, entram em contato com a teoria das "Forças de Caráter" e refletem sobre como tais características podem ser notadas nas personalidades destacadas e como elas podem ter influenciado cada uma das trajetórias profissionais vistas na seção. Além disso, refletem sobre as próprias forças pessoais e sobre quais gostariam de desenvolver. Complementando o que vinha sendo discutido, os alunos leem um texto de Eduardo Galeano que os convida a pensar e a investigar as forças pessoais de seus familiares. O boxe "Recalculando rota" apresenta uma história de mudança completa de trajetória profissional para que os alunos entendam que é possível que isso ocorra em uma carreira.	A trajetória de Eduardo Lyra, fundador do Instituto Gerando Falcões, é um exemplo de empatia na forma de ações coletivas para diminuir a miséria no Brasil e propiciar mais oportunidades para aqueles que necessitam. O texto mostra também qual marca o fundador do instituto quer deixar com o seu trabalho, estimulando os alunos a fazer o mesmo e a projetar as marcas pessoais que gostariam de deixar para as próximas gerações.
Competências gerais e competências específicas (CE) e habilidades	Competências gerais: 1, 2, 6 e 7 Habilidades: Inspira! - EM13LP06 (CE 1) Sonho que se sonha só - EM13LP30 (CE 7), EM13LP33 (CE 3)		

Capítulo 3 – Um laço é o nó que eu almejo			
Seção	**Inspira!**	**Sonho que se sonha só**	**Sonho que se sonha junto**
Atividade	Colagem de Alberto Pereira para a exposição "Empatia" "O poder da empatia"	"A escutatória" "A importância da Comunicação Não Violenta" "Princípio geral da reciprocidade"	Entrevista com Dominic Barter
Objetivo(s)	• Compreender os conceitos de "empatia" e "simpatia". • Agir com empatia, sendo capaz de assumir a perspectiva dos outros, compreendendo as necessidades e os sentimentos alheios, construindo relacionamentos baseados no compartilhamento e na abertura para o convívio social republicano.	• Perceber que é possível mudar de planos ao longo de uma carreira. • Exercitar habilidades de comunicação que favoreçam a empatia. • Vivenciar e atribuir significados às experiências cotidianas na escola, em especial àquelas que dizem respeito à construção de laços afetivos e à atuação em grupos de trabalhos escolares, em projetos extraclasse e nas aulas.	• Reconhecer a força de agir coletivamente. • Ilustrar a compreensão de si como parte de um coletivo e como parte interdependente de redes locais e virtuais, considerando o *status* planetário no qual estamos todos inseridos. • Agir com empatia, sendo capaz de assumir a perspectiva dos outros, compreendendo as necessidades e os sentimentos alheios, construindo relacionamentos baseados no compartilhamento e na abertura para o convívio social republicano. • Exercitar habilidades de comunicação que favorecem a empatia. • Reconhecer que a empatia pode ser exercida de forma coletiva. • Refletir e dialogar sobre as maneiras como vivenciam o compromisso com o outro e com o bem comum, buscando soluções concretas para problemas existentes por meio de princípios éticos necessários à construção da cidadania.

Capítulo 3 – Um laço é o nó que eu almejo

Seção	Inspira!	Sonho que se sonha só	Sonho que se sonha junto
Justificativa(s)	A colagem produzida por Alberto Pereira provoca os alunos a compreender o conceito de "empatia" por meio da arte. A questão da empatia passa, nessa seção, pelo tema da ancestralidade africana e pela relação entre duas crianças, permitindo que os alunos compreendam princípios fundamentais para a convivência pacífica, como a possibilidade de aprendizado, a admiração pela cultura do outro e a compreensão da perspectiva alheia. Por fim, o vídeo produzido por Brené Brown explicita o que é empatia e esclarece as diferenças entre simpatizar e empatizar com alguém.	As técnicas e os princípios da Comunicação Não Violenta, propostos por Marshall Rosenberg e reforçados pelas perspectivas de Rubem Alves e Christian Dunker, mostram que se comunicar efetivamente é fundamental para o exercício da empatia, e que há formas de aprimorar essa habilidade. Os alunos têm a oportunidade de colocar em prática esses aprendizados na escola e também de refletir sobre quais profissões, além da apresentada na seção, requerem o exercício da empatia. O boxe "Recalculando rota" apresenta uma história de mudança completa de trajetória profissional para que os alunos entendam que é possível que isso ocorra em uma carreira. Na história da bombeira Karla Lessa, que ilustra o boxe, temos um exemplo de profissão que requer empatia.	Ao entrar em contato com a trajetória profissional de Dominic Barter, que utilizou as técnicas de Comunicação Não Violenta na atuação com comunidades em situação de vulnerabilidade no Brasil, os alunos são convidados a reconhecer a potência de ações coletivas para a resolução de conflitos. Além disso, por meio de uma atividade prática de debate frente a um conflito histórico, eles são estimulados a exercitar a empatia, a desenvolver habilidades de comunicação e a encontrar formas alternativas de lidar com a violência.
Competências gerais e competências específicas (CE) e habilidades	Competências gerais: 1, 6, 7 e 9 Habilidades: Sonho que se sonha só ("Princípio geral da reciprocidade") - EM13LP07 (CE 1) Sonho que se sonha junto ("Hora do debate!") - EM13LP27 (CE 3)		

Capítulo 4 – Pés no chão, pés nas nuvens

Seção	Inspira!	Preparando o terreno	Expandindo fronteiras
Atividade	"Vitor Belota, do Litro de Luz e Civico: uma luz no fim do túnel"	"Conheça as profissões que não serão substituídas por robôs no futuro"	"Pálido ponto azul – uma visão do futuro da humanidade no espaço" "Mapa da empatia"
Objetivo(s)	• Refletir e dialogar sobre as maneiras como vivenciam o compromisso com o outro e com o bem comum, buscando soluções concretas para problemas existentes por meio de princípios éticos necessários à construção da cidadania. • Definir quais são as principais necessidades não atendidas na própria comunidade. • Retomar o conceito de "empreendedorismo". • Reconhecer a força de agir coletivamente. • Apresentar o conceito de "otimismo", de acordo com o viés científico de Martin Seligman.	• Conhecer as profissões de professora, fisioterapeuta, cabeleireiro, psicóloga e outros profissionais inspiradores. • Apresentar termos relacionados à escolha de curso universitário. • Ilustrar a compreensão de si como parte de um coletivo e como parte interdependente de redes locais e virtuais, considerando o *status* planetário no qual estamos todos inseridos. • Refletir sobre a importância da empatia na atuação profissional. • Trabalhar a empatia na escola.	• Refletir sobre o conceito de "empatia" no âmbito coletivo. • Perceber-se como cidadão que integra a construção da vida familiar, escolar, comunitária, nacional e internacional e é capaz de ampliar seus horizontes e perspectivas em relação a oportunidades de inserção no mundo do trabalho.
Justificativa(s)	A trajetória profissional de Vitor Belota é marcada pelo otimismo e pela busca por uma solução concreta para resolver desafios da atualidade via inovação empreendedora voltada ao terceiro setor. Tal atuação tem como propósito servir de inspiração aos alunos e estimular o compromisso com o próximo de forma ética e cidadã. Os alunos são estimulados também a discutir o conceito de "otimismo".	O texto que compõe essa seção apresenta um panorama do mercado de trabalho no futuro e os empregos que não serão substituídos por robôs. Alguns desses empregos são apresentados aos alunos de forma mais detalhada e há um convite para a reflexão sobre se eles se veem em uma ou mais das carreiras listadas e sobre o papel da empatia no exercício profissional. Os alunos são levados também a pensar em ações que possam propiciar maior empatia no dia a dia da escola, estabelecendo um compromisso pessoal.	A visão de Carl Sagan após avistar o planeta Terra do espaço explicitada no texto reforça a importância do papel de cada um como cidadão responsável pelo seu entorno. Os alunos são encorajados a imaginar as consequências de um mundo sem empatia e a pesquisar diferentes personalidades que por meio dessa competência trouxeram mudanças positivas ao entorno.
Competências gerais e competências específicas (CE) e habilidades	Competências gerais: 1, 6, 7 e 9 Habilidades: Preparando o terreno (Atividades) - EM13LP22 (CE 3) Para chegar lá (Atividades) - EM13LP22 (CE 3)		

Reprodução proibida. Art. 184 do Código Penal e Lei 9.610 de 19 de fevereiro de 1998.

Capítulo 4 – Pés no chão, pés nas nuvens

Coletivo em cena	
Atividade	*Museu da empatia*
Objetivos	• Convidar a comunidade escolar a participar de uma vivência coletiva. • Possibilitar a "escutatória" dos estudantes. • Trabalhar metodologias ativas (rotação de estações). • Agir com empatia, sendo capaz de assumir a perspectiva dos outros, compreendendo as necessidades e os sentimentos alheios, construindo relacionamentos baseados no compartilhamento e na abertura para o convívio social republicano. • Vivenciar e atribuir significados às experiências cotidianas na escola, em especial àquelas que dizem respeito à construção de laços afetivos e à atuação em grupos de trabalhos escolares, em projetos extraclasse e nas aulas. • Ressignificar e valorizar a própria história. • Trabalhar cooperativamente. • Produzir arquivos de áudio.
Justificativa	A atividade coletiva proposta ao final deste Módulo permite que os alunos revisitem e compartilhem com a comunidade escolar aspectos da própria história por meio de um áudio e que também conheçam as de seus colegas, estimulando assim o exercício da empatia. Para tornar a atividade ainda mais interessante, os alunos são convidados a calçar os sapatos do narrador da história. O uso das metodologias ativas propicia que os alunos experimentem diferentes etapas e formas de trabalhar cooperativamente.
Competências gerais e competências específicas (CE) e habilidades	Competências gerais: 1, 4, 5, 6, 8, 9 e 10 Habilidades: EM13LGG104 (CE 1), EM13LGG201 (CE 2), EM13LGG301 (CE 3)

Módulo 3: Nós *no* mundo, nós *do* mundo

Capítulo 1 – Adolescente, olha!		
Seção	**Inspira!**	**Sonho que se sonha só**	**Sonho que se sonha junto**
Atividade	"Profissões" "O adolescente" "Elefante branco com paninho em cima"	"Ponciá Vicêncio" "Hierarquia das necessidades" "#2 Humanas ou Exatas?"	"Meninas superpoderosas" "Características de uma meta"
Objetivo(s)	• Reconhecer-se como estudante no final da Educação Básica, identificando os caminhos de desenvolvimento até o momento, necessidades de melhorar e possíveis continuidades de estudos para o futuro. • Apoiar os jovens a planejar passos presentes e futuros para orientar a sua caminhada no final do Ensino Médio e após o término dele.	• Auxiliar no processo de tomada de decisão. • Refletir sobre os elementos e fatores a serem considerados na escolha da carreira profissional. • Retomar a "Lista: 101 coisas a fazer" (Capítulo 1, Módulo 1) e priorizar os itens relacionados ao campo profissional. • Estimular a resiliência e a perseverança. • Conhecer a teoria de Abraham Maslow sobre as necessidades humanas. • Perceber que é possível mudar de planos ao longo de uma carreira. • Apropriar-se de habilidades pessoais, estratégias mentais e instrumentos práticos para planejamento de metas e estratégias para alcançá-las. • Pensar em modos de ação no mundo a partir de uma profunda reflexão sobre si mesmo. • Apresentar como diferentes áreas do saber conversam entre si. • Auxiliar o processo de escolha profissional. • Refletir e dialogar sobre os interesses dos estudantes em relação à inserção no mundo do trabalho, bem como à ampliação dos conhecimentos sobre os contextos, as características, as possibilidades e os desafios do trabalho no século XXI.	• Esclarecer o que é meta. • Problematizar a questão da escolha diante de outras variáveis. • Refletir sobre as habilidades e forças pessoais. • Fortalecer a autoestima dos alunos. • Apropriar-se de habilidades pessoais, estratégias mentais e instrumentos práticos para planejamento de metas e estratégias para alcançá-las.

Capítulo 1 – Adolescente, olha!

Seção	Inspira!	Sonho que se sonha só	Sonho que se sonha junto
Justificativa(s)	A obra de Leonilson e os poemas de Francisco Alvim e Mario Quintana são um convite aos adolescentes para que apreciem a beleza da vida, o que há de desconhecido nela e as diversas possibilidades futuras. As atividades estimulam também o pensamento e a verbalização de sonhos e desejos.	O trecho do livro de Conceição Evaristo apresenta aos alunos alguns elementos sutis que compõem o processo de tomada de decisão e resgata escolhas já feitas anteriormente por eles. Provoca os alunos a refletir e a listar formas práticas de auxiliar o próprio processo de escolha e incentiva o diálogo com aqueles que já vivenciaram tal experiência. O infográfico apresentado é baseado na teoria de Abraham Maslow sobre as necessidades humanas, classificadas em formato de pirâmide. Os alunos são incentivados a refletir sobre suas aspirações pessoais e a relacioná-las com o modelo proposto, criando assim uma nova pirâmide. O boxe "Recalculando rota" apresenta uma história de mudança completa de trajetória profissional para que os alunos entendam que é possível que isso ocorra em uma carreira. A trajetória apresentada ilustra os conceitos de resiliência e perseverança. O historiador Leandro Karnal defende no vídeo transcrito nesta seção que o mercado de trabalho do século XXI se caracteriza pelo diálogo entre diferentes áreas de conhecimento; ele também desconstrói mitos e dá dicas para auxiliar o jovem no processo de escolha profissional.	O texto "Meninas superpoderosas" mostra a importância de uma rede de apoio e da autoestima na concretização de um objetivo e no estabelecimento de metas. Por meio dessa reflexão, os alunos são orientados a pesquisar as circunstâncias que podem interferir nas metas e na autoestima de um adolescente e a problematizar a situação de diversos jovens brasileiros em situação de vulnerabilidade social. Os alunos são guiados também para a construção de uma linha do tempo composta de suas metas na vida e conhecem uma teoria que define o que qualifica uma meta efetiva. Para auxiliar no fortalecimento da autoestima dos alunos, é proposta uma atividade baseada nas habilidades e forças pessoais de cada um e é estimulada a criação de uma rede de apoio.
Competências gerais e competências específicas (CE) e habilidades	Competências gerais: 1, 4, 5, 6, 7, 8 e 9 Habilidades: Sonho que se sonha só (Atividade: "Ponciá Vicêncio") - EM13LP33 (CE 3) Sonho que se sonha só (Atividade: "#2 Humanas ou Exatas?") - EM13LP22 (CE 3)		

Capítulo 2 – Procuro-me

Seção	Inspira!	Sonho que se sonha só	Sonho que se sonha junto
Atividade	"Procuro-me"	Trecho de *Alice no País das Maravilhas* "Lista de profissões" "Encruzilhada"	"Tempero motivador" "O que são as competências socioemocionais"
Objetivo(s)	• Pensar em modos de ação no mundo com base em uma profunda reflexão sobre si mesmo. • Ressaltar a importância do autoconhecimento no desenvolvimento de um projeto de vida. • Identificar, valorizar e fortalecer sonhos, aspirações, conhecimentos, habilidades e competências de cada jovem estudante desenvolvidos ao longo da sua trajetória escolar, familiar e comunitária.	• Apropriar-se de habilidades pessoais, estratégias mentais e instrumentos práticos para planejamento de metas e estratégias para alcançá-las. • Reconhecer-se como estudante no final da Educação Básica, identificando os caminhos de desenvolvimento até o momento, necessidades de melhorar e possíveis continuidades de estudos para o futuro. • Apoiar os jovens a planejar passos presentes e futuros para orientar a sua caminhada no final do Ensino Médio e após o término dele. • Identificar, valorizar e fortalecer sonhos, aspirações, conhecimentos, habilidades e competências de cada jovem estudante desenvolvidos ao longo da sua trajetória escolar, familiar e comunitária. • Perceber que é possível mudar de planos ao longo de uma carreira.	• Refletir e dialogar sobre os interesses dos estudantes em relação à inserção no mundo do trabalho, bem como à ampliação dos conhecimentos sobre os contextos, as características, as possibilidades e os desafios do trabalho no século XXI. • Aplicar o conceito de competências socioemocionais.
Justificativa(s)	Os cartazes produzidos pela artista plástica Lenora de Barros traduzem a ideia de que todo ser humano está "em busca de si mesmo" e são uma provocação aos alunos para que percebam a importância do autoconhecimento. Eles são instigados a pensar sobre o tema, já que a adolescência é um período da vida marcado também por diversas mudanças. Na atividade "Boca no mundo", os estudantes são convidados a retratar quem eles são neste momento de finalização da Educação Básica, incluindo seus interesses, projetos, sonhos e possíveis profissões.	O trecho do livro de Lewis Carroll sugere a importância do planejamento estratégico de metas e a busca pela clareza de onde se quer chegar. Com o auxílio de um exercício prático baseado em uma lista de profissões e por meio de pesquisa em alguns *sites* indicados, os alunos desenvolvem estratégias para a escolha de um curso e possível carreira futura. Com o intuito de fornecer ainda mais ferramentas e estratégias para planejar os passos presentes e futuros no final do Ensino Médio, é proposto aos alunos o modelo da encruzilhada, um exercício prático para auxiliar o encontro de uma direção que faça sentido. O boxe "Recalculando rota" apresenta uma história de mudança completa de trajetória profissional para que os alunos entendam que é possível que isso ocorra em uma carreira.	A trajetória profissional de um chefe de cozinha que aliou a sua profissão ao empreendedorismo social estimula os alunos a compreender o impacto das competências socioemocionais no mercado de trabalho, na própria personalidade e em outras carreiras. Os alunos são levados a refletir sobre os próprios interesses e aprendizados e como tais aspectos podem estar relacionados a uma profissão.

Capítulo 2 – Procuro-me	
Competências gerais e competências específicas (CE) e habilidades	Competências gerais: 1, 4, 5, 6, 7, 8 e 9 Habilidades: Boca no mundo - EM13LGG604 (CE 6), EM13LP19 (CE 3)

Capítulo 3 – Remova-se! Mova-se!			
Seção	**Inspira!**	**Sonho que se sonha só**	**Sonho que se sonha junto**
Atividade	Série de fotos de Eric Pickersgill Interferência em pinturas por Kim Dong-Kyu	"O mundo é a forma como fomos capazes de imaginá-lo" Cartum de Liniers	"Estudantes de Mossoró desenvolvem canudo biodegradável..." "As habilidades socioemocionais segundo a teoria *Big 5 (ou os 5 grandes domínios)*" "Objetivos de Desenvolvimento Sustentável" *21 lições para o século 21*
Objetivo(s)	• Refletir sobre os contextos, as características, as possibilidades e os desafios do século XXI.	• Identificar, valorizar e fortalecer sonhos, aspirações, conhecimentos, habilidades e competências de cada jovem estudante desenvolvidos ao longo da sua trajetória escolar, familiar e comunitária. • Compreender formas de ação no mundo com base em uma profunda reflexão sobre si mesmo, o outro e o nós, com vistas a um rigoroso planejamento estratégico e cidadão para o presente e o futuro, levando em consideração necessidades individuais e coletivas. • Perceber que é possível mudar de planos ao longo de uma carreira.	• Refletir e dialogar sobre os interesses dos estudantes em relação à inserção no mundo do trabalho, bem como à ampliação dos conhecimentos sobre os contextos, as características, as possibilidades e os desafios do trabalho no século XXI. • Compreender formas de ação no mundo com base em uma profunda reflexão sobre si mesmo, o outro e o nós, com vistas a um rigoroso planejamento estratégico e cidadão para o presente e o futuro, levando em consideração necessidades individuais e coletivas. • Refletir sobre o entendimento do mundo do trabalho como um dos elementos-chave que permitem vários níveis de sociabilidade, ligados à mobilidade social (aumento de renda), mas também à construção de relações afetivas com os colegas de trabalho e à contribuição com a sociedade em geral a partir do fazer produtivo.
Justificativa(s)	Por meio de fotografias e interferências em pinturas, os alunos são incentivados a pensar sobre os aspectos que caracterizam o mundo na atualidade, especialmente em relação ao uso excessivo de aparelhos eletrônicos, como celulares, que acaba interferindo nos relacionamentos interpessoais.	O texto de Gabriel García Márquez e o cartum de Liniers convidam os alunos a exercitar a imaginação e a criar soluções para os principais desafios da atualidade considerando a si mesmo, o outro e o coletivo. Por meio de uma atividade de processo criativo, os alunos são estimulados a elaborar um planejamento estratégico do próprio futuro profissional tendo como base a reflexão sobre as necessidades individuais e coletivas da atualidade. Ao imaginar o futuro profissional e se projetar nele, eles são levados a uma pesquisa mais concreta, que pode ser incorporada ao planejamento futuro, e exercitam a criatividade ao elaborar uma biografia sobre a própria história. O boxe "Recalculando rota" traz uma história de mudança de trajetória profissional para que os alunos entendam que é possível que isso ocorra em uma carreira.	O texto sobre os estudantes brasileiros vencedores das Olimpíadas do Futuro exemplifica aos alunos diferentes formas de resolver os principais problemas da própria comunidade e do país. Além disso, aponta que o trabalho é uma forma de mobilidade social, de construção de vínculos afetivos e de mudança para problemas existentes. As Olimpíadas do Futuro, que tiveram como base os "17 Objetivos de Desenvolvimento Sustentável da ONU", dialogam diretamente com os desafios do trabalho do século XXI. De maneira complementar, o texto de Yuval Harari traz elementos sobre esses desafios, especialmente no universo do trabalho. Somado a isso, nesta seção, os alunos têm a oportunidade de refletir sobre o papel das habilidades socioemocionais, pensar sobre os próprios interesses e imaginar soluções para o mundo em grupos formados com base em seus interesses profissionais.
Competências gerais e competências específicas (CE) e habilidades	Competências gerais 1, 3, 4, 5, 6, 7, 8 e 9 Habilidades: Inspira! - EM13LGG601 (CE 6), EM13LGG604 (CE 6), EM13LGG702 (CE 7) Recalculando rota - EM13LGG603 (CE 6) Sonho que se sonha junto (Atividade: "Objetivos de Desenvolvimento Sustentável") - EM13LP22 (CE 3), EM13LGG304 (CE 3), EM13LGG305 (CE 3) Sonho que se sonha junto (Atividade: "Nosso projeto para os principais desafios do século XXI") - EM13LP35 (CE 7)		

Reprodução proibida. Art. 184 do Código Penal e Lei 9.610 de 19 de fevereiro de 1998.

Capítulo 4 – Pés no chão, pés nas nuvens			
Seção	**Inspira!**	**Preparando o terreno**	**Expandindo fronteiras/ Pés no chão/ Pés nas nuvens**
Atividade	"Depois de Hebe Camargo e Ai Weiwei, Marcello Dantas se prepara para projeto gigante no Rock in Rio"	Textos contendo diferentes trajetórias profissionais e informações sobre profissões	"A história de Ana" "A jornada de um Projeto de Vida" "Saiba o que é preciso e como enviar um sonho para a *Make-a-Wish* realizar"
Objetivo(s)	• Expandir as possibilidades de atuação profissional a partir de diferentes formações. • Estimular a abertura ao novo. • Demonstrar que é possível mudar de carreira ao longo da trajetória profissional. • Refletir sobre motivação profissional. • Refletir sobre o papel das competências socioemocionais no exercício da profissão. • Pensar em diferentes possibilidades de atuação profissional que estejam alinhadas com os próprios objetivos.	• Conhecer as profissões de pesquisador em tecnologia, físico, político e ator e profissionais inspiradores. • Compreender a importância da resiliência e da perseverança na construção de um projeto de vida. • Conhecer como funciona o processo seletivo para graduação no exterior. • Apresentar provocações mais específicas para que o estudante reflita sobre a sua inserção no mundo do trabalho, sem desconsiderar a competitividade e as idiossincrasias que existem nesse mundo, mas sempre sensibilizando-o para perseguir a sua autorrealização. • Desenvolver a capacidade de estabelecer metas ancoradas em estratégias, com o intuito explícito de fortalecer a flexibilidade, a perseverança, a autonomia e a resiliência para lidar com obstáculos e frustrações. • Considerar como diferentes profissões podem estar alinhadas ao próprio projeto de vida. • Apropriar-se da teoria de John Holland sobre personalidade e ambiente de trabalho.	• Apoiar os jovens a planejar passos presentes e futuros para orientar a sua caminhada no final do Ensino Médio e após seu término. • Sistematizar interesses, identificar habilidades, conhecimentos e oportunidades que correspondem às aspirações profissionais, abrindo caminho sólido à elaboração escalonada de metas e estratégias viáveis. • Auxiliar os alunos no processo de tomada de decisão. • Reforçar a importância de ter planos prioritários e secundários. • Reconhecer-se como estudante no final da Educação Básica, identificando os caminhos de desenvolvimento até o momento, necessidades de melhorar e possíveis continuidades de estudos para o futuro. • Apoiar os jovens a planejar passos presentes e futuros para orientar a sua caminhada no final do Ensino Médio e após seu término. • Identificar, valorizar e fortalecer sonhos, aspirações, conhecimentos, habilidades e competências de cada jovem estudante desenvolvidos ao longo da sua trajetória escolar, familiar e comunitária. • Considerar as conquistas materiais desejadas. • Reconhecer quem são as principais figuras de inspiração. • Incentivar os sonhos e a possibilidade de torná-los realidade também por meio do trabalho.
Justificativa(s)	Os alunos, ao conhecer a trajetória profissional de Marcello Dantas, têm a oportunidade de compreender que é possível transitar com flexibilidade por diversas atuações profissionais ao longo da carreira, assim como utilizar os diferentes saberes em nichos específicos de trabalho. Há também um estímulo a pensar sobre o que motiva os alunos, o propósito na profissão, o papel das competências socioemocionais e as possibilidades que estão alinhadas a esses aspectos.	As diferentes profissões apresentadas aos alunos nesta seção demonstram que é preciso ter resiliência e perseverança para alcançar os próprios objetivos. As histórias de profissionais inspiradores revelam também a importância de ter foco para estabelecer metas para si e autonomia para persegui-las. O trabalho é apresentado como uma possibilidade de aumento de renda e realização de sonhos e como veículo de importantes contribuições sociais, culturais e científicas. Os alunos são convidados, então, a pesquisar outras trajetórias profissionais e suas características para enriquecer o repertório de opções e entram em contato com a teoria de John Holland sobre escolha profissional. Tal teoria defende a relação entre diferentes tipos de personalidade e os ambientes de trabalho para uma escolha satisfatória.	• A história fictícia da personagem Ana dialoga com o momento vivido por muitos adolescentes. A jovem está prestes a concluir o Ensino Médio e, para auxiliar o processo de tomada de decisão sobre qual caminho seguir, sabe que são necessários alguns passos. Alguns estão bem encaminhados, enquanto outros não. A personagem serve de base para que os alunos reflitam sobre o próprio processo de tomada de decisão e reconheçam quais elementos requerem maior dedicação. • O infográfico apresentado aos alunos sintetiza os principais aspectos discutidos ao longo do livro. Por meio da visualização dos elementos que compõem parte significativa de um projeto de vida, os alunos podem retomar os principais aprendizados, descobertas e inspirações. Podem também revisitar dúvidas e vislumbrar diferentes caminhos para si a partir dos questionamentos feitos em cada uma das etapas. Há ainda indicações de *sites* para consulta. • Os alunos são apresentados a uma Organização Não Governamental internacional denominada *Make-a--Wish*, que se dedica a realizar sonhos de crianças com doenças graves. A partir da leitura, os alunos são incentivados a pensar nos próprios sonhos nas dimensões de ser, ter, visitar um lugar ou conhecer alguém. As possibilidades de atuação profissional, nesta etapa do livro, podem servir como um importante alicerce para a realização de tais sonhos.
Competências gerais e competências específicas (CE) e habilidades	Competências gerais: 1, 6, 7, 8 e 9 Habilidades: Inspira! - EM13LGG601 (CE 6), EM13LGG604 (CE 6) Preparando o terreno (Atividades) - EM13LP22 (CE 3) Expandindo fronteiras (Atividades) - EM13LP22 (CE 3)		

Reprodução proibida. Art. 184 do Código Penal e Lei 9.610 de 19 de fevereiro de 1998.

202

Capítulo 4 – Pés no chão, pés nas nuvens	
Coletivo em cena	
Atividade	*Feira de sonhos reais* *A árvore da vida*
Objetivos	• Conhecer profissionais e suas rotinas e desafios. • Envolver a comunidade escolar em uma atividade coletiva para que a construção dos Projetos de Vida dos alunos seja efetiva e represente de forma clara as juventudes ali presentes. • Trabalhar com *Design Thinking* para transformar sonho em realidade. • Sonhar com possibilidades futuras e concretas. • Apoiar os jovens a planejar passos presentes e futuros para orientar a sua caminhada no final do Ensino Médio e após seu término. • Identificar, valorizar e fortalecer sonhos, aspirações, conhecimentos, habilidades e competências de cada jovem estudante desenvolvidos ao longo da sua trajetória escolar, familiar e comunitária. • Reconhecer-se como estudante no final da Educação Básica, identificando os caminhos de desenvolvimento até o momento, necessidades de melhorar e possíveis continuidades de estudos para o futuro.
Justificativa	As diversas interpretações sobre a *Árvore da vida*, do pintor Gustav Klimt, servem de inspiração para que os alunos reflitam sobre o término do Ensino Médio, as possibilidades de recomeço, quais são as virtudes humanas essenciais e a busca contínua por crescimento e desenvolvimento. A árvore simboliza também um convite às possibilidades de sonhos para o futuro. Por isso, toda a comunidade escolar será envolvida na *Feira de sonhos reais* da escola, que contará também com pessoas inspiradoras compartilhando suas profissões e trajetórias.
Competências gerais e competências específicas (CE) e habilidades	Competências gerais: 1, 6, 7, 8 e 9 Habilidades: EM13LGG104 (CE 1), EM13LGG201 (CE 2), EM13LGG301 (CE 3)

Competências e habilidades da BNCC mencionadas no quadro anterior

Competências gerais da Educação Básica

1. Valorizar e utilizar os conhecimentos historicamente construídos sobre o mundo físico, social, cultural e digital para entender e explicar a realidade, continuar aprendendo e colaborar para a construção de uma sociedade justa, democrática e inclusiva.

2. Exercitar a curiosidade intelectual e recorrer à abordagem própria das ciências, incluindo a investigação, a reflexão, a análise crítica, a imaginação e a criatividade, para investigar causas, elaborar e testar hipóteses, formular e resolver problemas e criar soluções (inclusive tecnológicas) com base nos conhecimentos das diferentes áreas.

3. Valorizar e fruir as diversas manifestações artísticas e culturais, das locais às mundiais, e também participar de práticas diversificadas da produção artístico-cultural.

4. Utilizar diferentes linguagens – verbal (oral ou visual-motora, como Libras, e escrita), corporal, visual, sonora e digital –, bem como conhecimentos das linguagens artística, matemática e científica, para se expressar e partilhar informações, experiências, ideias e sentimentos em diferentes contextos e produzir sentidos que levem ao entendimento mútuo.

5. Compreender, utilizar e criar tecnologias digitais de informação e comunicação de forma crítica, significativa, reflexiva e ética nas diversas práticas sociais (incluindo as escolares) para se comunicar, acessar e disseminar informações, produzir conhecimentos, resolver problemas e exercer protagonismo e autoria na vida pessoal e coletiva.

6. Valorizar a diversidade de saberes e vivências culturais e apropriar-se de conhecimentos e experiências que lhe possibilitem entender as relações próprias do mundo do trabalho e fazer escolhas alinhadas ao exercício da cidadania e ao seu projeto de vida, com liberdade, autonomia, consciência crítica e responsabilidade.

7. Argumentar com base em fatos, dados e informações confiáveis, para formular, negociar e defender ideias, pontos de vista e decisões comuns que respeitem e promovam os direitos humanos, a consciência socioambiental e o consumo responsável em âmbito local, regional e global, com posicionamento ético em relação ao cuidado de si mesmo, dos outros e do planeta.

8. Conhecer-se, apreciar-se e cuidar de sua saúde física e emocional, compreendendo-se na diversidade humana e reconhecendo suas emoções e as dos outros, com autocrítica e capacidade para lidar com elas.

9. Exercitar a empatia, o diálogo, a resolução de conflitos e a cooperação, fazendo-se respeitar e promovendo o respeito ao outro e aos direitos humanos, com acolhimento e valorização da diversidade de indivíduos e de grupos sociais, seus saberes, identidades, culturas e potencialidades, sem preconceitos de qualquer natureza.

10. Agir pessoal e coletivamente com autonomia, responsabilidade, flexibilidade, resiliência e determinação, tomando decisões com base em princípios éticos, democráticos, inclusivos, sustentáveis e solidários.

Habilidades de Linguagens

(EM13LGG101) Compreender e analisar processos de produção e circulação de discursos, nas diferentes linguagens, para fazer escolhas fundamentadas em função de interesses pessoais e coletivos.

(EM13LGG104) Utilizar as diferentes linguagens, levando em conta seus funcionamentos, para a compreensão e produção de textos e discursos em diversos campos de atuação social.

(EM13LGG201) Utilizar as diversas linguagens (artísticas, corporais e verbais) em diferentes contextos, valorizando-as como fenômeno social, cultural, histórico, variável, heterogêneo e sensível aos contextos de uso.

(EM13LGG202) Analisar interesses, relações de poder e perspectivas de mundo nos discursos das diversas práticas de linguagem (artísticas, corporais e verbais), compreendendo criticamente o modo como circulam, constituem-se e (re)produzem significação e ideologias.

(EM13LGG301) Participar de processos de produção individual e colaborativa em diferentes linguagens (artísticas, corporais e verbais), levando em conta suas formas e seus funcionamentos, para produzir sentidos em diferentes contextos.

(EM13LGG304) Formular propostas, intervir e tomar decisões que levem em conta o bem comum e os Direitos Humanos, a consciência socioambiental e o consumo responsável em âmbito local, regional e global.

(EM13LGG305) Mapear e criar, por meio de práticas de linguagem, possibilidades de atuação social, política, artística e cultural para enfrentar desafios contemporâneos, discutindo princípios e objetivos dessa atuação de maneira crítica, criativa, solidária e ética.

(EM13LGG401) Analisar criticamente textos de modo a compreender e caracterizar as línguas como fenômeno (geo)político, histórico, social, cultural, variável, heterogêneo e sensível aos contextos de uso.

(EM13LGG601) Apropriar-se do patrimônio artístico de diferentes tempos e lugares, compreendendo a sua diversidade, bem como os processos de legitimação das manifestações artísticas na sociedade, desenvolvendo visão crítica e histórica.

(EM13LGG602) Fruir e apreciar esteticamente diversas manifestações artísticas e culturais, das locais às mundiais, assim como delas participar, de modo a aguçar continuamente a sensibilidade, a imaginação e a criatividade.

(EM13LGG603) Expressar-se e atuar em processos de criação autorais individuais e coletivos nas diferentes linguagens artísticas (artes visuais, audiovisual, dança, música e teatro) e nas intersecções entre elas, recorrendo a referências estéticas e culturais, conhecimentos de naturezas diversas (artísticos, históricos, sociais e políticos) e experiências individuais e coletivas.

(EM13LGG604) Relacionar as práticas artísticas às diferentes dimensões da vida social, cultural, política e econômica e identificar o processo de construção histórica dessas práticas.

(EM13LGG702) Avaliar o impacto das tecnologias digitais da informação e comunicação (TDIC) na formação do sujeito e em suas práticas sociais, para fazer uso crítico dessa mídia em práticas de seleção, compreensão e produção de discursos em ambiente digital.

(EM13LGG703) Utilizar diferentes linguagens, mídias e ferramentas digitais em processos de produção coletiva, colaborativa e projetos autorais em ambientes digitais.

Habilidades de Língua Portuguesa

(EM13LP01) Relacionar o texto, tanto na produção como na leitura/escuta, com suas condições de produção e seu contexto sócio-histórico de circulação (leitor/audiência previstos, objetivos, pontos de vista e perspectivas, papel social do autor, época, gênero do discurso etc.), de forma a ampliar as possibilidades de construção de sentidos e de análise crítica e produzir textos adequados a diferentes situações.

(EM13LP03) Analisar relações de intertextualidade e interdiscursividade que permitam a explicitação de relações dialógicas, a identificação de posicionamentos ou de perspectivas, a compreensão de paráfrases, paródias e estilizações, entre outras possibilidades.

(EM13LP06) Analisar efeitos de sentido decorrentes de usos expressivos da linguagem, da escolha de determinadas palavras ou expressões e da ordenação, combinação e contraposição de palavras, dentre outros, para ampliar as possibilidades de construção de sentidos e de uso crítico da língua.

(EM13LP07) Analisar, em textos de diferentes gêneros, marcas que expressam a posição do enunciador frente àquilo que é dito: uso de diferentes modalidades (epistêmica, deôntica e apreciativa) e de diferentes recursos gramaticais que operam como modalizadores (verbos modais, tempos e modos verbais, expressões modais, adjetivos, locuções ou orações adjetivas, advérbios, locuções ou orações adverbiais, entonação etc.), uso de estratégias de impessoalização (uso de terceira pessoa e de voz passiva etc.), com vistas ao incremento da compreensão e da criticidade e ao manejo adequado desses elementos nos textos produzidos, considerando os contextos de produção.

(EM13LP19) Apresentar-se por meio de textos multimodais diversos (perfis variados, *gifs* biográficos, *biodata*, currículo *web*, videocurrículo etc.) e de ferramentas digitais (ferramenta de *gif*, *wiki*, *site* etc.), para falar de si mesmo de formas variadas, considerando diferentes situações e objetivos.

(EM13LP22) Construir e/ou atualizar, de forma colaborativa, registros dinâmicos (mapas, *wiki* etc.) de profissões e ocupações de seu interesse (áreas de atuação, dados sobre formação, fazeres, produções, depoimentos de profissionais etc.) que possibilitem vislumbrar trajetórias pessoais e profissionais.

(EM13LP24) Analisar formas não institucionalizadas de participação social, sobretudo as vinculadas a manifestações artísticas, produções culturais, intervenções urbanas e formas de expressão típica das culturas juvenis que pretendam expor uma problemática ou promover uma reflexão/ação, posicionando-se em relação a essas produções e manifestações.

(EM13LP26) Relacionar textos e documentos legais e normativos de âmbito universal, nacional, local ou escolar que envolvam a definição de direitos e deveres – em especial, os voltados a adolescentes e jovens – aos seus contextos de produção, identificando ou inferindo possíveis motivações e finalidades, como forma de ampliar a compreensão desses direitos e deveres.

(EM13LP27) Engajar-se na busca de solução para problemas que envolvam a coletividade, denunciando o desrespeito a direitos, organizando e/ou participando de discussões, campanhas e debates, produzindo textos reivindicatórios, normativos, entre outras possibilidades, como forma de fomentar os princípios democráticos e uma atuação pautada pela ética da responsabilidade, pelo consumo consciente e pela consciência socioambiental.

(EM13LP33) Selecionar, elaborar e utilizar instrumentos de coleta de dados e informações (questionários, enquetes, mapeamentos, opinários) e de tratamento e análise dos conteúdos obtidos, que atendam adequadamente a diferentes objetivos de pesquisa.

(EM13LP35) Utilizar adequadamente ferramentas de apoio a apresentações orais, escolhendo e usando tipos e tamanhos de fontes que permitam boa visualização, topicalizando e/ou organizando o conteúdo em itens, inserindo de forma adequada imagens, gráficos, tabelas, formas e elementos gráficos, dimensionando a quantidade de texto e imagem por *slide* e usando, de forma harmônica, recursos (efeitos de transição, *slides* mestres, *layouts* personalizados, gravação de áudios em *slides* etc.).

(EM13LP45) Analisar, discutir, produzir e socializar, tendo em vista temas e acontecimentos de interesse local ou global, notícias, fotodenúncias, fotorreportagens, reportagens multimidiáticas, documentários, infográficos, *podcasts* noticiosos, artigos de opinião, críticas da mídia, *vlogs* de opinião, textos de apresentação e apreciação de produções culturais (resenhas, ensaios etc.) e outros gêneros próprios das formas de expressão das culturas juvenis (*vlogs* e *podcasts* culturais, *gameplay* etc.), em várias mídias, vivenciando de forma significativa o papel de repórter, analista, crítico, editorialista ou articulista, leitor, vlogueiro e *booktuber*, entre outros.

Referências bibliográficas comentadas e complementares

Referências bibliográficas comentadas

A seguir, há comentários sobre textos diversos empregados na elaboração dos módulos deste livro.

ALVES, Rubem. A escutatória. *O amor que acende a lua*. Campinas: Papirus, 2003.
- O autor trata da importância de escutar e silenciar. Opondo o termo *escutatória* a *oratória*, arte de falar bem, nos lembra como valorizamos esta última e deixamos de praticar o escutar, sem julgar, compartilhando de fato o que o outro diz.

ALVIM, Francisco. Profissões. *In:* FERRAZ Eucanaã (Org.). *Veneno antimonotonia*. Rio de Janeiro: Objetiva, 2005. p. 162.
- O poema aborda os temas de projeto de vida e trabalho, relacionados ao momento de vida de um adolescente.

ASSIS, Vinicius. Ex-aluno da Unitau volta à universidade para bate-papo com alunos. 7 nov. 2019. Disponível em: <https://unitau.br/noticias/detalhes/3382/ex-aluno-da-unitau-volta-a-universidade-para-bate-papo-com-alunos/>. Acesso em: 2 jan. 2020.
- A notícia relata como foi o bate-papo de um ex-aluno do curso de fisioterapia com universitários do mesmo curso da instituição e como é trabalhar na área escolhida por eles.

BARROS, Lenora de. Disponível em: <http://www.galeriamillan.com.br/artistas/lenora-de-barros>. Acesso em: 2 jan. 2020.
- O *website* da Galeria Millan traz obras de diferentes artistas, como Lenora de Barros. É possível conferir diversas produções dela, inclusive sua série de quatro pôsteres *Procuro-me*.

BERGEL, Mariana. Tempero motivador. Disponível em: <https://www1.folha.uol.com.br/empreendedorsocial/finalistas/2009-david-hertz-gastromotiva.shtml>. Acesso em: 2 jan. 2020.
- A reportagem narra a história e o propósito profissional de David Hertz, gastrônomo e *chef* fundador da Gastromotiva.

BERTOLUCCI, Rodrigo. Jovem com Down emociona família ao ser aprovado em Direito, no Ceará. 3 jul. 2017. Disponível em: <https://oglobo.globo.com/brasil/jovem-com-down-emociona-familia-ao-ser-aprovado-em-direito-no-ceara-21535508>. Acesso em: 2 jan. 2020.
- A reportagem conta a história de um jovem portador de Síndrome de Down que foi aprovado no curso de Direito e que tem diversos sonhos para a sua vida profissional.

BRASIL. *Base Nacional Comum Curricular*. Brasília: MEC, 2018. Disponível em: <http://basenacionalcomum.mec.gov.br/>. Acesso em: 2 jan. 2020.
- Documento de referência para a construção dos currículos de todas as escolas do país. Nele estão definidas as aprendizagens essenciais que os estudantes devem desenvolver desde a Educação Infantil até o final do Ensino Médio.

BRAUN, Julia. Os últimos dez ganhadores do Nobel da Paz. 11 out. 2019. Disponível em: <https://veja.abril.com.br/mundo/os-ultimos-10-ganhadores-do-nobel-da-paz/>. Acesso em: 2 jan. 2020.
- Apresentação dos últimos dez ganhadores do Nobel da Paz e quais foram os motivos de cada premiação.

BRENÉ Brown on empathy. RSA. 10 dez. 2013. Disponível em: <https://www.thersa.org/discover/videos/rsa-shorts/2013/12/Brene-Brown-on-Empathy>. Acesso em: 2 jan. 2020.
- A animação apresenta de forma lúdica o que é empatia e como essa competência socioemocional se diferencia de simpatia.

BUENO, Jefferson Reis. Mas, afinal, o que é empreendedorismo? 27 nov. 2019. Disponível em: <https://blog.sebrae-sc.com.br/o-que-e-empreendedorismo/>. Acesso em: 2 jan. 2020.
- O texto divulgado em um *blog* define o que é empreendedorismo, termo amplamente utilizado no universo do trabalho. Além disso, aponta quais são as características pessoais comuns aos empreendedores de destaque.

CARROLL, Lewis. *Alice no País das Maravilhas*. Belo Horizonte: Autêntica, 2017.
- O livro *Alice no País das Maravilhas*, escrito por Lewis Carroll, é um clássico e já foi traduzido para diversas línguas. A história de Alice é repleta de simbolismos e mensagens que podem inspirar crianças, adolescentes e adultos.

CENTRO DE VALORIZAÇÃO DA VIDA. A importância da Comunicação Não Violenta. Disponível em: <https://www.cvv.org.br/blog/a-importancia-da-comunicacao-nao-violenta/>. Acesso em: 2 jan. 2020.
- O texto explicita os principais conceitos que compõem a Comunicação Não Violenta, teoria proposta por Marshall Rosenberg. Tal forma de comunicação tem como base a capacidade de se expressar sem julgamentos e com ênfase nos sentimentos e necessidades de cada um.

CHACAL. O outro. *Belvedere* (1971-2007). São Paulo: Cosac Naify, 2007.
- O poema de Chacal apresenta uma provocação em relação ao papel que o outro desempenha em quem somos e naquilo que queremos.

CHRISTOYANNOPOULOS, Alexandre. 4 maneiras de tornar o mundo melhor. 18 nov. 2016. Disponível em: <https://revistagalileu.globo.com/Sociedade/noticia/2016/11/4-maneiras-de-tornar-o-mundo-melhor-sem-ser-madre-teresa.html>. Acesso em: 2 jan. 2020.
- O texto apresenta quatro formas simples de se engajar para tornar o mundo melhor, mostrando que é possível promover mudanças a partir das próprias atitudes.

COELHO, Valéria. Leonilson na Pinacoteca em SP. Disponível em: <https://hardecor.com.br/leonilson-na-pinacoteca-em-sp/>. Acesso em: 2 jan. 2020.
- O texto noticia a exposição ocorrida em 2014, na Pinacoteca de São Paulo, que contou com as obras de José Leonilson, artista cearense conhecido por seus trabalhos em pintura, desenho, objetos e bordado.

COISAS que eu queria saber aos 21. 27 set. 2011. Disponível em: <https://educacao.estadao.com.br/noticias/geral,coisas-que-eu-queria-saber-aos-21,777909>. Acesso em: 2 jan. 2020.
• O texto apresenta quem é Paulo Blikstein, professor de uma universidade estadunidense, e como foi o seu momento de escolha do curso universitário e sua trajetória profissional.

COLETIVO TRANSVERSO. Teto e Tinta 2012 – Casinhas Transverso Vendidas. 22 fev. 2013. Disponível em: <http://coletivotransverso.blogspot.com/>. Acesso em: 7 jan. 2020.
• O *site* apresenta os trabalhos do Coletivo Transverso e novidades sobre as exposições e divulgação de suas artes urbanas e poesias.

DECLARAÇÃO Universal dos Direitos Humanos. Disponível em: <https://www.ohchr.org/EN/UDHR/Pages/Language.aspx?LangID=por>. Acesso em: 7 jan. 2020.
• A *Declaração Universal dos Direitos Humanos* é um documento constituído pelos direitos comuns a todos os indivíduos, que visa garantir princípios fundamentais como liberdade e justiça.

DOMENICI, Thiago. Barter: "Para viver em democracia é preciso fazer as pazes com o conflito". 8 jun. 2019. Disponível em: <https://exame.abril.com.br/brasil/dominic-barter-para-viver-em-democracia-e-preciso-fazer-as-pazes-com-o-conflito/>. Acesso em: 2 jan. 2020.
• A entrevista com Dominic Barter, britânico cuja trajetória profissional é marcada pelo trabalho com comunidades vulneráveis no Rio de Janeiro, mostra como a Comunicação Não Violenta pode ser aplicada e como é possível lidar com o conflito de maneira produtiva.

DOUTORES da Alegria falam sobre bom humor. Disponível em: <https://revistatrip.uol.com.br/tpm/doutores-da-alegria-falam-sobre-bom-humor>. Acesso em: 2 jan. 2020.
• A reportagem apresenta como começou o trabalho do grupo Doutores da Alegria, quais são os princípios fundamentais que regem sua organização e como a humanização hospitalar pode contribuir no tratamento de pacientes.

DUNKER, Christian; THEBAS, Cláudio. *O palhaço e o psicanalista*: como escutar os outros pode transformar vidas. São Paulo: Planeta do Brasil, 2019.
• O livro, escrito pelo psicanalista Christian Dunker e pelo palhaço Cláudio Thebas, é um bom exemplo de como a comunicação e a empatia impactam as relações pessoais. Por meio de diferentes teorias e dicas práticas, os autores propõem novas formas de escuta com base em reflexões sobre as profissões de palhaço e de psicanalista.

ESTUDANTES de Mossoró desenvolvem canudo biodegradável e comestível e ganham medalha de ouro nas Olimpíadas do Futuro. 19 nov. 2019. Disponível em: <https://g1.globo.com/rn/rio-grande-do-norte/noticia/2019/11/19/estudantes-de-mossoro-desenvolvem-canudo-biodegradavel-e-comestivel-e-ganham-medalha-de-ouro-nas-olimpiadas-do-futuro.ghtml>. Acesso em: 2 jan. 2020.
• A reportagem divulga quem foram os estudantes vencedores das Olimpíadas do Futuro de 2019 e a solução desenvolvida por eles, e também as de outros finalistas, para resolver alguns dos principais problemas do século 21.

EVARISTO, Conceição. *Ponciá Vicêncio*. Rio de Janeiro: Pallas, 2014.
• O livro da escritora mineira Conceição Evaristo acompanha os caminhos e as marcas que construíram a identidade da protagonista da história, abordando temas como o papel do passado na pessoa que nos tornamos.

FUNDAÇÃO LEMANN. "A vida me ensinou que não é fácil, mas a gente pode vencer". Disponível em: <https://fundacaolemann.org.br/juntos/historias/a-vida-me-ensinou-que-nao-e-facil-mas-a-gente-pode-vencer>. Acesso em: 2 jan. 2020.

• A reportagem apresenta a trajetória de um jovem carioca que teve que enfrentar diversos desafios ao longo de sua vida e que sonha um dia se tornar político.

FUNDAÇÃO LEMANN. "Precisamos levar às meninas negras outros futuros possíveis". 20 set. 2019. Disponível em: <https://fundacaolemann.org.br/juntos/historias/precisamos-levar-as-meninas-negras-outros-futuros-possiveis>. Acesso em: 7 jan. 2020.
• O texto publicado sobre a professora Gina Vieira Ponte de Albuquerque conta em primeira pessoa sua história de vida e sua trajetória profissional e revela quais foram os aprendizados que a levaram a criar o projeto *Mulheres Inspiradoras*.

GALEANO, Eduardo. *O livro dos abraços*. São Paulo: L&PM, 2005.
• Neste livro, o escritor uruguaio Eduardo Galeano compartilha, por meio de pequenos textos, elementos de sua memória pessoal e sua perspectiva da memória coletiva da América Latina.

GALLIAN, Dante Marcello Claramonte. A (Re)humanização da Medicina. Disponível em: <http://www.hottopos.com/convenit2/rehuman.htm>. Acesso em: 7 jan. 2020.
• O texto publicado pelo diretor de um departamento de uma universidade pública analisa diferentes concepções da Medicina e do papel do médico, incluindo a questão de maior humanização no exercício da profissão.

GIANETTI, Nathalia. Alumni em destaque: Marcelo Sousa. Disponível em: <http://www.alumni.usp.br/alumni-em-destaque-marcelo-sousa/>. Acesso em: 2 jan. 2020.
• O texto mostra a trajetória de um jovem cearense que estudou Física na universidade e que trilhou sua profissão como cientista, trazendo contribuições relevantes para a Medicina.

GIOVANELLI, Carolina. Bruna Vieira conquista adolescentes com livros e *blog*. 1 jun. 2017. Disponível em: <https://vejasp.abril.com.br/cidades/escritora-bruna-vieira-depois-dos-quinze/>. Acesso em: 2 jan. 2020.
• A notícia conta a história de Bruna Vieira, jovem que criou um *blog* quando ainda era aluna do Ensino Médio para escrever sobre as questões enfrentadas na adolescência. Além do seu *site* pessoal, Bruna publicou alguns livros, escreveu para uma revista e grava vídeos para seu canal.

GONÇALVES, Juliana. Um olhar sobre a saúde mental do negro no Brasil. 7 fev. 2018. Disponível em: <https://revistatrip.uol.com.br/tpm/instituto-amma-psique-e-negritude-traz-a-pauta-racial-para-dentro-dos-consultorios-de-psicologia>. Acesso em: 2 jan. 2020.
• O texto aborda a questão da saúde mental do negro no Brasil e como profissionais da Psicologia estão atuando para atender esse público.

GRAVES, Robert. *Os mitos gregos*. Rio de Janeiro: Nova Fronteira, 2018.
• O escritor britânico reúne, nesse livro, alguns dos principais mitos gregos, e os reescreve de forma detalhada e em linguagem acessível.

HADDAD, Naief; POMBO, Cristiano Cipriano; MARTINO, Rodolfo Stipp. "O que o povo preto fez em 131 anos é revolucionário". 2 out. 2019. Disponível em: <https://www1.folha.uol.com.br/empreendedorsocial/2019/10/o-que-o-povo-preto-fez-em-131-anos-e-revolucionario.shtml>. Acesso em: 2 jan. 2020.
• A reportagem, divulgada no *site* de um jornal, aborda a trajetória da *designer* e produtora de vídeos Ana Paula Xongani, com foco no tema do empreendedorismo feito por mulheres negras brasileiras.

HAMA, Lia. Meninas superpoderosas. 16 fev. 2017. Disponível em: <https://revistatrip.uol.com.br/tpm/plano-de-menina-viviane-duarte-alexandra-loras-eliane-dias-empoderamento-movimento-negro-feminismo-empreendedorismo>. Acesso em: 2 jan. 2020.
- A reportagem narra a história da jornalista Viviane Duarte, idealizadora de iniciativas que visam fornecer apoio para adolescentes da periferia a fim de fortalecê-las.

KARNAL, Leandro. #2 Humanas ou Exatas? *Prazer, Karnal – Canal Oficial*. 14 abr. 2019. Disponível em: <https://www.youtube.com/watch?v=GJAy7E3jqzE>. Acesso em: 7 jan. 2020.
- O canal de vídeos do historiador Leandro Karnal contém diversos conteúdos produzidos por ele para ajudar os jovens na reflexão sobre a escolha de curso universitário e de carreira.

LAURENCE, Felipe. Evento busca empoderar mulheres que querem trabalhar na indústria de *games*. 25 abr. 2018. Disponível em: <https://emais.estadao.com.br/noticias/comportamento,evento-busca-empoderar-mulheres-que-querem-trabalhar-na-industria-de-games,70002283406>. Acesso em: 7 jan. 2020.
- A reportagem trata de um evento realizado na cidade de São Paulo que reuniu meninas e mulheres interessadas em atuar na indústria de *games*.

LAVADO, Joaquín S. [Quino]. *Mafalda*: todas as tiras. São Paulo: Martins Fontes, 2016.
- Todas as tirinhas produzidas sobre a personagem argentina Mafalda estão reunidas neste livro.

LEMINSKI, Paulo. *Caprichos e relaxos*. São Paulo: Brasiliense, 1983.
- Este livro de poemas de Paulo Leminski reúne as principais criações escritas pelo curitibano.

LISPECTOR, Clarice. *A descoberta do mundo*. Rio de Janeiro: Rocco, 1999.
- O livro de Clarice Lispector marca o estilo dessa conhecida escritora. Repleta de crônicas reflexivas, que procuram compreender a essência humana, a obra reúne conteúdos publicados em sua coluna semanal para um jornal.

_____. Em busca do outro. *Jornal do Brasil*, Rio de Janeiro, p. 166, 20 jul. 1968.
- Essa crônica, publicada por Clarice Lispector em um jornal brasileiro, apresenta uma reflexão da escritora sobre a maneira como o outro impacta aquilo que somos.

MÃE, Valter Hugo. *O paraíso são os outros*. Rio de Janeiro: Biblioteca Azul, 2018.
- O livro escrito por Valter Hugo Mãe apresenta o que é o amor pelos olhos de uma menina que observa os animais, as pessoas e as relações humanas para tecer a sua visão sobre esse sentimento.

MARASCIULO, Marília. Conheça Jacqueline Lyra, engenheira espacial brasileira que trabalha na NASA. 1 ago. 2019. Disponível em: <https://revistagalileu.globo.com/Ciencia/Espaco/noticia/2019/08/conheca-jacqueline-lyra-engenheira-espacial-brasileira-que-trabalha-na-nasa.html>. Acesso em: 7 jan. 2020.
- A reportagem dedicada a uma engenheira espacial brasileira que trabalha na NASA relata a trajetória dessa profissional e algumas de suas contribuições para a sua área, como a participação em missões que levaram robôs a outro planeta.

MÁRQUEZ, Gabriel García. *Eu não vim fazer um discurso*. Rio de Janeiro: Record, 2011.
- Este livro de Gabriel García Márquez reúne uma série de discursos proferidos ao longo da carreira do escritor, abordando temas de sua trajetória profissional, memórias pessoais e reflexões sobre a vida.

MORAIS, Raquel. 1º médico indígena da UnB diz que se sentia "estranho" entre intelectuais. 18 fev. 2013. Disponível em: <http://g1.globo.com/distrito-federal/noticia/2013/02/1-medico-indigena-da-unb-diz-que-se-sentia-estranho-entre-intelectuais.html>. Acesso em: 7 jan. 2020.
- A reportagem publicada sobre o primeiro indígena a se formar médico em uma universidade pública conta a trajetória desse profissional e os desafios que precisou enfrentar.

MOURA, Marcelo. Edu Lyra: "Troque de amigos, mas não troque de sonhos". 21 fev. 2019. Disponível em: <https://revistapegn.globo.com/Negocio-social/noticia/2019/02/edu-lyra-troque-de-amigos-mas-nao-troque-de-sonhos.html>. Acesso em: 7 jan. 2020.
- A entrevista de Edu Lyra a um veículo de comunicação contempla a história de vida desse empreendedor e seus objetivos profissionais e traz alguns conselhos dele àqueles que estão começando a trilhar sua carreira.

NAÇÕES UNIDAS BRASIL. O que são os direitos humanos? Disponível em: <https://nacoesunidas.org/direitoshumanos/>. Acesso em: 7 jan. 2020.
- O texto publicado no *site* brasileiro das Nações Unidas informa o que são os direitos humanos, explica o contexto em que o conceito foi criado, apresenta as normas internacionais de direitos humanos e indica alguns vídeos relacionados ao assunto.

NUNES, Mônica. "Museu da Empatia" chega a São Paulo: coloque-se no lugar do outro calçando seus sapatos. 13 nov. 2017. Disponível em: <http://conexaoplaneta.com.br/blog/museu-da-empatia-chega-a-sao-paulo-coloque-se-no-lugar-do-outro-calcando-seus-sapatos/>. Acesso em: 20 jan. 2020.
- A notícia divulgada em um *site* compartilhou a chegada do "Museu da Empatia" ao Brasil, exposição focada em compartilhar histórias e promover a experiência de se colocar no lugar do outro.

O ARQUITETO que ergueu pontes entre as pessoas. Disponível em: <https://revistatrip.uol.com.br/homenageados/2013/edgard-gouveia-jr>. Acesso em: 7 jan. 2020.
- A reportagem, publicada no *site* de uma revista, conta a história do arquiteto Edgard Gouveia Júnior e quais são os seus projetos, sempre fundamentados em ações coletivas para tentar mudar o mundo.

O FLUMINENSE. Arte em três tempos. 7 nov. 2017. Disponível em: <https://www.ofluminense.com.br/pt-br/cultura/arte-em-tr%C3%AAs-tempos-0>. Acesso em: 2 jan. 2020.
- A reportagem anuncia diversas exposições, entre elas a mostra *Empatia*, do artista visual Alberto Pereira. Por meio de diferentes imagens, o artista procurou transmitir aos espectadores o que é se sentir e se colocar no lugar do outro.

PAVARINO, Renato. Ex-morador de rua se torna cabeleireiro e passa a cortar cabelo de pessoas carentes: "Forma de retribuir a ajuda que tive". 13 jul. 2019. Disponível em: <https://g1.globo.com/sp/sao-jose-do-rio-preto-aracatuba/noticia/2019/07/13/ex-morador-de-rua-se-torna-cabeleireiro-e-passa-a-cortar-cabelo-de-pessoas-carentes-forma-de-retribuir-a-ajuda-que-tive.ghtml>. Acesso em: 7 jan. 2020.
- A reportagem conta a história de um ex-morador de rua que, tendo recebido ajuda de uma família que o apresentou a uma nova perspectiva para a sua vida, buscou maneiras de retribuir à sociedade o que haviam feito por ele.

PRATA, Antonio. *Trinta e poucos*. São Paulo: Companhia das Letras, 2016.
- No livro *Trinta e poucos*, estão reunidas diversas crônicas escritas por Antônio Prata. Com humor, por meio da reflexão sobre aquilo que nem sempre é perceptível à primeira vista, o escritor convida o leitor a olhar de outra forma elementos do seu cotidiano.

PROFISSÕES. Disponível em: <https://guiadoestudante.abril. com.br/profissoes/>. Acesso em: 7 jan. 2020.
- O *site Guia do Estudante* possui uma série de conteúdos atualizados para auxiliar estudantes na busca por um curso universitário e para guiá-los na escolha profissional. Entre esses conteúdos, há uma lista de profissões para consulta.

QUINTANA, Mario. *O livro de haicais*. São Paulo: Globo, 2009.
- Esse livro reúne todos os poemas de Mario Quintana, um dos maiores escritores brasileiros.

RONY, Meisler. Vitor Belota, do Litro de Luz e Civi-co: uma luz no fim do túnel. 19 mar. 2018. Disponível: <http://revista. usereserva.com/2018/03/19/vitor-belota-litro-de-luz/>. Acesso em: 7 jan. 2020.
- A reportagem sobre Vitor Belota retrata as ações desse jovem que fundou uma Organização Não Governamental cujo objetivo é levar luz para comunidades sem acesso à energia elétrica.

RUFINO, Eliakin. *Estatuto da Criança e do Adolescente*: leitura poética. Disponível em: <http://www.dhnet.org.br/direitos/ sos/c_a/ecap.htm>. Acesso em: 7 jan. 2020.
- O escritor Eliakin Rufino propôs uma visão diferente sobre um importante conjunto de normas brasileiras que tem como fundamento a proteção integral da criança e do adolescente e teve sua leitura poética sobre o *Estatuto da Criança e do Adolescente* divulgada em um *site*.

SAGAN, Carl. *Pálido ponto azul*: uma visão do futuro da humanidade no espaço. São Paulo: Companhia das Letras, 1996.
- O título do livro escrito por um dos cientistas e astrônomos mais conhecidos da atualidade foi inspirado por uma fotografia tirada do planeta Terra a bilhões de quilômetros de distância. Nessa obra, Carl Sagan faz questionamentos importantes sobre o universo, o mundo tal qual vivemos e relata a sua investigação sobre o tempo e o espaço.

SAIBA o que é preciso e como enviar um sonho para a *Make-a--Wish* realizar. 22 dez. 2012. Disponível em: <http://redeglobo. globo.com/acao/noticia/2012/12/saiba-o-que-e-preciso-e-como-enviar-um-sonho-para-make-wish-realizar.html>. Acesso em: 7 jan. 2020.
- A reportagem aborda como é o trabalho da Organização Não Governamental *Make-a-Wish*, especializada na realização de sonhos de pacientes oncológicos e presente em diversos países.

SIMÕES, Daniela. Conheça as profissões que não serão substituídas por robôs no futuro. 4 set. 2018. Disponível em: <https://epocanegocios.globo.com/Tecnologia/ noticia/2018/09/conheca-profissoes-que-nao-serao-substituidas-por-robos-no-futuro.html>. Acesso em: 7 jan. 2020.
- A reportagem traz algumas reflexões sobre as mudanças que vão ocorrer nas profissões no futuro e aponta aquelas com menor possibilidade de serem substituídas por robôs e pela inteligência artificial.

TAVARES, Gonçalo M. *O senhor Swedenborg e as investigações geométricas*. Rio de Janeiro: Casa da Palavra, 2011.
- O livro de poesia concreta escrito pelo escritor angolano Gonçalo Tavares apresenta as criações do autor para tentar analisar o mundo de forma geométrica.

TEMPORADA: entrevista exclusiva com Grace Passô. Disponível em: <https://www.papodecinema.com.br/entrevistas/ temporada-entrevista-exclusiva-com-grace-passo/>. Acesso em: 7 jan. 2020.
- Essa reportagem, compartilhada em um *site* sobre cinema, apresenta a atriz e diretora Grace Passô, seguida por uma entrevista sobre seu trabalho, aprendizados e projetos futuros.

VÊNCIO, Eberth. 10 brasileiros notáveis que vão deixar você orgulhoso por ser brasileiro também. Disponível em: <https:// www.revistabula.com/7154-10-brasileiros-notaveis-quê-vao-deixar-voce-orgulhoso-por-ser-brasileiro-tambem/>. Acesso em: 7 jan. 2020.
- A reportagem apresenta algumas personalidades brasileiras cujas trajetórias foram marcantes e influenciaram diferentes áreas, como a medicina e a arte.

VESSONI, Aline. Depois de Hebe Camargo e Ai Weiwei, Marcello Dantas se prepara para projeto gigante no Rock in Rio. Revista *Poder*, 15 maio 2019. Disponível em: <https://glamurama. uol.com.br/depois-de-hebe-camargo-e-ai-weiwei-marcello-dantas-se-prepara-para-projeto-gigante-no-rock-in-rio/>. Acesso em: 2 jan. 2020.
- A notícia apresenta os principais trabalhos e a trajetória de Marcello Dantas, profissional plural que transita pela arte realizando desde a curadoria de grandes exposições até renomados festivais de música no Brasil.

WILDE, Oscar. *Poemas em prosa*. Disponível em: <http://www. dominiopublico.gov.br/download/texto/vo000017.pdf>. Acesso em: 7 jan. 2020.
- O *site* permite a busca em uma biblioteca digital de diversas obras de domínio público, entre elas, diversas produções de Oscar Wilde.

Referências bibliográficas complementares

Você deve ter notado que, espalhados por todos os capítulos deste livro, há boxes denominados Biblioteca cultural. Esses boxes, comentados, convidam a acessar *sites*, ler livros, assistir a filmes, ouvir músicas etc. que, certamente, complementarão o que você está estudando neste livro. A título de exemplos, no Módulo 1, Capítulo 1, está indicado (e comentado) o filme *As sufragistas*; no Módulo 2, Capítulo 1, o documentário *Malala*; no Módulo 2, Capítulo 2, está indicada e comentada uma exposição no *Museum On the Seam*, em Jerusalém; no Módulo 3, Capítulo 3, você é convidado a ouvir o Quarteto de Cordas da Universidade Federal Fluminense interpretando Beethoven, entre outros inúmeros exemplos de ampliação. Não perca essa oportunidade!